社会变革与转型中的人口问题研究

田雪原学部委员八秩华诞纪念文集

本书编委会

中国社会科学出版社

图书在版编目（CIP）数据

社会变革与转型中的人口问题研究：田雪原学部委员八秩华诞纪念文集/《社会变革与转型中的人口问题研究：田雪原学部委员八秩华诞纪念文集》编委会著．—北京：中国社会科学出版社，2018.7

ISBN 978－7－5203－2833－3

Ⅰ．①社… Ⅱ．①社… Ⅲ．①社会转型期—人口—问题—中国—文集 Ⅳ．①C924.24－53

中国版本图书馆 CIP 数据核字（2018）第 154118 号

出 版 人 赵剑英
责任编辑 李庆红
责任校对 李 剑
责任印制 王 超

出　　版 中国社会科学出版社
社　　址 北京鼓楼西大街甲 158 号
邮　　编 100720
网　　址 http：//www.csspw.cn
发 行 部 010－84083685
门 市 部 010－84029450
经　　销 新华书店及其他书店

印刷装订 北京明恒达印务有限公司
版　　次 2018 年 7 月第 1 版
印　　次 2018 年 7 月第 1 次印刷

开　　本 710×1000　1/16
印　　张 17
字　　数 221 千字
定　　价 69.00 元

田雪原先生于家中文星阁笔耕（2000 年）

田雪原先生在德国贝多芬雕像前留影（2001 年）

田雪原先生接受中国社会科学院院长陈奎元颁发学部委员证书（2006 年）

目　录

学然后知不足

——我的学术自传

田雪原

个人简介：1938年8月1日生于辽宁省本溪市。1964年8月毕业于北京大学经济学系，曾在教育部等国家机关工作，1979年4月至1982年5月任中国社会科学院经济研究所助理研究员、副研究员，1982年5月至1983年6月任美国东西方中心访问学者、客座研究员，1984年4月至1998年12月任中国社会科学院人口研究所（中心）所长（主任）、研究员。现任中国社会科学院学部委员、研究员、博士生导师，国家哲学社会科学研究专家咨询委员会委员，获国家有突出贡献专家称号，享受国务院特殊津贴。历任第四、第五届国务院学位委员会学科评议组成员，第三、第四、第五、第六届中国人口学会副会长、常务副会长，第二、第三届中国老年学学会副会长，第三、第四届中国社会经济文化交流协会副会长，第一至第六届国家人口计生委人口专家委员会委员，国际人口科学联盟（IUSSP）成员等。

主要从事人口学、人口经济学、老年学研究，发表专著35部（含主编），主持国家重大、重点项目6项，与联合国人口基金及美、日等学术机构合作项目5项，在国内和美、日、荷、比、澳等国作学术演讲多次，受到普遍好评和重视。主要学术贡献：为马寅初新人口论翻案，引领人口理论拨乱反正、正本清源；提出并阐释控制人口数量、提高素质、调整结构相结合“三步走”人口发展战略，为国家人口政策制定和后来的政策调整提供智力支持，指出当前已过渡到以人口素质全面提升为重点的第二阶段；主持中国老年人口抽样调查，提出并阐发集社养、家养、自养于一体的养老保障体系和消除“二元体制”改革建议；提出和论证了孩子社会附加成本—效益理论，结合中国实际进行试点和理论创新；论证城市化必须打破城乡分割的“二元结构”，走以人为本、城乡协调发展的城市化道路；结合中国实际，阐发人口年龄结构变动、素质提升对经济增长速度、发展方式转变的制约，指出实现高质量发展增强人力资本积聚是基础和关键；提出并构建人口与资源、环境、经济、社会可持续发展理论框架、战略重点和决策选择。

1984 年被授予首批国家“中青年有突出贡献专家”称号，1988 年获国家科技进步成果一等奖，1991 年被英国剑桥国际名人传记中心（IBC）授予“国际知识分子名人”并在《成功的人》中作了业绩介绍，1995 年被美国传记协会（ABI）载入“世界五千名人录”并做了业绩介绍。1996 年获中华人口奖（人口最高奖），精神文明建设“五个一”工程奖，2000 年获国家图书奖，2009 年《中国人口政策 60 年》（专著）入选《辉煌历程——庆祝新中国成立 60 周年重点书系》，2011 年《人口大国的希望》（中、英文）入选首届国家哲学社会科学成果文库。科研成果中还有 10 多项获部委级特别荣誉奖、一等奖。

《礼记·学记》中有两句颇有哲理的话：“是故学然后知不足，教然后知困。知不足，然后能自反也；知困，然后能自强也。”意思是说学习了之后，方能知道自己的不足；教授别人之后，才能知道自己的困惑所在。知道自己不足，方能进行自我反省；知道自己困惑所在，才能自觉奋发图强。因而取开头“学然后知不足”缩代语为正标题，串起我的学术生涯，以求理出一条从事科学研究的思绪和轨迹来。

一　学术激情哪里来

有一次，同我的几位研究生讨论博士毕业论文写作。其中一位说道：“读田老师的文章，不仅有理论、有文采，而且字里行间总有一股激情回荡着。请问老师，您的激情是从哪里来的，怎样才能融入文章之中?”我一时有些语塞，难以用一两句话表达清楚。便说“有理论、有文采不敢当，有激情倒是有点儿渊源，我们另找时间说说吧”。之后，我认真思考梳理一下思绪，以讲故事、说史的方式，同这位同学进行了交谈。大致讲了这样的内容：在中国近现代史上，有一条未经我国许可，由外国人自行修建并经营的铁路，那就是安（东）奉（天）线，即现在的沈（阳）丹（东）线。日本人修建该铁路，可以更便捷地掠夺我国东北的煤炭、铁矿石、石油、有色金属、木材、大豆、高粱等资源和产品，支持其野心勃勃的“大东亚圣战”。毫无疑问，这条铁路除了担负运输任务外，也成了强迫沿线中国民众开矿山、建工厂、修道路和抓劳工、要出荷（税收）强取豪夺的工具和动脉。我的故乡就是在这样的背景下，由一座煤矿和制钢所扩展为殖民地式“煤铁之城”的。由于集铁矿、焦煤、石灰石、耐火黏土等资源于一地，以钢铁为主的重化工业迅速发展起来，中国劳工所受的苦难也日复一日地积聚加深起来。印象最深刻的是日本鬼子的大刀，刀光剑影伴随着“八嘎呀路”的吼声，在面无表情的中国劳工面前回荡。当时不知道还有一个偌大的中国存在，只知道山海关外的东北伪“满洲国”。

为什么日本人和中国人不一样？干的活不一样，日本人拿着战刀指挥，中国人做最脏最累的苦力；吃的不一样，日本人吃的是大米白面、鸡鸭鱼肉，中国人吃的是橡子面菜团子；地位不一样，日本人说一不二，中国人却只能听从吆喝、任人摆布。1945年“八·一五”光复，日本帝国主义投降，结束了中国人民当牛做马的日子。可是中国人为什么会成为亡国奴呢？这是我幼小心灵中解不开的谜团。后来上小学时，当教师的哥哥送给我一本方志敏烈士遗著《可爱的中国》——我把它称之为打开我心灵天窗的第一本启蒙读物。当读到帝国主义列强宰割祖国母亲的身体、吸吮母亲的乳汁时，眼前浮现出日本鬼子的大刀和烧、杀、抢、掠惨景，再也抑制不住夺眶而出的泪水，心头充满悲愤！作为祖国母亲的儿子，立下生平要为国家富强、民族解放报国献身之志。

1949年中华人民共和国成立，新中国犹如一轮红日从东方地平线上升起，结束了自1840年鸦片战争以来被侵略、被奴役、被剥削的百年屈辱史。三年国民经济恢复迅速医治了战争的创伤，第一个五年计划提前完成，揭开由农业国向工业国转变的序幕。全国人民意气风发、斗志昂扬，每个人都怀着一个企盼国家富强、人民幸福的伟大理想而工作着、奋斗着。在这样的背景下，1959年我接到高考入学通知书，踏上通往首都大学殿堂的求学之路。记得那是8月30日，由沈阳搭乘156次大连—永定门的直达列车（当时车次编号在100以上均为逢站就停的慢车），用了23个小时方才抵达永定门车站。8月31日清晨火车经停山海关站，因为需要更换蒸汽机车车头而停车20分钟。听到一路上列车广播员熟悉的声音播报后，车一停便跳下站台，冲上天桥，一览长城天下第一关的雄姿！

虽然自知缺乏诗词天赋，可是心血来潮，激情难耐，信笔填词一首：

忆秦娥　山海关

（1959 年 8 月 31 日）

东风开，

骤雨初歇过山海。

过山海，

雄关依旧，

孟姜安在？

亿万青砖垒山隘，

乾坤一抖东方白！

东方白，

报国有门，

学子归来。

为何讲“学子归来”呢？照理离别家乡千里入关，当有背井离乡之感才合情理。不过，对于一个童年时代根本不知道关内祖国存在，如今满怀报国之志投进她的怀抱，并要到前身为京师大学堂的北京大学读书的学子来说，那份真切的回归之感是他人很难感受到的。入学后不久，正赶上新中国成立十周年。参加天安门广场游行队伍和晚会狂欢，在金水桥上唱着、跳着，少儿时代的屈辱、悲愤被歌声和欢跳带走，心中好不欢畅！

然而回到燕园，却遇到一件百思不得其解的事情：北大正掀起第二次批判马寅初校长《新人口论》热潮。这使我陷入迷茫。于是便躲在图书馆第五阅览室（期刊阅览室）一隅，找来马寅初在《新建设》杂志上发表的《我的经济理论、哲学思想和政治立场》等文章，同时也找来一堆《光明日报》等发表的批判文章，对照着读了起来。读着、读着……越读越觉得老校长关于控制人口数量、提高人口质量的论述颇有道理，更为他那种年近八十誓死捍卫真理、直至战死为止的不屈精神所打动；相反，那些连篇累牍的批判文章却讲不出多少道理来，除了贴标签式的政治口号和扣大帽子之外，便是偷换前提一类的逻辑推演，其目的就是要将《新人口论》批臭，把马寅初一巴掌打下去。特别受到康生亲临北大点名批判“属于哪个马家”影响，包括马老居住的燕南园在内的整个燕园，更是大字报铺天盖地，声讨之声不绝于耳，最后马老真的从北大校园、政坛和学坛上“蒸发”了。这着实使我困惑了一阵子，难道这桩公案就这样盖棺定论了不成？当时不清楚，正是这样的认识化为一种情结，埋下后来为马寅初《新人口论》翻案和走上人口科学研究之路的种子。

1964 年 8 月从北大经济学系毕业后，先是参加两年“四清”，接着便是所谓的十年“文化大革命”和干部下放劳动。除了和这一代人大同小异的经历外，作为系统学习过马克思主义经济学和西方经济学说史的学人来说，原本盼望祖国尽快强盛、人民尽快富裕起来的情结受到莫大的伤害。在“四清”与人民公社社员同吃、同住、同劳动过程中，亲身体验到新中国成立十五六年后，广大农民依然过着缺吃少穿的清贫日子；城市也好不到哪儿去，低得可怜的工资不便以“元”启齿谈论，竟以三位数“大毛（角）”戏说。直至 70 年代每人每月只供应几两油、肉、蛋，自行车、手表、缝纫机等日用工业品都要凭票供应，在饥饿、温饱、小康、富裕和更富裕几个发展阶段中，总体上处在由饥饿向温饱过渡阶段，相当数量的民众还停留在饥饿阶段。由此不能不对当时的人民公社以及整个国家的计划经济产生疑问：为何西方市场经济国家忧虑的是生产过剩，而高度集中统一的计划经济社会主义国家则被经济短缺所困扰？第二次世界大战结束后二三十年，我们同西方发达国家之间的差距不是缩小了而是扩大了，对国家尽快富强起来的期望跌到了失望的边缘。至于所学的知识尤其是经济思想、理论、学说，只剩下苏联计划经济那一套独领风骚、独霸天下，其余均不同程度地被划入封、资、修范畴加以批判。到头来，旧的批判马寅初的迷茫未散，新的迷茫却又悄然袭来，难以挥去，一时间真的迷茫起来了。

二 忽如一夜春风来

1978 年底党的十一届三中全会的召开，实事求是思想路线的恢复和以经济建设为中心的确立，给我的感觉真的是“忽如一夜春风来，千树万树梨花开”！迷茫开始散去，科学发展的春天来到了。于是即刻投身到理论战线的拨乱反正中去，开始了新的研究征程。开头在《光明日报》等发表《调整是目前国民经济全局的关键》《“大会战”是组织经济建设的好形式吗?》等几篇文章，抒发多年来蓄积于胸的经济学方面的郁闷，颇有一吐为快之感。但是最大的学术情结还是当年批判马寅初《新人口论》时投下的阴影，于是提起笔来，奋然撰写并发表《为马寅初先生的新人口论翻案》等几篇文章，从此同人口学、人口经济学研究结下不解之缘。

一石激起千层浪。为马寅初新人口论翻案一反长期困扰人们头脑的人口越多越好论教条，揭开人口理论拨乱反正的序幕。接着我又将马寅初发表的相关文章、讲话、接见记者谈话记录等收集、整理、编辑出来，送交出版社以马寅初《新人口论》命名发表，并在短期内两次再版，产生多米诺骨牌效应。中央和省、区、市党政机关、高等院校、科研院所和部队机关等邀请我前去做报告，出现前所未有的人口问题、人口研究热。在这种形势下，1980 年联合国人口基金决定对华援助，人口科学研究和教学包含在其中，中国社会科学院人口研究中心就是在这样的背景下诞生的。我服从分配来到该中心。我原来所学专业为经济学，经济学与人口学有着某种近亲血缘关系，但是毕竟属于不同学科，

“隔行如隔山”的道理提示我，要从经济学转到人口学研究必须补上这一课。机会来了，1982 年 5 月美国东西方中心邀请我到那里作高级访问学者，进行人口年龄结构变动与社会经济发展相关的研究。我则利用这一年多的时间，一方面完成研究课题，另一方面比较系统地学习了当时主要的人口学论著，并且结识了前往那里做交流访问的著名专家学者。美国东西方中心坐落在夏威夷群岛檀香山市（HONOLULU），地处太平洋中心，亚洲、大洋洲、美洲三大洲连线交会处，风景如画，既无严寒又无酷暑，每年都有众多访问学者光顾。在那里，我有机会结识美国普林斯顿大学的 A. 柯尔、芝加哥大学的 G. S. 贝克尔和 F. 豪泽、布朗大学的 S. 哥德斯坦和英国伦敦大学的布拉斯、日本大学的黑田俊夫、澳大利亚国立大学的考德维尔等大师级人口学家、经济学家，带着求知的渴望学习他们的专长，受益匪浅。

1983 年 6 月回国后，我转到中国社会科学院人口研究中心，将主要研究方向锁定在人口学以及人口经济学、老年人口学。按照中国社会科学院与联合国人口基金达成的协议，人口研究中心以院属研究机构名义对外，对内开始挂靠在社会学研究所，后转到经济研究所，实则相当于该研究所的一个研究室。1984 年 4 月我被任命为人口研究中心负责人，1985 年 1 月院务扩大会议将人口研究中心列为院直属单位，随后任命我为中心主任。为了与中国社会科学院建制相协调，1987 年人口研究中心改为人口研究所，我被任命为所长，创办并兼任《中国人口科学》杂志主编、《中国人口年鉴》主编，中国社会科学院研究生院博士生导师。1999 年中国社会科学院将超龄退下行政岗位的院领导和部分研究所所长组建为中国社会科学院学术委员会，我为第一、第二届学术委员会委员。2006 年中国社会科学院学部成立，我为首届学部委员。

三 学术历程概览

回顾改革开放以来从事研究的学术生涯，迄今共发表专著35部（含主编，其中英文2部，日文1部，英、法、俄、德、西、阿等多种外文本合著1部），论文500余篇（含外文50余篇），研究报告30余篇（部）。按时间顺序与专题研究相结合归纳，主要研究领域和发表成果的学术观点概括如下：

（一）人口经济理论拨乱反正研究

1978年岁末，以党的十一届三中全会召开为契机，拉开哲学社会科学理论拨乱反正的大幕。由于本人所学专业原为经济学，便从经济理论入手，针对长期以来忽视经济规律、国民经济比例失调、重生产轻消费、重重（工业）轻轻（工业）等撰写文章，在《光明日报》等报刊发表《调整是目前国民经济全局的关键》《为社会主义的“托拉斯”恢复名誉》等几篇文章。不过我进入拨乱反正主战场，主要还集中在人口理论正本清源、人口与经济发展方面。突破口是为马寅初先生的新人口论翻案。这是20年前凝聚的一个情结。党的十一届三中全会闭幕不久，我便将多年积累的相关资料整理出来，拿起笔来撰写《为马寅初先生的新人口论翻案》，1979年8月5日《光明日报》以近整版篇幅全文发表。近来有一位同事撰文，以我是北大经济学系毕业、当时在中国社会科学院经济研究所从事科研和我本人具备的一些条件等为“理由”，对我撰写发表该文做出推断，认为是奉命之作。这里，我要郑重表示：我撰写为马寅初新人口论翻案文章同任何组织、任何个人都没有关系，纯属个人行为，是我郁积多年学术情结的迸发，是“蓄谋”近20年的由衷之作。事实上，三中全会结束后不久，我的文章初稿即已完成，中间数易其稿后，送到光明日报社。为什么要送光明日报社？一是该报主要面向科教界，“翻案”一文毕竟属于学术范畴；二是当年批判马寅初时，《光明日报》扮演了急先锋角色，应当负有平反责任。稿子发出不久，报社负责同志告诉我，准备作为重头文章发表，但要等一等，先下点儿毛毛雨（发表点儿舆论性质小文章），然后再发表我的文章。发表时报社加了“编者按”，作为对过去错误批判的清算。文章发表后引起强烈反响，多家报刊转载，日本厚生省全文翻译刊载，《北京大学学报》等约稿，北京出版社接连两次再版由我编辑并附介绍的马寅初《新人口论》（文集）。相关政府部门、高校、科研单位及相关省市等，纷纷邀请我前往做学术报告。以此为契机，我先后在《人民日报》等报刊发表几篇文章，推动人口理论拨乱反正、正本清源。同时出版本人第一本人口学专著《新时期人口论》，香港《大公报》发表影印书评，认为“这是1957年马寅初发表《新人口论》以后第一本全面研究我国人口问题的专著”（《大公报》1982年7月21日）。在这些论著中，解放思想、打破长期以来束缚人们思想的禁锢，着力推进理论拨乱反正。主要体现在以下几点：

一是将人口问题说成是政治问题，造成人口问题长期无人敢于问津。包括人口在内的社会科学中的某些问题，往往同政治有牵连；然而二者毕竟属于不同的范畴，要用不同的方法对待和解决。批判马老《新人口论》时把学术问题当作政治问题批判，谁讲人口问题谁就是向党向社会主义进攻，这就人为地划出了一个“禁区”，堵塞了言路，致使人口科学研究中断了一二十年。在学术问题上，有时真理可能在少数人手里，只能坚持讨论的办法、民主的办法，按照“百花齐放、百家争鸣”方针办事。

二是片面夸大人口多的好处，用“人手论”取代“人口论”。批判中加给马老理论的“罪状”之一是“见口不见手”，只看到人作为消费者的一面，没有看到人作为生产者的更重要的一面。批判者的逻辑是：人口越多—劳动力越多—生产越多—积累越多—发展越快，因此人口越多越好。甚至认为“人口”一词本身就有问题，为什么首先看到的是一张吃饭的口，而不是劳动万能的一双手呢？应将“人口”改为“人手”，“人口论”改为“人手论”。事实上，人作为生产者是有条件的，是劳动年龄人口中扣除丧失劳动能力的人口；而作为消费者是无条件的，无论少年人口、成年（劳动年龄）人口还是老年人口，无论能劳动还是不能劳动人口，均要消费，消费是维系人口再生产不可或缺的条件。而且，就以“口”还是以“手”计量人口数量而论，以“口”计量要更科学一些。因为一般情况下，无口之人是不能存活的；而无手、仅有一只手或一只手也没有的不全之人，尽管所占比例很低但有微量存在，以“手”计量是不够严谨、不够科学的。

三是将人口质量与种族优生混同起来，谁讲人口质量谁就是仇视劳动人民。马寅初新人口论的基本观点，就是控制人口的数量、提高人口的质量，用他的话说，就是去掉这个人负担，保存这个大资源。批判中却将“提高人口的质量”说成是贬低、仇视劳动人民，是反动的资产阶级种族优生论的翻版。人口指居住在特定地域的总体而言，是数量和质量的统一。马老关于控制人口数量、提高人口质量的论述可谓画龙点睛之笔，切中人口问题要害。

四是在社会主义人口规律问题上，突出人口的不断迅速增长。批判新人口论以后，更加强调人口不断迅速增长，致使这一“社会主义人口规律”占据学坛30年，甚至写进政治经济学教科书。“不断迅速增长”的潜台词，是社会主义不存在人口过剩问题。因此，尽管当时我国在实践上程度不同地推行节制人口的计划生育，但是理论上解释为有利于母亲、儿童健康，有利于妇女解放，绝不是人口多了的缘故。显然，这样的解释很牵强，有掩耳盗铃之嫌。这就形成理论与实践的背离，陷入误区的理论难以发挥指导实践的作用。只有清除这一理论教条，明确我国人口问题属人口压迫生产力，即人口和劳动力过剩性质，才能为控制人口增长提供科学的理论支持。

（二）“三步走”人口发展战略研究

将人口转变理论与中国人口变动实际结合起来，提出并阐发集人口数量控制、素质提升、结构调整于一体，三者相结合，不同时期重点不同的“三步走”人口发展战略。《关于人口发展战略问题》《2000 年中国的人口和就业》《“三步走”中国人口发展战略的理性选择》等做出了一定创新性的探索。其中《2000 年中国的人口和就业》为《2000 年的中国》报告首篇，1988 年获国家科技进步成果一等奖。《瞭望》《群言》《中国人口报》等报刊就人口发展战略“三步走”、重点转移等做出报道。由于学界对人口战略存在某些歧义，上述论著首先对人口战略概念做出界定，强调要特别注重人口发展战略的长期性、全局性、阶段性。其次从中国人口和社会经济现状出发，联系现代化发展趋势，提出“缓着陆”高位预测、“软着陆”中位预测、“硬着陆”低位预测三种可供选择的方案，确立以“软着陆”中方案为主的“三步走”战略。

第一步，在“控制”“提高”“调整”协同推进中，更注重人口的数量控制，以“控制”为重点。目标是将高生育率降下来，实现人口再生产由高出生、低死亡、高增长向低出生、低死亡、低增长类型的转变。1991 年总和生育率下降到 2. 10 更替水平以下，出生率下降到 20‰以下，死亡率下降到 7. 0‰以下，自然增长率下降到 13. 0‰以下，人口再生产叩响低出生、低死亡、低增长类型门环，推进到第一步与第二步交汇点。

第二步，逐步实现由以人口数量控制为主向以人口数量控制、素质提高、结构调整并重，再向以素质提升以及同素质提升相关的结构调整为主转变。目标是在低生育水平基本稳定的条件下，推动低出生、低死亡、低增长“后人口转变”前行，直至增长势能释放殆尽，实现人口零增长。按照“软着陆”中方案预测，2030 年前后第二步可基本完成。

第三步，由于人口的惯性作用，零增长以后总体人口将呈现一定程度的减少趋势，再依据届时资源、环境、经济、社会状况和发展趋势，做出全方位的适度人口抉择。所谓全方位适度人口，即人口的数量是适度的，人口的素质是比较高的，人口结构是比较合理的；同时人口与资源、环境、经济、社会的发展是比较协调的，发展是可持续的。

当前，“三步走”人口发展战略推进到第二步中期。第二步是中国人口发展战略转移的新阶段，是继往开来、承上启下的关键性一步，能否走好关系到阶段性目标和最终战略目标的实现。立足中国人口实际并联系国内外社会经济发展变动历史考察，走好第二步关键是把人口发展战略重点转移到以提升人口素质为主上来。这既是人口自身变动和发展——狭义人口战略发展的需要，又是人口与发展——广义人口战略发展的客观要求。尤其同经济转方式、调结构、实现高质量发展休戚相关、高度契合，是高质量发展重要的承接和基础。我在《中国人口发展战略：当前走好第二步是关键》《中国人口素质步入全面提升新阶段》等论著中，对此做出创新性阐发，强调将其融入社会经济总体发展战略之中的意义。就人口自身变动而言，还要特别把握好人口数量由增到减、少子高龄化两种变动趋势。把握好总体人口、劳动年龄人口、老年人口变动的趋势、特点和问题，合理调控推进的速度和节奏。

（三）老龄化和养老保障改革研究

早在1980年中央书记处委托中办召开人口座谈会、起草座谈会向中央书记处报告时，我便注意到控制人口增长带来的老龄化问题，并于当时即在《人民日报》公开发表《关于人口老龄化问题》论文。后来主持“七五”国家重点项目、与联合国合作项目“中国老年人口调查与老年社会保障改革研究”，进行了除西藏自治区、台湾地区之外覆盖全国的老年人口抽样调查，出版《中国1987年60岁以上老年人口抽样调查资料》；召开国际人口老龄化和老年社会保障讨论会，出版中英文论文集；撰写中国60岁以上老年人口抽样调查报告，主编《中国老年人口》（人口、经济、社会三卷）专著，公开出版发行。比较系统地分析、概括了老年人口现状、特点和未来发展趋势，包括老年人口年龄、性别和文化构成，婚姻、家庭和生育回顾，收入和经济来源，以及就业和职业、供养和医疗保障、健康和生活料理、居住和活动等情况，提出建立集社养、家养、自养于一体的“三养”相结合的养老保障体系。在此基础上，借鉴欧美、日本等发达国家经验，积极探索养老社会保障体系顶层设计，打破城乡之间、城市内部企业与事业之间的“二元结构”，推进养老金全国统筹改革。始于20世纪80年代的人口老龄化和社会保障改革研究具有超前意义，受到宋平等中央领导同志的重视、鼓励和支持，认为该研究“对我国老年人口问题的研究和解决，对繁荣和发展老年人口科学，无疑是一个很大的推动”［参见宋平《加强调查研究，改革养老制度》，《中国人口科学》专刊（1），1988年1月）。中国老年学会会长梅益也在《人民日报》发表书评，将《中国老年人口》（三卷）誉为“中国老年科学的奠基作”（《人民日报》1992年4月12日］。抽样调查资料和专著获中国社会科学院优秀成果奖（单一奖项）、首届中国人口科学优秀成果一等奖和中国老年科学优秀成果一等奖。

30 年的实践证明，上述老龄化研究取得的成果，包括调查数据资料、研究结论、政策建议等，是科学的和符合实际的。然而生活之树是常青的，新问题不断涌现，需要做出与时俱进的研究。进入 21 世纪以来，我发表了《中国启动新一轮养老保障改革》《全面深化养老保障体制改革》等新作，针对客观存在的养老金积累风险不断增大，通过权衡做实个人账户和完全名义账户两种方案的利弊得失，提出部分做实个人账户改革方案，给出相应的做实比例；针对养老金被挪用、被挤占等问题，提出部分养老金按比例进入金融市场以保值增值建议；针对人口老龄化分阶段累进推进特点，发出“十三五”养老保障各项事业绝不能欠账，只能超额完成预警。

（四）孩子社会附加成本—效益理论创新研究

可从实践与理论两个层面分别做出阐发。

实践层面：“二战”后边缘、交叉研究成为发展最快的学科，人口与经济发展之间关系当属这样的学科，也是我研究工作的一根支柱。在 20 世纪七八十年代人口与经济关系研究中，侧重总体人口、人口年龄结构、人口城乡结构、人口素质结构、人口地区分布结构变动与经济发展变量之间的关系研究，寻求促进国民经济发展的人口变动视角。80 年代在“劳动年龄人口变动与就业战略重点的转移”研究中，从我国经济发展、农业资源和人口城乡结构实际出发，提出并论证了农业种植业剩余劳动力向城镇工商业、乡镇企业、林牧渔业各转移 1/3，实施“三三制”转移方针，给出农村剩余劳动力转移的思路和决策选择。在《利用人口年龄结构变动促进现代化建设》（《人民日报》1983 年 6 月 5 日）一文中，我首次提出由于出生率下降导致老年和少年人口之和——从属比或抚养比下降、劳动年龄人口占比上升形成的人口年龄结构变动的“黄金时代”。指出这是千载难逢的人口机遇期。“黄金时代”对实现2000年工农业总产值翻两番和加快现代化建设意义非比寻常，应当充分利用这一机遇期加快经济发展。经查询，这是最早提出人口年龄结构变动为经济发展提供机遇一类的文章，与后来被称为“人口盈利”“人口红利”“人口视窗”的判断同出一辙，含义相同。均指劳动年龄人口占比升高、老少被抚养人口之和占比下降，即劳动力充裕、社会抚养比较低的有利于经济发展的机遇期。30年过后，当这一变动越过峰值，一些文章宣称中国黄金时代已经结束、人口红利消失时，我则提出黄金时代划分应以从属比低于0.5为标准。如此，2010年越过刘易斯拐点后还有20年左右的人口盈利、人口红利衰减期，2030年人口零增长实现以后，方才进入人口亏损、人口负债期。衰减不等于消失。应当科学地、实事求是地审视人口转变的影响，继续发挥其对社会经济发展的促进作用。

理论层面：人口问题本质上是发展问题，社会经济性质和发展水平对人口生产起着决定性作用。结合中国实际并深入微观层面，我主持“八五”国家重点、联合国人口基金资助并与美国南加州大学（USC）合作项目“中国家庭经济与生育研究”。通过组织和开展“中国1992年家庭经济与生育10省市抽样调查”，取得第一手比较完整的数据资料，完成研究报告和专著《中国家庭经济与生育研究》（主编）、《市场经济与人口控制》（第一作者）等，取得新的突破。在对西方孩子成本—效益理论做出评价和合理借鉴的基础上，提出并阐发了孩子社会附加成本—效益理论，给出具体的计算方法，并对中国出生育率变动做出具体的理论阐释，是一项创新性研究成果。分析孩子成本—效益与现行生育行为的矛盾现象，提出人口生育政策应把合理增大计划外生育子女成本、有效提高独生子女和计划内生育子女效益放在突出位置，推进这方面的改革，建立相应的利益调节导向机制，完善相应的政策和法规。该项研究在国家人口计生委和四川省委领导支持下，在四川省开展独生子女双全（伤、亡）保险及父母养老保险试验，取得实际效果。《经济参考报》（1992 年 7 月 12 日）、《群言》杂志（1996 年 10 月）等新闻媒体做了报道。相关文献和试验做法汇总为《独生子女与父母养老保险的理论与实践》（主编），1992 年正式出版发行。

（五）人口与可持续发展研究

将人口纳入可持续发展战略，探索人口与资源、环境、经济、社会可持续发展框架体系，是广义人口发展战略研究的自然延伸。从 1972 年斯德哥尔摩人类环境会议提出可持续发展理念，到 1992 年里约热内卢环境与发展大会通过《21 世纪日程》，一系列国际会议促使可持续发展研究不断升温，落脚到人口、资源、环境、经济、社会五大支点上来。在这样的背景下，人口研究特别是广义人口发展战略研究，需要纳入可持续发展视野，进行边缘、交叉和综合研究。我结合主持中国社会科学院重点课题“人口与可持续发展研究”，推出人口与资源、环境、经济、社会可持续发展研究报告、专著和《以人为本：可持续发展第一要义》《人类文明：人类控制系统与自然控制系统的博弈》等论文，提出并论证了人口与可持续发展总体理论框架结构：资源是可持续发展的前提，一切发展都可归结为资源的物质变换；环境是可持续发展的终极目标，可持续发展最终是为了给人类的生存和发展创造良好的自然环境和社会环境；人口是总体可持续发展的关键，只有人类参与并且按照人的意志进行的资源的物质变换，才称得上发展和可持续发展；经济发展和社会发展则是可持续发展的推进器和调节器，包括可持续发展在内的一切发展，只能依赖经济发展和社会发展推动。这一理论框架和战略顶层设计的推出，产生了一定的社会影响。明确了人口在可持续发展中的位置，并就总体人口与生活资料、劳动年龄人口与生产资料、人口素质与技术进步、人口老龄化与养老保障、人口城市化与产业结构调整、人口地区分布与生产力布局等，做出有一定独到见解的研究。论文《论人口与国民经济的可持续发展》1996 年获中共中央宣传部颁发的精神文明建设“五个一”工程奖；主撰和主编的《人口、资源、环境可持续发展》《人口、经济、社会可持续发展》专著，获部委级优秀成果一等奖。

（六）人口政策与时俱进研究

多年来，特别是进入 21 世纪以来，我在从事上述人口经济研究时，总想把过去多年积累的文献资料，尤其是亲身参与相关人口政策制定积累的文献资料整理出来，运用人口学、经济学、社会学等研究方法，结合三十多年的实践，做出比较系统的阐发，以弄清历史的本来面目，澄清中国人口政策的来龙去脉，推动研究的深入和政策的调整。首先把直接参与中国人口政策制定的有关资料整理出来，并完成论著写作。论文《新中国人口政策回顾与展望》，2009 年 12 月 4 日在《人民日报》理论版头条发表；专著《中国人口政策 60 年》列入中宣部、国家新闻出版总署组织的《辉煌历程——庆祝新中国成立 60 周年重点书系》，由社会科学文献出版社出版。《新华文摘》2010 年第 12 期全文转载《新中国人口政策回顾与展望》一文，多家报刊转载该文和摘编《中国人口政策 60 年》部分章节，美、日等媒体发表评论并对中国人口政策调整做出评论和预测。中央党史研究室致函称：“计划生育作为中国的基本国策，已执行了 30 年。您作为这项政策的主要设计者之一，从 20 世纪 70 年代末开始，就对中国人口及人口发展战略问题发表了一系列论文。1980 年 3 月至 5 月，中央接连召开了 5 次人口问题座谈会，您负责起草了呈送中央书记处的报告。2009 年 12 月，您在《人民日报》上发表署名文章

《新中国人口政策回顾与展望》。这篇文章发表之后，立即引起业界和社会的强烈反响。我们想请您谈谈这方面的情况……”后来中央党史研究室《百年潮》发表了我口述，刘一丁、汪文庆整理的《“一对夫妇生育一个孩子”政策的由来与展望》，算是对党史资料征编来函的回馈。文章对当时争议颇多的人口生育政策，用亲历并从理论与实践相结合上，阐释1980年出台提倡一对夫妇生育一个孩子政策时，即明确该项政策既非权宜之计，不是三年五载的短期政策；也非永久之计，不可能五十年、一百年地搞下去；而是一定时间的一项特殊政策。“一定时间”界定为控制一代人生育率的时间，即25年左右，最多不超过30年。为什么要以控制一代人生育率所需要的时间为准？因为控制好一代人的生育率，也就控制了下一代做父母的人口数量，既可以起到有效控制人口增长的作用，也可以使人口老龄化、劳动力供给、家庭代际结构等问题不致过于严重，保持人口与社会经济发展基本协调的态势。1980年中央人口座谈会参会人员以党中央、国务院相关部委办负责同志为主，吸收少数从事自然科学和社会科学有关学者参与。受会议领导同志委托，我负责起草向中央书记处的报告，因而清楚会议全过程。2009年该项政策走完“一代人”的路程，到达需要调整的时间节点。理应适时进行政策调整，对30年的实践有一个总结，对未来做出安排。但是这个时点即将过去，政策调整却不见松动。作为参与政策制定的学人感到不安和不可忍受，便毅然选择公布事情真相、文章公开发表的做法，这就是该文发表的背景。了解内情的同志知晓，此事曾经引起一点儿风波；幸好四五年后党中央关于生育政策调整方案出台，风波始得平息。

以上论著提出生育政策调整具体的三条建议：一是“双独生二”，目前已基本做到；二是“一独生二”，已有少数省、区、市开始试点，建议全国分城乡、分步骤推开；三是“限三生二”，在保证不生育三个以上子女的前提下，建议全面放开、组织实施。这一思路和建议不是当时一时的心血来潮，而是1980年做出“提倡一对夫妇生育一个孩子”决策时即有这样的顶层设计。因此与过去的政策并不矛盾，不是改弦易张，而是恢复1980年政策提出时的初衷，是该项政策自然合理的延伸。

上述六个方面，在一定意义上也反映出本人研究经历的6个阶段。此外，人口学学科建设，也需要提及一下。1986年国家社会科学基金成立，人口学在经济学科组，我为学科组成员，后调整到社会学科组。1996年国际人口科学联盟（IUSSP）决定，1997年第23届国际人口科学大会在北京召开。利用这一时机，我同学科组成员，主要是国家人口计生委副主任杨魁孚同志，一起找到国家社科规划领导小组负责同志，申请将人口学科作为独立学科单列。提出的理由有三：一为第23届国际人口科学大会在北京召开，标志着国际社会对中国人口科学发展的承认；二为改革开放以来人口学科发展迅速，目前各种类型、大小不等的人口研究机构近百家，比某些学科并不逊色；三为中国是世界人口最多的国家，人口多的基本国情对经济、社会、资源、环境以及各方面发展影响之大、之广、之深，非一般学科所能比拟，应加强对人口科学研究的扶持。经规划领导小组研究，最后同意了我们的意见，人口学同经济学、社会学等学科一样，成为一门独立学科。独立后，人口学申报和中标项目有了大幅度的增长，发挥了对人口学科研究扶持和引领的作用。同时，我利用国务院学位委员会学科评议组成员、中国人口学会常务副会长等社会兼职，团结学术界老、中、青同事，通过学科调研、会议研讨、制定学科发展规划等，探讨出成果、出人才的体制机制，努力把人才培养放在首位。2007年我在代表中国人口学会常务理事会所做的“充分发挥学会作用，大力推进人口科学创新”工作报告中，对近年来取得的较高质量的研究成果，特别对人口与可持续发展、全面建设小康社会人口与发展、中国人口发展战略、人口健康、人口流动与城市化、出生性别比、民族人口、人口学基本理论等做出综合阐发，提出未来发展的方向、目标和任务，力求起到应有的推动作用。不过，传统的人口转变完成之后，后人口转变向何处去，信息化、经济全球化对人口数量、素质、结构有何影响，人口的变动和发展如何融入可持续发展战略等，不仅需要解决具体问题的实证研究，而且需要通过实践—理论—实践不断升华的理论研究，推进学科建设和理论创新，可谓任重而道远。

国际人口科学联盟做出决定，1997 年第 23 届国际人口科学大会在北京举行。这是中国首次举办世界规模的人口科学盛会，有来自五大洲 82 个国家 4000 多位专家学者光顾。我作为大会人口老龄化和养老保障专题主持人、中国组委会主要负责人之一，既要提交尽可能有分量的专题研究报告，又要尽心竭力地做好组织工作，要以“双肩挑”的身份出场。兴奋之余，乃填词一首，借以表达当时的心情、感悟。

西江月·北京第 23 届国际人口科学大会

（1997 年 10 月）

四千精英聚首，
北京拥抱五洲。
科学原本无国界，
一展学海风流。
资源环境人口，
经济社会统筹。
力挺发展可持续，
环球共织锦绣。

四　从"学然后"走来

前面提到，这里的"学然后"为《礼记·学记》缩代语。不过上面引用的还不是完整的原文。完整的原文为："虽有嘉肴，弗食，不知其旨也；虽有至道，弗学，不知其善也。是故学然后知不足，教然后知困。知不足，然后能自反也；知困，然后能自强也。故曰：教学相长也。《兑命》曰：'学学半'。其此之谓乎?"这篇仅有70多字的《礼记·学记》，道出知与行、教与学相互促进、相辅相成的道理和逻辑。从这一视角观察，也在一定程度上描绘出本人学海生涯行进的轨迹。以本人从孩提到杖朝之年六七十年学习和从事学术研究的经历、感触、顿悟而言，还是要归结到"老三条"上来：实践是认知、理论的源泉，认知、理论反作用于实践，实践—理论—实践螺旋式提升范式。尽管这样的认识论无人不知、无人不晓，但是不要忘记，书本上的知识、理论是一回事，有无经过实践检验和检验后达到新的提升，则又是一回事。只有"学然后"真正找到"知不足"所在，并身体力行地去"自反"；"教然后"真正抓住"知困"要害，且脚踏实地地践行"自强"；还要特别提及的是，必须站在时代前沿、经过实践—理论—实践的反复锤炼和提升，才能把握认知、理论的真谛。

其一，实践是认知、理论的源泉。这在唯物论说来，本属天经地义，不需做任何讨论。最重要的是，能否将其作为包括学术研究在内的一切行为的准则，始终坚持不渝。举几个印象较深、至今难以忘怀的例子。1956—1959年我在家乡的市立高中读书。为了贯彻落实教育为无产阶级政治服务、教育与生产劳动相结合教育方针，在本钢支援指导下，办了一座颇为像样儿的校办工厂。每周二、周五上午，高三学生都要上两节金工课。专业老师讲完课后，学生按照所讲内容动手实习操作。讲课和操作从钳工开始。记得第一节课，学习和实习操作的是比较简单的度量工具“卡钳子”。老师讲解如何取材、掌握尺寸、使用锉刀，如何平衡站步、端正躯体、均衡发力等。结果还不错，我第一次锉制的“卡钳子”完全合格，受到老师的表扬。随后的一年里，老师讲解了车、钳、铆、锻、焊的主要基础课程，实习所做的工件也多起来、复杂起来。现在高中阶段应不应该开设这样的校办工厂、安排这样的实习课程？结论恐怕是不一定需要。然而60年前我所得到的教益多多，有些甚至还颇为留恋，也是不可改变的事实。

我到农村劳动和参加军训，感受基本相同。下农村与社员一起耕作、除草、翻地，学到许多闻所未闻的知识。与牧区社员一起放牧，学到“春放阴，夏放阳，数九寒冬放撂荒”等牧民的实践经验。参加军训正值中苏关系紧张时刻，高校民兵预备役基干民兵训练开展得如火如荼。我担任两年系民兵营长，暑期在北大与清华之间的圆明园一带进行“三防”训练。一会儿头顶烈日，骄阳似火，靴子里的汗水倒出来都能听到哗哗的响声；一会儿又彤云密布、暴雨倾盆。在这样的环境中学习和演练防空、防化学、防原子，足以构成小说中生动的人物、环境、情节。还记得在上防原子弹课时，讲到1945年美国在日本长崎投放原子弹，医务人员的一件白大褂得以存留下来，说明白色抗核辐射能力很强。2006年我到长崎参观当年原子弹爆炸现场，果然见到那件保存至今的白大褂。原子武器具有光辐射、冲击波、放射性沾染三大杀伤力，每种杀伤力都有“天敌”，因而也是可以预防的。

依本人亲身经历，如果不身经童年时代日本帝国主义的侵略、压榨、盘剥，爱国情结就不会凝聚和影响如此之深、之广、之久。如果没有20世纪50年代在教育与生产劳动相结合方针指导下深入工厂跟班劳动，到农村春种秋收；60年代“四清”与广大社员同吃、同住、同劳动，七八十年代改革之初安徽凤阳小岗联产承包第一村之行，北京翠花胡同全国第一家个体小饭馆——悦宾饭馆的亲身体验，就很难真正了解中国的基本国情，拥有一份至今难忘的工农兵情怀，对改革开放的深情。社会科学具有从情怀到认知、理论、学说一脉相承的天性，因而不仅是理性认识深化的结果，还始终跳动着心系民众感性认识的脉搏。通过增加或减少“供血量”，影响理性认识、理论、学说的形成和发展，深度、广度和高度。由此联想到当前的教育改革，能否从中受到某些启示、吸取点儿什么东西，在增强学生智能改革上出点儿实招、取得点儿实效?!

自然科学研究离不开科学实验，这是一种常态。红药水（220）是怎样发明出来的？据说是经过220次实验方才取得成功并因此而得名；从最初的飞行器到现代超大型宽体客机，其间牺牲了多少专家、多少架次不同档次的飞行器、飞机，恐怕难以说清楚。我国“两弹一星”研制经历多少次实验，失败、成功多少次？超乎人们的想象。相比之下，社会科学研究往往被人误解，以为社科研究无须实验，因而距离实践要远得多。实则不然。孔子周游列国，与众学子谈论仁、义、礼、智、信，治国安邦之道，才有《论语》问世，也才使“四书五经”得以接续、整理编辑流传下来。苏东坡做官游迁黄州、杭州、儋州大半个江南，始留下“惊涛拍岸，卷起千堆雪”“谈笑间，樯橹灰飞烟灭”（《念奴娇·赤壁怀古》）的佳句；毛泽东率工农红军爬雪山、过草地进行艰苦卓绝的二万五千里长征，方才抒发出“金沙水拍云崖暖，大渡桥横铁索寒”的革命浪漫主义豪情。至于考古发掘、地理考察、古典经济学劳动价值论、马克思《资本论》之写作等均离不开社会实践，更是不胜枚举、无一例外。包括人口学、经济学在内的社会科学研究，其对实践的依赖程度更高。我的体会是：遍地是知识，到处有文章。只是把实践提炼成高质量的文章，需要下一番苦功夫、硬功夫，甚至搞得寝食难安、废寝忘食，才能创造出有影响力的精品力作。

其二，认知、理论反作用于实践。认知、理论源于实践且高于实践，具有能动的反作用。学习和提升认知、理论，归根结底是为了改造客观世界和主观世界，这是社会科学研究的天职。对此，我在中国人口发展战略和人口政策选择研究中体会颇深。

20 世纪 70 年代末 80 年代初，我转入人口研究后，面前放着的第一道课题就是如何看待中国的人口问题和寻求解决的途径。运用人口学、经济学、社会学等基本理论方法观察，当时人口与发展基本的态势是：社会经济发展比较缓慢，人口增长却比较迅速。在总体人口与生活资料比较中，生活资料不足是矛盾的主要方面；在劳动年龄人口与生产资料比较中，生产资料不足是主要的方面；在人口素质与技术进步比较中，技术进步、劳动生产率提升缓慢是主要的方面；在城乡结构比较中，城市化率过低是主要的方面；等等。一句话，表现为短缺经济与过剩人口的矛盾，人口问题首先定格在数量过剩上面。因而解决的根本之策，就是要双管齐下，而不能单管、单一型作业。即一方面要发展经济，改变供给不足现状。另一方面要控制人口数量增长，改变需求增长过快局面；同时提升人口素质，发挥人口数量—质量替代规律作用。因此，时至今日我仍认为当时从严控制人口数量增长是必要的，在担负起草 1980 年中央人口座谈会向中央书记处报告时，阐述了这样的认识、观点和决策选择。不过这样说并不等于人口数量越少越好、控制越严越好、控制时间越长越好——当时这样的说法小有市场；而是将人口与社会经济发展理论同当时的实际结合起来，提出控制一代人生育率，即提倡一对夫妇生育一个孩子在 25 年左右、最多不超过 30 年的结论和政策建议。这一建议得到绝大多数与会者的赞同和领导的认可。然而当 25 年期限已到、30 年即将来临时，政策相关部门却毫无动静。于是我便在《人民日报》等媒体公开发文，亮明当初控制一代人生育率决策真相，呼吁尽快进行生育政策调整。虽然实际政策调整晚了几年，但是这样的研究成果还是在国内外产生强烈反响，发挥了应有的作用。还有其他类似的例子，感受最深的是：不管别人重视还是不重视，我们的研究都要以科学的理论为指导，推出经得起实践检验的理论、主张和政策建议。

其三，实践—理论—实践螺旋式提升范式。对于这样的认识论知行统一观范式，现在有人认为已经过时，应该摒弃了。我以为不但不应摒弃，还要大力提倡，只是不要忘记，要同时代发展紧密联系在一起。举两个例子：

例一，世纪之交我到某省做学术报告。结束后还有半天时间才能返回，便到省城附近的农村做点儿社会调查。座谈中谈到一对夫妇生育一个孩子时，未曾料到参加座谈会的几位年轻妈妈异口同声地说："生育一个孩子好，就是好。"我问怎么个好法时，她们的回答"就是好"，好在哪里却说不上来。我再追问：独生子女"小皇帝"独来独往好吗？没有兄弟姐妹、缺少亲情好吗？她们不正面回答，还是那句话"就是好"。我说：你们的回答使我想起"文化大革命"中的一首歌，从头到尾就是一句话"无产阶级'文化大革命'就是好"，最后以喊一句这样的口号结束。我解释说，我不是政府官员，和大家谈谈心、交交心，无论大家说什么，散会就烟消云散，只当没有说过，希望大家讲点儿真话。这样一来，大家才消除顾虑。讲到会前领导有布置，交代座谈时别多说话，讲"生育一个孩子就是好"就够了。话匣子打开，大家讲了独生子女父母的忧虑，独生子女心理、情感、教育等多方面问题。其实这些问题大多早在 1980 年中央人口座谈会上讨论过，现在是要印证当初的预判是否正确，有哪些新问题出现。座谈会对我触动很大，进一步坚定了控制一代人生育的既定理念，加深并坚定了对生育政策调整必要性、紧迫性和现实性的认识。

例二，20 多年前，我赴荷兰作学术交流。双休日，应一位在当地颇有影响的教授邀请，驾车沿着莱茵河畔信马由缰而上，中午时分在科隆停了下来，前去参观向往已久的科隆大教堂。我曾看过一点儿资料，科隆大教堂于 1248—1880 年兴建，历经 7 个世纪共 632 年，耗时恐怕列世界各国教堂之首；规模浩大，与巴黎圣母院、罗马圣彼得大教堂并列为欧洲三大教堂。来到跟前，果然百闻不如一见：一座长 145 米、宽 86 米、主体高 135 米的大教堂，全部采用磨光大理石建造，再配上两侧 5 座比主体高出 20 多米的塔钟，在彩绘镶嵌画玻璃窗掩映下，显示出耶稣“东方三圣王”的威严和肃穆、典雅、秀丽和轻盈。参观完毕，同行的教授问我：“有一个与人口有关的建筑细节，你注意到没有？”我丈二和尚摸不着头脑，忙问他是什么细节。他说：“你看一下教堂门的设计和建造，有什么特别的地方吗？”我还是不得要领，追问其详。他告诉我说：“教堂的门与中国门的建筑不同，中国的门一般是两根柱子上面搭一条横木，方方正正；这里和欧洲许多基督教教堂一样，门上面呈人字状，向内雕进几层，好像一个去掉桃仁裂开的桃核。”——说到这儿，他放慢了语速，带有点儿解释性地继续说道：“也像女性的阴门。上面是绽开的阴蒂，下面是洞开的阴道口——这不是低俗，而是生命之门，神圣之门，由人们对生殖崇拜演进而来的艺术雕塑。”我感到很惊诧，有关欧洲生殖崇拜的雕像，过去在意大利、法国、奥地利等国看到过一些，基本上都是赤裸裸的；欧洲比较有名的教堂也看过十来个，还没有听到过如此一说！于是我请他再等我半个小时，掉转身形再次购票入内观览。因为有教授的“理性认知”导读，这次是举一反三，更细致一些的观览，对教堂深藏的生殖崇拜文化和整个宗教文化具有了更深入一个层次的了解感受。

用“学然后”串联我的学术人生，得到带有根本性质的升华。星移斗转，一转眼来到耄耋门前，尚有不少积累下来的文献资料需要整理、审编和提炼，发表过的论著也需要重新审视和提升。这就要发扬老骥奋蹄精神，沿着“学然后”的路子走下去，将学术研究更好地融入晚年生活。2008 年当我迈进古稀之年门槛时，曾做过一首《七律·登香山》，反映出暮年的我对待学术研究的心情、心态和心愿。抄录于此，以“有诗为证”自我激励吧！

七律·登香山
（2008 年 8 月 1 日）
古稀之年登香山，
斗折蛇行向上攀。
一层石阶一层景，
一步更比一步难。
西山晴雪换人间，
回头望已是一天。
学问到老丝未尽，
鬼见愁上来论剑。

几年前中国中外名人文化研究会发来邀请，要我为《中华名人格言》撰写几则“富含哲理、语言精练、寓意深刻、耐人寻味”的格言。对于如此之高的要求，我未免有些惶恐，只好从日常生活中体会较深并且身体力行、自我约束的警句中摘出几条发过去。想不到在寄来的书中，还夹有一张被评为“优秀作品”的荣誉证书。优秀不优秀另当别论，也无所谓，有点儿实际的约束力倒是十分紧要的。“年龄可以老化，思想不能僵化，学问不可退化”是几条中的一条，至少反映出当前我的一种心态和对老年做学问的一种诉求。如何实现老化而不僵化、不退化呢？在中国社会科学院老干部局组织编辑出版的一本书中收录了拙作《我的健康观——PK四种不同类型年龄》，答案就是淡化自然年龄、激活生理年龄、平和心理年龄、践行社会年龄。

淡化自然年龄。一般地讲，人的年龄即指自然年龄，以岁表示。自然年龄是时间推移的自然结果，如同植物的年轮一样，每过一年增加一圈，人的自然年龄每过一年增长一岁。怎样对待自然年龄增长？《论语》中说："叶公问孔子于子路，子路不对；子曰：'女奚不曰，其为人也，发愤忘食，乐以忘忧，不知老之将至，云尔'。"其中"不知老之将至"，就是淡化自然年龄，不为年复一年的年龄增长所左右，仍然"发愤忘食，乐以忘忧"地照常行事。对于自然年龄，古往今来留下西方炼丹术、东方仙山寻求长生不老药的神话，希望延年益寿。然而神话就是神话，谁也没有亲眼见到过长生不老的寿星。倒是随着经济的发展、社会的进步、医疗卫生条件的改善等，长寿真的向我们走来。依据联合国提供的资料，1950年世界人口预期寿命为46岁，2010年提高到68岁，60年间提高22岁，年平均提高0.37岁，为人类发展史上增寿幅度最大的60年。同期中国由不足40岁提高到73岁，提高33岁，年平均提高0.55岁，高出世界平均水平0.18岁，增寿更为显著。然而活得长不等于活得健康，因为正常人的一生可分为健康期、带病期和伤残期，现代人追求的目标是延长健康期，缩短带病期和伤残期，"长寿+健康"才是我们的目的。其实，寿命长短主要由遗传基因决定，后天因素只能起到一定的延长或缩短作用，我们只需要科学地生活、工作、学习，其余由它去好了，不要总是想到年老了、不行了。最好能将自然年龄忘掉，真正做到"不知老之将至"。

激活生理年龄。一般地说，自然年龄同生理年龄有着一定的必然联系。人的脑细胞在50岁以后开始减少，脑重量开始变轻，智力开始下降。听觉下降最早，20 岁以后便开始减弱，到了老年则减弱更甚。体力随着年龄的增长而下降，老年晚期出现体力不支是正常的现象。因此，衰老（Senescence）是人生物体的自然属性，具有不可抗拒、不可逆转性质，迟早总是要发生的。我们能做到的，就是在或迟或早上做文章，延缓衰老，增进健康期。关于健康，有两种截然相反的观点：一种为动派，坚持“生命在于运动”，举出无数个案，说明运动对保持人体机能完好的重要性。一种为静派，坚持“生命在于静止”，举出不好动的动植物寿命最长，常常把懒得一动的乌龟和傲然挺拔岩石之上、狂风暴雨不动摇的苍松作为长寿的象征。1941 年周恩来、董必武、邓颖超同志为祝贺马寅初先生 60 寿辰赠送的对联，写的便是“桃李增华坐帐无鹤，琴书作伴支床有龟”。还有一种观点，认为“生命在于平衡”，维持生命需求与供给的平衡，中医所讲的阴阳平衡，西医所讲的营养均衡等是也。问题在于怎样才能实现平衡，是静止求平衡还是运动求平衡？笔者赞同通过适度的运动求得平衡，即运动要适当，要随着年龄的增长和体质状况的变化，做出适当增减的运动。笔者的信条是：迈开腿、管好嘴、调整好心态。

平和心理年龄。世界卫生组织（WHO）将心理健康与生理健康、社会健康并列为人类健康的三个基本方面，足见心理健康之重要。这是因为人的行为受思想支配，生理健康在很大程度上取决于心理健康。常言道“笑一笑，十年少；愁一愁，白了头”，讲的就是这个道理。老年如何调整好心态，我将其归结为平和心理年龄，就是要准确定位老年在人生坐标上的位置。就抽象的一般意义而言，最主要的就是要认识人生角色的转换。角色的转换，可以从两个相反的方向去理解。一方面表现为衰减和失去：身体健康的衰减和失去，体力和精力越来越不济，总体上由健康期步入带病期、伤残期；社会职责的衰减和失去，原来担负的社会工作让位给后来人，成为退休养老的自由人；行为观念的衰减和失去，过去从事的是社会需要的工作，退下来以后更多从事的是自己需要的活动，观念上由我为社会转变到我要为我，以减少社会为我。另一方面表现为增进和拥有：自由的增进和时间的拥有，老年由原来的岗位退下来，不再担任任何职务，原来有官者变成“无官一身轻”，原来无官者也用不着早上班晚下班，24小时全由自己自由支配；活动的增进和拥有，由原来以单位为主的活动，变成以社会社区的活动为主，相对来说拥有一个更大范围、更多社会接触的舞台；观察评论的增进和拥有，如果说成年时期生活以干为主，退下来以后则变成以看为主，拥有更多思考、评说的机会，因而有时间提升自己的知识和经验。可见，老年作为人生最后特殊阶段的人口群体，由于衰减和失去、增进和拥有并存，一方面使他们脱离原来固有的关系，越来越自由，似乎与社会渐行渐远；另一方面他们又不能太自由，并且对社会的依赖程度会越来越强烈，成为必须得到社会关怀的弱势群体。联系本人实际，虽然尚未进入这种角色转换，或者大部分尚未进入这种转换；但是已从行政岗位上退了下来，也有一个摆正位置，调整心态，即平和心理年龄问题。相信后来居上、长江后浪推前浪是合乎规律的发展。退一步海阔天空，到了应该放飞心理年龄的时候，何不潇洒走一回?!

践行社会年龄。平和心理年龄，不是放弃奋斗终生的事业，而是以一种平和的心态，多几分宽容，多几分潇洒，让更多的后来人共同推进事业的发展。就步入老年的个人说来，则要充分认识老年的价值。其一，作为有一定劳动能力的经济价值。我国60岁以上老年人口中，大约有1/4仍在从事力所能及的劳动，他们把劳动视为生存和发展的一种需要，是社会有用之人的一种标志。作为受过高等教育的专家学者，继续从事科研和其他劳动，不需要再进行专门的职业训练，因而具有成本较低的优点，可以为社会创造出低投入、高产出的财富。其二，作为经验积累的历史价值。在我国由农业国向工业国转变过程中，先进技术、中间技术、落后技术将长期并存，先进技术取代落后技术需要较长一段时间，这是由我国的基本国情决定的。在这种情况下，经验显得尤为重要。而经验是实践知识的积累，同年龄成正比例增长，年龄是人生经验的象征。在这个意义上，老年人口具有其他年龄人口群体无法比拟的优势。其三，作为文化传承的社会价值。文化成为当今世界关注的热点，老年作为接受历史文化遗产最丰富又经过当代文化洗礼的人口群体，是现实社会文化的富有者，比少年人口富有，也比成年人口富有，应当成为先进文化的成熟传播者，尽管传播中也要重新学习和进行创造。1982 年联合国第 37 届大会通过的《老龄问题维也纳国际行动计划》指出：童年和老年共同承担人类文化价值传承任务，但是童年主要是承接，老年主要是传播；老年人口的文化传播，保障了人类的生存和进步；老年人口群体的这一作用具有不可替代的性质，成为一种“人类课堂”。如此说来，老年对于社会并非毫无用处，“老而无用”是一个误区。

对于从事社会科学研究的老年学者来说，则可以有更多的作为。古今中外大器晚成者事例数不胜数，我们身边的许多老年研究人员，大多生命不息、奋斗不止。不过，用实际行动交出一份合格的社会年龄答卷并非易事。我的体会是，一要不断学习。所谓活到老、学到老，学无止境是也。尤其在当今世界信息化、经济全球化迅速推进，国内改革开放向纵深发展，经济转轨、社会转型、人口转变加速进行背景下，“一不留神”就会被时代的列车甩下来。要想不被甩下来，办法只有学习，再学习。要了解新事物，熟悉新情况，研究新问题，严防思想僵化。二要联系实际。学习有两种：一是向书本学习，包括图书、报刊、电子信息等；二是向实践学习，以社会为实验基地，深入调查研究，经过实践—理论—实践多次反复，取得具有实际应用价值的研究成果。三要坚持学术创新。人们常说“青年人喜欢憧憬未来，老年人容易留恋过去”。虽然不能一概而论，但是此话也揭示了一种值得注意的年龄思维倾向。在现实生活中，我们常常看到有的老学者、老专家，在他们的研究中新思维、新思想、新观点、新理论太少了，学术上的老话、旧话、套话太多了，给人以落伍和与时代发展渐行渐远之感，这样的成果能起到什么样的作用呢?!创新是一个国家和民族的灵魂，科学发展的灵魂，当然也是老年社会科学工作者有所作为的灵魂。

田雪原　于文星阁

2018 年 5 月

新时代促进中国经济持续发展的人口战略选择思考

王金营*

【摘　要】党的十九大报告指出，要加强新时代人口发展战略研究。在2020年决胜全面建成小康社会和到2050年经过两阶段奋斗建成社会主义现代化强国的进程中，经济持续高质量发展是决定因素也是必要基础。本文认为，未来经济发展面临着人口负增长、少子老龄化、劳动力供给减少且负担加重等不利因素。为此，我国必须采取生育友好的生育政策和公共政策，适度提高妇女生育率，促进人口长期均衡发展；应充分利用国土广袤和人口规模巨大的回旋空间，通过合理的人口流动，实施人力资源和区域禀赋资源的优化配置战略；大力提升人力资本水平；增加有效劳动供给；推动健康产业发展；提升人口健康水平，实现健康老龄化。

【关键词】经济发展；生育友好型政策；人力资本提升；空间回旋；健康产业发展

---

* 王金营，河北大学经济学院院长、教授、博士生导师。本文是王金营承担的国家社科基金重点项目“人口与经济发展方式转变研究”（项目号12ARK001）的阶段性成果。课题研究得到田雪原先生的关心和指导，时值先生八十大寿，特以此稿为先生祝寿。

党的十九大报告指出中国特色社会主义已经进入了新时代，在决胜全面建成小康社会和经过2020—2035年、2035—2050年两阶段努力实现现代化强国的中国梦的进程中，经济持续高质量发展是决定因素也是必要的基础。改革开放40年来，我国实现了经济年均超过9%的高速增长，其中人口增长、人口红利以及由教育、健康发展构成的人力资本提升都起到了重要拉动、促进作用。进入新时代，我国人均GDP已经达到8866美元（2016年世界排名第69位；人民币55412元），进入中等收入国家行列，人口城镇化也已经接近60%（2016年为57.35%），人口城镇化即将进入稳定时期。特别是以人口增长、劳动力供给充足且负担轻、乡—城人口转移等人口因素为动力的经济增长将一去不复返。我国经济发展在未来相当长的时间里将面临人口负增长、少子老龄化逐步加重、劳动力供给减少的不利因素。中国未来采取怎样的人口发展战略才能为实现经济持续高质量发展营造良好的人口环境呢？这一重大的战略问题亟待给予回答。

一　未来中国人口发展的基本态势

（一）低生育率的持续和可能变动

由各种人口统计显示和相关学者研究报告可以看出①，中国

① 郭志刚：《常规时期生育率失真问题及调整方法的新进展》，《人口研究》2012年第5期；陈卫、张玲玲：《中国近期生育率的再估计》，《人口研究》2015年第2期；翟振武、陈佳鞠、李龙：《现阶段中国的总和生育率究竟是多少？——来自户籍登记数据的新证据》，《人口研究》2015年第6期；王金营、戈艳霞：《2010年人口普查数据质量评估以及对以往人口变动分析校正》，《人口研究》2013年第1期；尹文耀、姚引妹、李芬：《生育水平评估与生育政策调整——基于中国大陆分省生育水平现状的分析》，《中国社会科学》2013年第6期。

从20世纪90年代初就已经进入了低生育率时代，而且低生育率一直处于持续状态。2015年统计报告总和生育率（TFR）仅为1.04，而根据出生数据调整后的水平也仅仅为1.6左右，是一个非常低的水平，如图1所示。2016年开始实施全面“二孩政策”，2016年和2017年出生人口分别达到1786万、1723万，总和生育率有所回升，但是没有达到预判和政策出台之前意愿调查所显示的水平。由于生育观念转变、生育和抚养成本提高，更由于来自就业、教育、医疗和住房等各方面的压力增大，形成了稳固的低生育意愿，未来生育水平也不会很高。根据相关生育意愿的调查数据[①]，利用孩次递进意愿生育率方法初步估算，如果公共

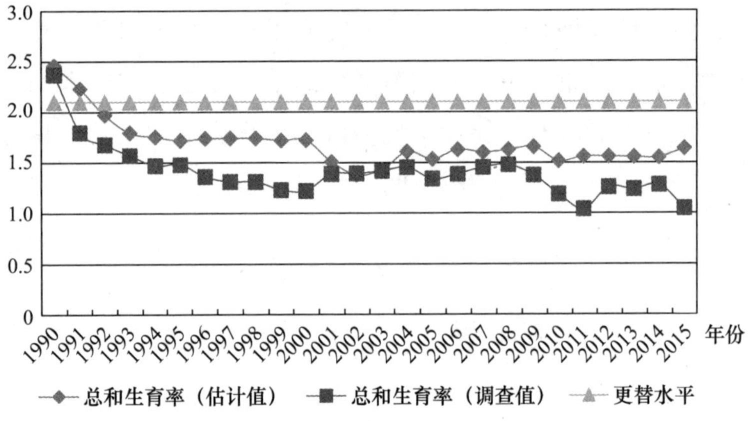

图1　中国妇女总和生育率TFR

资料来源：1990—2000年的估计值为王金营根据人口普查数据计算得到，见王金营《1990—2000年中国妇女生育模式及其生育水平估计》，《中国人口科学》2003年第4期；2000—2010年估计值由王金营、戈艳霞根据人口普查数据计算得到，见王金营、戈艳霞《2010年人口普查数据质量评估以及对以往人口变动分析校正》，《人口研究》2013年第1期；2010—2015年估计值来自人口普查、人口抽样调查数据。

---

① 这里参考了国家统计局2014年生育意愿调查汇总数据，国家卫计委及人口与发展研究中心2013年组织的生育意愿调查，河北大学课题组组织的河北省5000人生育意愿调查和沧州市、邯郸市生育意愿调查数据。

政策不能与生育政策相衔接，依然存在限制生育或者不是生育友好，那么未来总体生育水平依然较低，在 1.5 左右甚至更低；若改革现有的就业、教育、医疗以及生育政策、育婴女性就业政策、个人所得税政策，使得公共政策有利于提升生育率，则未来总和生育率可能在 1.7 到 1.8，或可能再高一点。但是，国际经验和人们的生育意愿显示，使总和生育率达到更替水平是非常困难的事情。

（二）不同生育水平的人口规模的变动

在如上所述生育水平可能变动的范围下，我国人口将在 2025 年到 2029 年达人口最高峰，为 14.2 亿到 14.6 亿，生育水平越低，人口高峰到来越早。人口高峰之后，我国人口将进入负增长时代，并且 2030 年之后我国人口将一直处于快速的负增长状态。如果保持现在的较低的生育水平，到 2050 年人口减少到 13 亿，到 2100 年将仅仅有 7.5 亿人，是高峰时的 1/2 略强。当然，不应该希望我国人口出现如此大幅度减少的变动！我们应使得生育水平略高一些，至少达到 1.7—1.8 或者再高一些，则 21 世纪中将保持 14 亿人口，其后人口还是会持续减少，但是到 21 世纪末人口总量能够维持在 10 亿左右。总之，在 21 世纪里，2030 年之后的 70 年我国人口将处于负增长状态。

（三）老年人口巨大，老龄化加速，老化程度加重

随着人民收入水平的提高和健康投入的增加，未来我国人口平均出生预期寿命无论城乡还是性别都将超过 80 岁，而且还在不断延长。我国人口是生得少，活得长。2020 年之后人口老龄化进入一个加速的阶段。老年人口规模将在 21 世纪 50 年代达到最高峰，65 岁以上老年人口将达到 4 亿，60 岁及以上老年人口达到 5 亿。这是一个巨大的老年人口规模。如果保持现在的生育水

平不变，未来30多年是我国人口老龄化最快的时期，65岁及以上老年人口所占比重由2015年的11%左右快速上升到21世纪50年代的35%左右，也就是说，老龄化速度快，而且老龄化程度非常严重。当然，如果生育水平能够升高一些，达到1.7—1.8，或者再高一些，那么我国人口老龄化水平可以保持在26%—28%，会大大缓解由于低生育水平导致的人口过度老龄化。

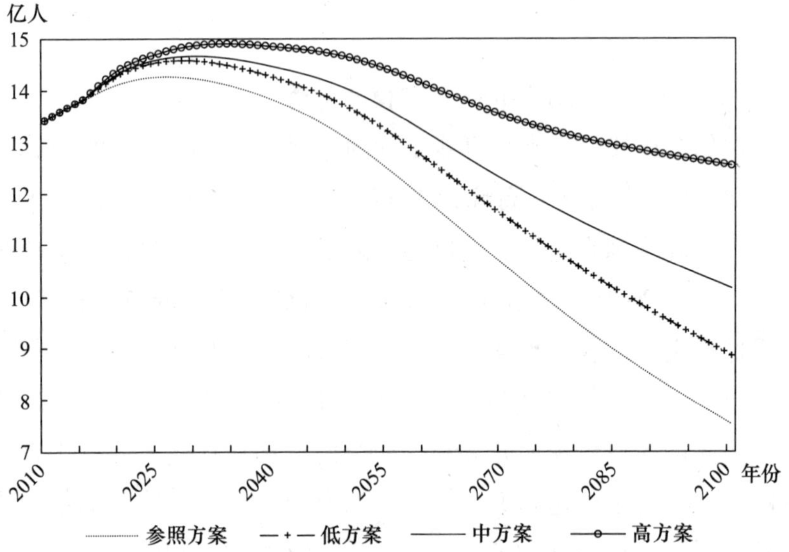

图2　中国2010—2100年的人口预测（人口规模）

资料来源：本图所用数据来自笔者承担国家社科基金重点项目“人口与经济发展方式转变研究”所做的全国人口预测。

（四）少子化和劳动力供给减少，劳动力负担加重

由于生育率的下降和维持低水平，人口的少子化态势明显。我国人口由20世纪70年代100个人中有近40个0—14岁的孩子，到2015年只有16—17个，到2030年以后将只有13个。

少子化将会导致劳动年龄人口快速减少，到2050年减少到7.8亿—8.2亿，到2100年进一步减少到4.2亿；若生育水平保持中等低水平的1.7—1.8，则劳动年龄人口到2100年能够保持

在6亿左右。考虑到未来劳动参与率的降低，从业人口规模减小速度将更快，劳动力供给规模将大大小于劳动年龄人口。与此同时，劳动力的养老负担将不断加重，2010年8.27个劳动力抚养一个老年人，到2050年将是2.16个劳动力抚养一个老年人。2050年之后的50年，大多数年份为不到两个劳动力抚养一个老年人。劳动力供给减少，劳动力的养老负担大大增加，将会对我国社会经济产生深远的制约影响，需要破解。

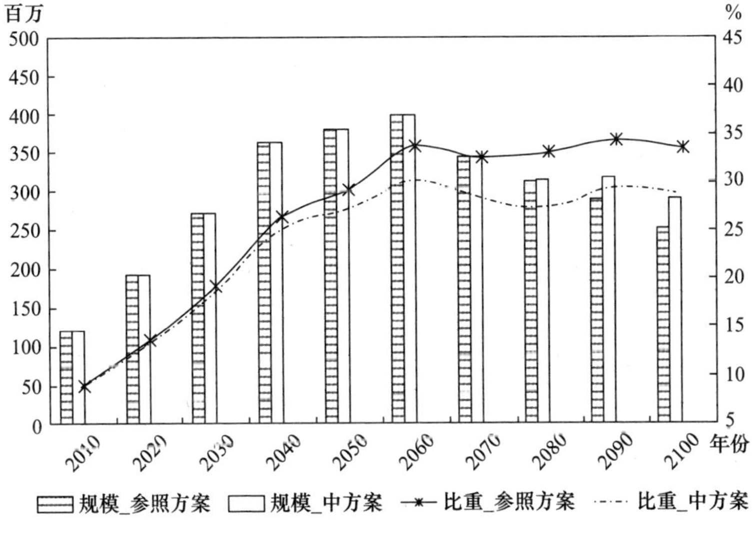

图3 中国2010—2100年老年人口规模和比重

资料来源：同图2。

二 人口减少、老龄化和劳动负担加重对经济发展产生的负面影响

（一）过低生育率将会导致我国经济增长乏力

过低生育率必然导致人口负增长的速度快，老龄化程度高，

劳动力养老负担重，使得消费需求降低、劳动供给减少，经济发展的人口动力降低。“生育率偏离更替水平越远，对人口年龄结构的合理性所带来的破坏将越大，这非但不利于中国社会经济的可持续发展，而且会因此而形成新的阻力。”① 在综合要素生产率维持一定水平的情况下，过低生育水平的人口发展使得经济增长速度比中等生育水平的人口发展下的速度低 0.4—1.2 个百分点②，甚至更大③。而且，在 2050 年前低生育率下的人口发展对经济增长速度影响小一些，而 2050 年后影响逐步加大。这表明在过低生育率的作用下，人口和劳动力减少、劳动负担加重对经济发展带来的制约影响将随着时间推移逐步增大。

（二）老龄化致使消费结构、产业结构发生重大变化

伴随着人口老龄化的不断加重，未来社会消费总额中老年消费将会占到 30% 以上④，成为经济发展内需的重要组成部分，也必将成为经济发展的重要引擎。然而，由于老年消费具有明显区别于年轻人的特征，一是老年人消费能力、范围相对较小，消费水平下降；二是老年人对于健康产品、健康服务、护理和家政服务等消费将大大增加。这将决定靠内需拉动经济增长需要充分开发老年人消费，逐步提高老年人旅游、休闲等消费水平，增强内需动力；更重要的是由于老年人成为社会消费主体（相比青少年）会对国民经济体系和产业结构产生深远的影响，需要对生产和服务领域进行结构性变革，健康服务业和为老服

---

① 陈友华、徐燕南：《持续超低生育率的社会经济后果——以苏州为例》，《学海》2005 年第 6 期。

② 王金营：《中国未来不同生育水平下的经济增长后果比较研究》，《人口与发展》2010 年第 5 期。

③ 彭秀建：《中国人口老龄化的宏观经济后果——应用一般均衡分析》，《人口研究》2005 年第 4 期。

④ 王金营、付秀斌：《考虑人口年龄结构变动的中国消费函数计量分析——兼论中国人口老龄化对消费的影响》，《人口研究》2006 年第 1 期。

务的产业需要较大发展，产业结构需要适应消费结构的转变而及时调整。

（三）老龄化和劳动力养老负担加重将导致人口活跃度降低

合理的人口年龄结构、较高的受教育水平和人口自由充分的流动是构成经济发展中人口活跃因素的三个重要方面。[①] 第一，人口老龄化表现出的青年人较少、劳动力老化会大大降低人口自身的活跃度。第二，由于过度的老龄化会导致需要更多的劳动力顾及养老问题、家庭抚养问题，使得处于生产力活跃年龄的人口受到较大牵制，人口的流动性会大大降低，从而使得人口活跃程度降低。第三，劳动力养老负担加重还会提高整体社会的劳动成本，生产领域的劳动力供给会减少，而服务市场劳动力需求增加。在劳动力减少的情况下，劳动价格将会大幅度上升，企业雇佣劳动的成本大大提高，乃至降低企业的活力。

三　实现经济持续发展的人口发展战略选择

（一）构建生育友好的相互衔接的生育政策和公共政策，适度提高生育率，促进人口长期均衡发展

面对低生育水平和低生育意愿，应构建生育率适度提升的友好生育政策，并使公共政策与之相衔接。从我国当前的人口发展实际情况和对生育政策模拟态势看，总和生育率若能够上升并保持在 1.7—1.8，对于未来经济发展以及资源环境改善将

---

① 王金营、李竞博：《人口与经济增长关系的再检验——基于人口活跃度—经济模型的分析》，《中国人口科学》2016 年第 3 期。

是有利的。[①] 为了实现这一目标，除了实施全面“二孩政策”外，还要适时调整生育政策，实施自主选择的家庭计划政策，在不断提升出生质量的前提下取消生育限制。同时，我们需要从降低生育成本、托幼成本、教育成本和住房成本，改革完善个人所得税、女性就业、医疗保障和养老保障等公共政策，提高公民的公共服务获得感，对生育率适度提升起促进作用，实现人口长期均衡发展，进而营造实现经济可持续、高质量发展的人口环境和条件。

（二）充分利用我国巨大的国土和人口回旋空间，实施人力资源和禀赋资源优化配置战略

众所周知，我国国土广袤和人口规模巨大是两大国情，正是基于这样的国情才使得我国在社会经济发展方面具有了更多的回旋空间，应该充分利用和开发国土广袤和人口众多的回旋空间和余地，通过城市群建设、新型城镇化、增长极培育、西部大开发和“一带一路”建设，推动人口流动和人力资本流动，促进人力资源和区域禀赋资源优化配置。具体而言，应该从两个方面着手：一是利用国土广袤、具有回旋空间的优势，在960万平方公里的国土上按照全国功能区划中西部还有18个区域作为重点开发区域。此外，还有广阔的海洋国土需要大力开发，现有城市的空间利用也有待进一步深度挖掘。在这些重点开发区和现有城市都有各具特色或者独有的资源禀赋和发展条件，随着创新经济和新技术的应用，这些区域将会出现非均衡的发展，此起彼伏。这就需要通过人口流动和再分布，对现有人力资源与区域禀赋资源

---

① 王金营：《中国未来不同生育水平下的经济增长后果比较研究》，《人口与发展》2010年第5期；彭秀建：《中国人口老龄化的宏观经济后果——应用一般均衡分析》，《人口研究》2005年第4期；都阳：《低生育率时代的经济发展：结构、效率与人力资本投资》，《国际经济评论》2015年第2期。

优化配置。换言之，未来经济持续发展的动力是创新，实现经济持续发展的途径是人口流动和优化配置劳动力资源。因此，需要打破人口特别是人才流动的各种壁垒和限制，实施更加友好的人口流动政策，加快转移农民的市民化。二是保持较大人口规模是我们的一大优势和竞争力，人力资源利用具有较大的回旋余地。尽管到21世纪末人口中估计只有13%的少年儿童，但是依然将会有1亿多少年儿童，有6亿劳动年龄人口，这便有了巨大的人口回旋余地，可以充分开发利用。通过优化配置，发挥青年人口的活力，支撑我国庞大而完整的现代经济体系。

（三）大力提升人力资本、增加有效劳动供给战略

如前所述，未来将出现两个劳动力供养一个老年人的局面，因此需要把劳动生产率提高到相当于目前水平的4倍，才能保障未来具有现有的养老水平。提高劳动生产率的重要途径之一就是大力发展教育事业，特别是大力发展高中和高等教育，提升人力资本水平，增大人力资本存量。目前，我国人力资本投资还不充分。2015年我国从业人员中，大专及以上受教育者仅为17.4%。未来劳动从业人员中受高等教育者所占比例应该是现在的4—5倍，达到60%—70%的劳动者接受过高等教育的水平。因此，高等教育毛入学率需要较大幅度提高，达到并保持在70%—80%的水平才能实现人力资本的大幅度提升。另外，人力资本投资特别是教育发展不平衡。不平衡主要表现在教育资源分布主要集中在大中城市、发达地区，教育质量和水平在东部、中部、西部地区之间还有很大差距，特别是西部地区教育非常落后，九年义务教育毛入学率还不能够达到标准，大学入学率大大低于全国平均水平，因此需要进一步加大教育等人力资本投资力度，加快中西部地区的各级教育发展、提高教育质量和水平。只有全面提升我国的人力资本水平，增大人力资本存量，保障未来劳动的有效供

给，才能促进经济可持续、高质量发展。

（四）大力推动健康产业发展，提升人口健康水平，实现健康老龄化

伴随着我国人口老龄化的发展，对于健康产业和健康服务的需求将会越来越大，而且健康发展是我国人口发展的重要战略。然而，我国健康产业发展不充分，产值占 GDP 比重仅为 5% 左右，不足 6%，而发达国家达到 17%；健康产业发展也不平衡，主要集中在北京、上海、广东、深圳这些经济发达的地区，西部地区健康产业发展低下。由此导致东部地区人口健康指数较高，西部地区较低，贵州与上海相比要差 18.5 个百分点。这就表明健康产业的发展既不充分也不平衡，我国未来健康产业发展空间很大，不仅需要加大投入做大做强，还要促进区域之间健康产业的平衡发展。发展健康产业和服务业，一方面作为新型产业直接作用于区域的经济高质量发展；另一方面，健康产业的聚集发展还会通过人力资本服务和人力资本提升促进区域经济增长。在人口增长减缓、最终迎来负增长、老龄化不断加重的状态下，发展健康产业和健康服务业，实施健康老龄化战略，为经济发展提供丰富的人力资本服务，大大降低社会经济运行的成本，继而促进经济高质量持续发展。

综上所述，为使未来我国经济实现持续、高质量发展，应实施人口均衡发展战略、人力资本提升战略、空间和人口回旋战略以及健康中国战略。这四个战略相辅相成，实施生育友好的公共政策促进生育率适度回升是实现人口长期均衡发展的基础，也是其他三个战略实施的基本保障。人力资本提升战略只能缓解劳动力减少和老龄化加重、劳动负担加重的部分压力，只有当生育率适度回升到一定水平（1.8 左右），更长期应回升到更替水平，人力资本提升战略对经济持续发展的推动才会更有效，作用才更

大。新型城镇化下空间回旋和人口规模及结构的回旋也需要有充足的人力资源，保证人口有足够的活力，所以需要提升生育水平继而保持均衡的年龄结构。发展健康产业促进健康中国战略的实施，能够为人力资本提供优质的服务，降低经济发展的运行成本，可以降低人口老龄化、劳动力减少对经济发展的负面影响。因此，只有四大战略同步实施才能为未来经济发展提供强大的动力保障和优良的人口环境。

若干影响中国长期粮食安全的重大人口发展趋势

莫　龙*

【摘　要】 对于中国这样的人口大国，确保长期粮食安全极其重要。本文揭示从2015年起到21世纪末，中国将出现六个影响长期粮食安全的重大人口发展趋势，包括人口规模最大化、人口数量负增长、人口结构老龄化、人口分布城镇化、人口质量长寿化和人口经济富裕化。本文的研究表明，上述已经或者即将出现的前所未有的人口重大变化，对国家长期粮食安全，产生利弊交织、错综复杂和深刻长远的基础性、战略性影响。本文使用的数据主要来自联合国人口司和英国《经济学人》智库（EIU）的最新数据。

【关键词】 粮食安全；人口趋势；现代化；中国

一　引言

粮食安全极其重要。“民以食为天”，粮食是保生存，安天下，稳民心的基础性、关键性战略资源。确保国家长期粮食安

---

* 莫龙，广西壮族自治区人口研究所所长、教授。

全，关系民族的生存和发展，关系百姓的安康和幸福，关系国家能否建成真正意义上的现代化强国。

中华民族已经“站起来”“富起来”，正在迈向“强起来”，粮食安全已经大为改观。尽管如此，进入新时代，确保国家长期粮食安全依然十分重要。① 例如，2018 年3—4 月，美国试图向中国发起大规模贸易战，如果实际开战并升级为极端贸易战，将可能波及中国从美国的大豆进口，进而可能在某种程度上影响中国的粮食安全，就是新的例证和警钟。

正因如此，2013 年国家提出“以我为主、立足国内、确保产能、适度进口、科技支撑”的国家粮食安全新战略。2015 年国务院出台实施《关于建立健全粮食安全省长责任制的若干意见》。② 2017 年 10 月召开的中共十九大提出，要“确保国家粮食安全，把中国人的饭碗牢牢端在自己手中”，要“加强人口发展战略研究”③。

本文试图揭示 2015 年起到 21 世纪末若干影响中国长期粮食安全的重大人口发展趋势，包括人口规模最大化、人口数量负增长、人口结构老龄化、人口分布城镇化、人口质量长寿化和人口经济富裕化。

关于中国人口发展与粮食安全问题，已经有许多研究④。然而，对于影响未来中国长期粮食安全最基本的因素——未来中国人口的发展趋势，以及两者之间的关系，新的研究既不多也不

---

① 对此，本文第三部分将做进一步全面阐释。

② 瞿长福、乔金亮：《把饭碗牢牢端在自己手上——党的十八大以来全面实施国家粮食安全战略综述》，《人民日报》2016 年 3 月 1 日，第 6 版。

③ 习近平：《决胜全面建成小康社会　夺取新时代中国特色社会主义伟大胜利——在中国共产党第十九次全国代表大会上的报告》，《党的十九大文件汇编》，党建读物出版社 2017 年版。

④ Brown，L. R.，“Who Will Feed China?”，*World Watch Magazine*，Volume 7，No. 5，1994，http：//www. worldwatch. org；田雪原：《大国之难——20 世纪中国人口问题宏观》，中国社会科学出版社 2013 年版。

深。本文致力于运用最新数据、借鉴最新成果研究两个重要问题。一是长期战略问题，即中国的长期粮食安全问题，而不仅仅是迄今较多关注和研究的当前、短期或中期的粮食安全问题；二是重大趋势问题，即影响中国长期粮食安全的重大人口发展趋势，而不是一般人口发展趋势。联合国人口司 2017 年 6 月发布的最新中国人口回测和预测数据，涵盖 1950 年起到 21 世纪末这一范围，据此揭示影响中国长期粮食安全的重大长期人口发展趋势成为可能。

二 数据来源

本文采用的数据主要来源于三个方面。第一，1950—2100 年中国人口回测和预测数据，来自联合国人口司发布的《世界人口展望（2017 年修订本）》[①]。联合国人口司是编制和发布世界各国人口官方数据的联合国专职机构，由该司编制和发布的《世界人口展望》对世界人口形势进行全面评估，对世界各国过去和未来的人口发展趋势做出详细的回测和预测，在国际上其人口回测和预测数据往往被认为最具权威性。[②]《世界人口展望（2017 年修订本）》修订于中国 2013 年出台并于次年实施“单独二孩”生育政策、2015 年出台并于次年实施“全面二孩”生育政策之后，其对中国的生育水平及其走向的估计（用于人口预测的生育率假设方案）应当更为合理，从而对未来中国人口发展趋势的预测应当更为准确。

一般来说，《世界人口展望》每隔两年更新、修订和发布一

---

① United Nations, World Population Prospects: The 2017 Revision, New York: United Nations, Population Division, 2017, http://www.un.org/esa/population.

② 蔡泳：《联合国预测：中国快速走向老龄化》，《国际经济评论》2012 年第 1 期。

次。《世界人口展望（2017 年修订本）》回测和预测涵盖的时期从 1950 年起直到 2100 年。

第二，1980—2050 年中国人均 GDP 数据主要来自英国《经济学人》智库（EIU）于 2018 年 3 月和 4 月所做的中国人均 GDP 回测和预测。《经济学人》是国际知名的经济学期刊，《经济学人》智库是《经济学人》集团旗下的研究和咨询机构，是国际知名权威智库。

第三，1950—2050 年中国人口城镇化率来自联合国人口司《世界人口城镇化展望（2014 年修订本）》。联合国人口司这一关于世界各国人口城镇化的回测和预测数据集被联合国各部门和许多国际组织、研究机构以及专家学者广泛运用，在国际上具有权威性。该数据集涵盖的时期从 1950 年起到 2050 年。联合国人口司目前尚未发表更新的《世界人口城镇化展望》。

三　长期粮食安全是中国实现现代化的重要前提条件

21 世纪上半叶中国发展的战略目标是全面建成现代化强国，实现中华民族的伟大复兴。作为执政党，中国共产党于 2017 年 10 月在其十九大报告中提出国家实现现代化“新三步走”战略安排：第一步，到 2020 年，全面建成小康社会；第二步，到 2035 年，基本实现现代化；第三步，到 21 世纪中叶，全面建成现代化强国[①]。

农业现代化是国家现代化的重要基础。党的十九大在提出要

① 习近平：《决胜全面建成小康社会　夺取新时代中国特色社会主义伟大胜利——在中国共产党第十九次全国代表大会上的报告》，《党的十九大文件汇编》，党建读物出版社 2017 年版。

全面实现国家现代化的同时，指出“农业农村农民问题是关系国计民生的根本性问题，必须始终把解决好‘三农’问题作为全党工作重中之重。要坚持农业农村优先发展……加快推进农业农村现代化”[①]。对于中国这样的人口大国和农业大国，没有农业现代化就没有国家现代化。

长期粮食安全是农业现代化的终极目标。联合国粮食及农业组织（FAO）于1974年召开第一次世界粮食首脑会议，首次提出“粮食安全”概念，将其定义为“所有人在任何时候都能够买得到他们所需要的粮食”。1996年，第二次世界粮食首脑会议又加入“能力因素和质量因素”，把“粮食安全”定义为“所有人在任何时候都能够买得到并买得起他们所需要的安全而富有营养的粮食”。[②]

对于中国这样的人口大国，不可能依赖进口粮食来保障长期粮食安全。进入21世纪，随着经济快速发展，人民日益富裕，总体上中国人已经告别“饥荒”和“挨饿”。2006年起，中国不再接受世界粮食计划署（WFP）的粮食援助。中国已经从昔日的粮食受援国，一跃成为仅次于美国和欧盟的世界第三大粮食捐赠国。[③]

尽管如此，进入新时代，中国的长期粮食安全依然面临风险和挑战。一方面，中国的长期粮食安全依然受限于一系列刚性约束：人口众多、耕地不足、地力下降、水资源匮乏、务农青壮年劳动力减少，还有中国崛起过程中难以避免的国际摩擦、挑战乃至遏制，以及由后者导致的不能完全排除其可能性的贸

---

① 习近平：《决胜全面建成小康社会　夺取新时代中国特色社会主义伟大胜利——在中国共产党第十九次全国代表大会上的报告》，《党的十九大文件汇编》，党建读物出版社2017年版。

② 宛福成：《全球视野下的“粮食安全”问题》，《行政与法》2011年第3期。

③ 同上。

易战、制裁乃至粮食封锁。另一方面，中国的长期粮食安全还受限于新时代人民日益增长的美好生活需要和发展不充分、不平衡的社会主要矛盾。在粮食安全领域，这一社会主要矛盾表现为，一方面，人民向往美好生活，不再满足于“吃得饱”还要“吃得好”“吃得安全”和“吃得健康”；另一方面，发展不充分、不平衡导致保障粮食安全不充分、不平衡，粮食有效供给有可能难以长期、全面、充分、平衡和高水平、高质量地满足全体人民日益增长的美好生活需要。进入新时代，中国要实现长期粮食安全，即长期确保“所有人在任何时候都能够买得到并买得起他们所需要的安全而富有营养的粮食”，出现了新的风险，面临着新的挑战。

总之，只有确保长期粮食安全，中国才能实现真正意义上的农业现代化，进而实现真正意义上的国家现代化。在一个无法确保长期粮食安全的国度，是无法建成现代化强国的。

四　若干影响中国长期粮食安全的重大人口发展趋势

（一）人口规模最大化

影响长期粮食安全的首要人口因素是人口的规模。人有一张口，需要消费粮食。同时，人又有一双手，能够生产粮食。所以，人口规模及其变化对长期粮食安全的影响利弊交织。一般认为，中国这样的人口大国和资源弱国，人口太多，不利于粮食安全，即所谓“人满为患”。这种判断正是当年举国动员实行严厉的计划生育政策、控制人口数量的动因之一，也正是“‘布朗拷问'：谁来养活中国?”的理据之一[①]。

那么，未来中国人口规模的变动趋势如何？根据联合国人口司的最新人口回测和预测，中国人口规模正在最大化。主要表现为：第一，按中方案预测（除特别说明外，本自然段下同），直到2023年以前，中国依旧是世界上人口最多的国家。从2024年开始，印度将取代中国成为人口最多的国家。第二，从2016年起，中国已经进入“14亿人口新时代”。在华夏五千年的历史上，中国从来没有要养活、养好这么多人口。中国“14亿人口新时代”将持续28年，在2044年结束。第三，中国有史以来直到21世纪末，人口规模的最大值是在2029年达到14.4亿人。第四，按高方案预测，不能排除21世纪上半叶中国人口规模最大值高达15.1亿人的可能性（2044年达到）。如果高方案预测成为现实，中国“14亿人口新时代”将持续18年（2016—2033年），随后“15亿人口新时代”又将持续24年（2034—2057年）。人口规模高于14亿人的时间将持续42年之久（2016—2057年），这是历史上前所未有的。即使按低方案预测，21世纪上半叶中国人口的规模也将突破14亿大关，于2021年达到最大值14.1亿人（见图1）。

人口规模正在最大化发出警示，21世纪上半叶中国仍将面临很大的人口规模压力。1982年9月，党的十二大把实行计划生育正式确定为基本国策，其依据之一是“人口增长过快，不但将影响人均收入的提高，而且粮食和住宅的供应……都将成为严重的问题……”[②] 当时中国的人口规模为10.2亿人，政府都感到人口

---

① Brown, L. R., “Who Will Feed China?”, *World Watch Magazine*, Volume 7, No. 5, 1994, http://www.worldwatch.org.

② 胡耀邦：《全面开创社会主义现代化建设的新局面——在中国共产党第十二次全国代表大会上的报告》，1982年，人民网“中国共产党历次全国代表大会数据库”，http://cpc.people.com.cn/GB/64162/64168/index.html。

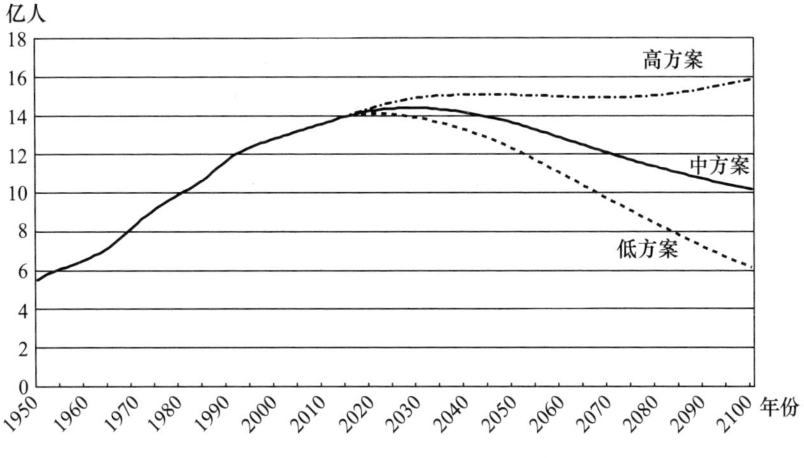

图1　联合国关于中国人口规模的回测和预测（1950—2100年）

资料来源：United Nations（2017）。

规模压力巨大，粮食安全堪忧。如今前所未有的“14亿人口新时代”将持续28年，乃至不能排除出现“14亿人口新时代”加“15亿人口新时代”的可能性（共将持续42年），人口规模压力大造成的长期粮食安全风险不容低估。

最新研究还警示，2016年开始实施“全面二孩”政策带来的人口规模增加，可能导致严重的、阶段性的粮食供需缺口。“全面二孩”政策在中长期将显著增加粮食需求。若未来粮食综合生产能力只能维持在目前规划设计的5.5亿吨，那么实施“全面二孩”政策将可能出现严重的、阶段性的粮食供需缺口，预计2029—2030年供需缺口将达到最高峰7800万~8500万吨，缺口率为12.5%~13.3%。[①]

当然，这并不能说明不应该实施“全面二孩”生育政策。实际上，当上述粮食供需缺口高峰过后，实施“全面二孩”生育政

① 程杰等：《全面二孩政策对中国中长期粮食安全形势的影响》，《农业经济问题》2017年第12期。

策带来的新增人口，将从单纯为“消费人口”，陆续成为既是“消费人口”又是“生产人口”，有助于缓解人口老龄化带来的青壮年劳动力不足，包括种粮青壮年劳动力不足等问题。

如果上述预测成为现实，我国2029—2030年粮食供需缺口达到高峰之日，正是人口规模达到高峰之时，再次印证粮食安全与人口规模及其变化关系密切。

（二）人口数量负增长

我国人口规模长期正增长并最大化的趋势将在2030年发生逆转，届时将开始步入人口长期负增长的新常态。按联合国人口司中方案预测[①]，中国人口负增长新常态将持续至少70年，从2030年开始到21世纪末。2100年中国人口数量将减少到10.2亿人，重回1982年人口规模。按高方案和低方案预测，2100年中国人口将分别为15.9亿人和6.2亿人（见图1）。

中国人口长期负增长将难以避免。现代化是最好的“避孕药”。随着日益快速现代化，即使现在全面放开生育控制，在可见的将来，生育率长期保持在更替水平之下的低水平难以避免，从而人口长期负增长也难以避免。上述联合国人口司高方案预测（2100年中国人口规模将达到近16亿人）成为现实的可能性极低。

长期人口负增长意味着，一方面，中国1982年确立的计划生育基本国策，达到了控制人口过快增长的战略目的，需要养活养好的人口数量将从2030年开始趋于减少。从粮食消费人口减少的角度看，长期人口负增长可能有利于长期粮食安全。另一方面，人口长期负增长不仅意味着粮食消费人口减少，也可能将导

① United Nations, World Population Prospects: The 2017 Revision, New York: United Nations, Population Division, 2017, http://www.un.org/esa/population.

致粮食生产人口减少。从这个角度看，长期人口负增长可能不利于长期粮食安全。

人口长期负增长新常态将对中国长期粮食安全产生复杂和深远的影响，亟待超前深入研究并提出对策。

（三）人口结构老龄化

根据联合国的最新回测和预测，中国已经在1999年进入老龄社会，人口中60岁及以上老年人口的比重开始超过10%。从现在起再过22年，也就是到2040年，中国将进入超老龄社会，人口中以60岁为老年起点的老年人口比重将超过30%。2050年反映老龄化程度的这一比重将达到35.1%，届时中国人口中平均每3人就有1名年龄在60岁或以上的老年人。①

笔者曾于2009年在《人口研究》发表一篇论文，提出人口老龄化经济压力指数，简称AECI指数。② 该指数实现了人口老龄化经济压力的“可量化”和“可比较”。运用这个指数进行的定量研究发现，21世纪上半叶中国将面临巨大的人口老龄化经济压力，压力增大最快的时期可能出现在2025—2040年，压力高峰很可能出现在2040年前后，高峰时的压力将可能达到2010年压力的3—4倍。③

人口老龄化带来中国人口年龄结构剧变。人口年龄结构的这种剧变，形象地反映在期内人口年龄金字塔的急剧变化（见图2）。1970年，即中国人口老龄化前夕，人口年龄金字塔为典型的下宽上窄形，人口中少年儿童和青年人居多，老年人相对比较

---

① United Nations, World Population Prospects: The 2017 Revision, New York: United Nations, Population Division, 2017, http://www.un.org/esa/population.

② 莫龙：《1980—2050年中国人口老龄化与经济发展协调性定量研究》，《人口研究》2009年第3期。

③ 莫龙、韦宇红：《中国人口：结构与规模的博弈——人口老龄化对中国人口发展战略的制约及对策》，社会科学文献出版社2013年版。

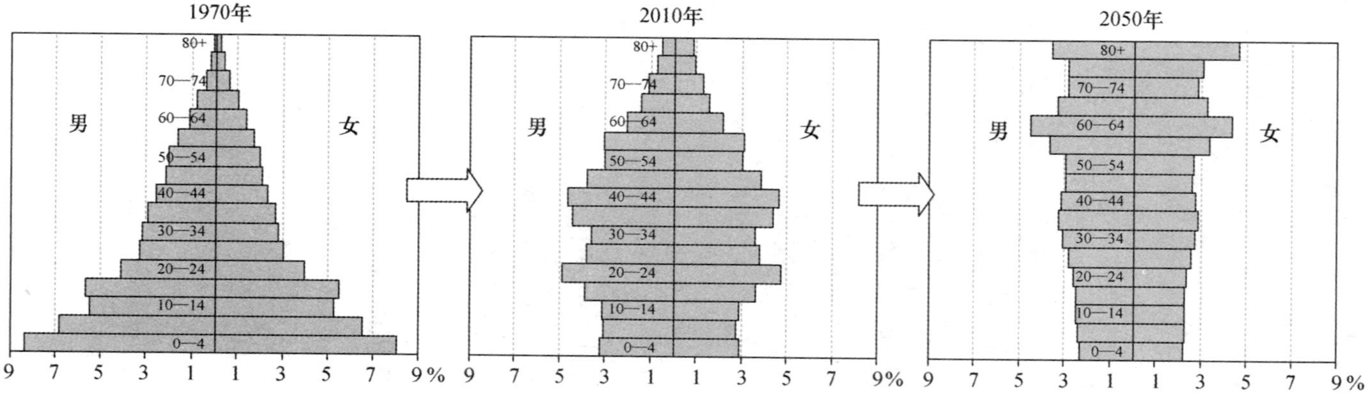

图 2　中国人口老龄化过程中年龄金字塔的变动（1970—2050 年）

资料来源：笔者根据联合国人口司的数据（Untet Nations，2017）绘制。

少，人口年龄结构为年轻型；1970—2010 年，随着 20 世纪 70 年代发端的人口老龄化，人口年龄金字塔底部显著收缩，中部和顶部开始扩张，体现出明显的底部老龄化特征，人口年龄结构趋向中年型；2010—2050 年，人口老龄化提速和深化，人口年龄金字塔顶部显著扩张，体现出明显的顶部老龄化特征，老年人的数量大幅增加、在人口中的比重快速提高，人口年龄结构快速趋向老年型。

人口老龄化带来中国人口年龄结构剧变，还体现在老少比将出现历史性转变。预测表明，到 2020 年，中国 60 岁及以上老年人口的数量将首次超过 0—14 岁少年儿童人口的数量，这是历史上前所未有的；到 2050 年，前者将是后者的 2.5 倍。①

那么，人口老龄化将对中国长期粮食安全产生什么影响？研究表明，主要可能有以下三方面影响。

首先，人口老龄化造成的人口年龄结构剧变，可能对长期粮食安全有深刻的负面影响。涂涛涛等发表的一项研究成果指出，随着人口老龄化和人口城镇化的推进，中国粮食安全同时受到供给与需求层面的持久负面冲击。人口结构变迁将导致粮食价格上涨、进口依赖度增加以及人均粮食占有量下降。②

其次，人口老龄化导致的劳动年龄人口减少，对长期粮食安全可能有负面影响。据联合国人口司最新预测，随着人口老龄化，以往中国 15—59 岁劳动年龄人口数量的长期增长，已经在 2012 年出现拐点。该劳动年龄段的人口数量，从 1980 年的 5.6 亿人持续增长，到 2011 年达到峰值 9.5 亿人，2012 年起转趋长期持续减少，到 2050 年将仅有 6.9 亿人，到 21 世纪末将跌至

---

① United Nations, World Population Prospects: The 2017 Revision, New York: United Nations, Population Division, 2017, http://www.un.org/esa/population.

② 涂涛涛、马强、李谷成：《人口老龄化、人口城市化与中国粮食安全——基于中国 CGE 模型的模拟》，《中南财经政法大学学报》2017 年第 4 期。

4.9亿人。①

最后，关于中国的粮食安全，政府长期以来关注两点：一是保有足够的耕地，为此划出了耕地红线；二是提高耕地的粮食单产，为此大力发展农业科技。然而，我们的研究表明，仅仅这样是不够的。

随着人口迅速老龄化和城镇化，一方面劳动年龄人口将减少，另一方面农村青壮年劳动力进城，两者叠加将有可能导致种粮的人（尤其是青壮年劳动力）越来越少。现在到了关注、研究和破解老龄化、城镇化背景下未来粮食生产人口数量可能长期持续减少问题的时候了。毕竟，就算耕地充足、技术先进，种粮的劳动力不足，特别是种粮的青壮年劳动力不足，也不能保障长期粮食安全。

（四）人口分布城镇化

据联合国人口司的回测和预测，中国人口的城镇化率在新中国成立之初的1950年仅为11.8%，也就是说，仅有11.8%的人口居住在城镇。在改革开放之初的1980年，人口城镇化率也只有19.4%。此后人口城镇化率迅速攀升，2015年达到55.6%，超过一半的中国人居住在城镇，这是历史上前所未有的。未来人口城镇化的势头将依然强劲，联合国人口司预测中国2050年人口城镇化率将达到75.8%。②

城镇化是现代化的发动机和必由之路。中国人口城镇化已经不可逆转。人口城镇化对中国长期粮食安全的影响，就其基本面而言，主要体现在农民，尤其是青壮年农民，“洗脚上田进城”，

---

① United Nations, World Population Prospects: The 2017 Revision, New York: United Nations, Population Division, 2017, http://www.un.org/esa/population.

② United Nations, World Urbanization Prospects: The 2014 Revision, New York: United Nations, Population Division, 2014, http://www.un.org/esa/population.

种粮的人少了，特别是种粮的青壮年少了。

一项关于中国农民工粮食需求的研究表明，城镇化显著增加了中国的粮食需求。该研究由中国农业大学一研究团队基于2013—2014年在全国六省市的调查完成。据这项调查研究，由于我国农民工数量庞大（2015年已达2.8亿人），而农民工的粮食消费量相对较高（年人均456.8千克），既高于农村居民（年人均300.8千克），又高于城镇居民（年人均340.8千克），估计仅农民工从农村转移到城镇一项，就使我国粮食消费总量增加423.4亿千克，相当于2014年我国粮食总产量的7.0%。[①]

（五）人口质量长寿化

对一个人来说，如果长寿，其一生所需要的粮食就会增加，一生中能够劳动（包括种粮）的时间就会增加。推而广之，对一个国家来说，人口长寿，人口所需要的粮食就会增加，种粮劳动力的有效供给就会增加。同时，人口长寿，人口的年龄结构就会变化，进而导致人口的粮食需求结构变化。

我们所处的时代，是人民普遍更加长寿的时代，人口质量长寿化速度之快前所未有，已经并且仍将对中国长期粮食安全产生深刻和深远影响。

据联合国人口司的最新回测和预测，中国80岁及以上长寿老人的数量，已经从1950年的151万人增加到2000年的1301万人，并继续快速增加，预计2050年将猛增到1.1亿人，是2000年的8.5倍。到21世纪末，中国80岁及以上的长寿老人更将多达1.4亿人。[②]

---

① 武拉平等：《中国农民工粮食需求研究——基于全国六省市的调研》，中国农业出版社2017年版。

② United Nations, World Population Prospects: The 2017 Revision, New York: United Nations, Population Division, 2017, http://www.un.org/esa/population.

如果联合国人口司的预测成为现实，中国人口中 80 岁及以上长寿者的比重 1950 年为 0.3%，2000 年提高到 1.0%，2050 年将猛增为 8.1%，2100 年将高达 14.2%[①]。

联合国人口司的最新回测和预测还表明，中国人口的平均预期寿命已经从 1950—1955 年的 43.8 岁提高到 2000—2005 年的 73.1 岁，2050—2055 年将进一步提高到 81.8 岁，2095—2100 年将高达 87.4 岁。[②]

（六）人口经济富裕化

进入新时代，中国人比以往任何时期都更加富裕，在可见的未来富裕程度会更高。中国国家发展战略的目标是，到 21 世纪中叶，把中国建成经济富强、人民富裕的现代化强国。人口经济富裕化是当代中国人口发展的一个重要特征。

据国际知名权威智库——英国《经济学人》智库的统计和预测，1980—2050 年中国经济长期向好，人民日益富裕。该智库 2018 年 3 月和 4 月做出的最新预测表明，以名义 GDP 计算，中国的人均 GDP 已经从 1980 年的 316 美元迅速提高到 2015 年的 8251 美元。未来这一趋势仍将继续保持，2020 年中国的人均 GDP 将进一步提高到 11489 美元，2035 年提高到 30929 美元，2050 年更高达 58389 美元。[③]

和其他国家相比，进一步凸显中国将在 21 世纪中叶进入富裕的中等发达国家行列。中国、印度、葡萄牙和美国，分别是发展中国家和中等发达国家以及高度发达国家的代表。据《经济学

---

① United Nations, World Population Prospects: The 2017 Revision, New York: United Nations, Population Division, 2017, http://www.un.org/esa/population.

② Ibid..

③ Economist Intelligence Unit (EIU), EIU Market Indicators & Forecasts, EIU DataServices, 2018, http://www.alacra.com/eiu.

人》智库（EIU）的统计和预测，和高度发达国家美国相比，1980 年中国的人均 GDP 仅为美国的 2.5%，2015 年提升为 14.6%，2050 年将提升为 35.7%，差距持续大幅缩小；和中等发达国家葡萄牙相比，1980 年中国的人均 GDP 仅为葡萄牙的 26.9%，2015 年提升为 42.9%，2050 年将进一步提升为 93.7%，接近相同水平；和发展中国家印度相比更是如此，1980 年中国的人均 GDP 仅比印度高 16.1%，2015 年已经大幅提高为印度的 5.1 倍，2050 年仍将达到 2.1 倍。[①]

在世界 60 个主要国家中，中国的人均 GDP 从 1995 年位居第 57 位（倒数第 4 位）提升为 2015 年的第 42 位，2050 年更将进一步提升到第 31 位，达到中等发达国家水平。[②]

中国人口经济富裕化意味着，一方面，中国人已经告别饥荒、实现温饱，不再是“东亚病夫”，即将全面建成丰衣足食的小康社会，将拥有日益强大的经济实力，为实现全体人民高标准的长期粮食安全，创造基础性、关键性的经济条件。另一方面，中国人口经济富裕化还意味着，富裕起来的中国人，不再满足于“吃得饱”，而是进一步追求“吃得好”“吃得安全”和“吃得健康”，进而对实现长期粮食安全提出更高标准和更高要求。

五　结语

本文的研究表明，实现长期粮食安全是中国实现现代化的基本而重要的前提条件。在一个无法确保长期粮食安全的国度，是

① Economist Intelligence Unit（EIU）, EIU Market Indicators & Forecasts, EIU DataServices, 2018, http://www.alacra.com/eiu.

② Economist Intelligence Unit（EIU）, EIU Market Indicators & Forecasts, EIU DataServices, 2015, http://www.alacra.com/eiu.

无法建成现代化强国的。进入新时代，为实现在21世纪中叶把中国建设成现代化强国的国家发展既定目标，就必须从战略高度确保实现全体人民高标准需求的长期粮食安全。

本文的研究还表明，中国人口的状况已经并将继续发生一系列前所未有的重大变化，对长期粮食安全产生复杂、深刻和深远的影响。人口状况及其变化对中国长期粮食安全的影响，既包括积极正面有利的影响，也包括消极负面不利的影响，利弊交织，错综复杂，影响深远，亟待对其进行更加系统、全面、深入、超前的研究，并在此基础上提出对策和方略。从这个意义上说，本文系抛砖引玉之作。

首都圈人口与资源环境关系的空间协调性比较及评价

童玉芬　周　文　王静文*

【摘　要】资源环境是区域社会经济发展和人口分布的重要影响因素。本文通过构建人口与资源环境协调性指数，测算了首都圈地区各城市人口与资源环境协调性，并从空间上系统比较了协调性的差异。本文发现：①总体上看，首都圈地区人口与资源环境的综合协调性处于中等水平，人口与资源环境矛盾突出。②分要素来看，人口与水资源的协调性指数普遍偏小，水资源的多寡依然是区域人口分布的重要因素之一；人口与土地资源的协调性指数分化严重；人口与碳排放协调性指数的高低并没有严格受到人口空间分布格局的影响。③从空间角度上看，以北京、天津两座城市为代表的首都圈中部地区人口与资源环境协调性最差，首都圈北部地区次之，南部地区人口与资源环境协调性相对较好。

【关键词】首都圈；资源与环境；协调性指数；空间差异

* 童玉芬，首都经济贸易大学劳动经济学院人口经济研究所教授、博士生导师；周文，首都经济贸易大学劳动经济学院硕士研究生；王静文，首都经济贸易大学劳动经济学院博士研究生。

一　引言

近些年来，随着经济社会的发展，首都圈区域内的人口不断向北京和天津两地聚集，京津冀三地间的人口、资源与环境的矛盾逐渐显现，首都圈面临较大的资源环境压力，并且有日益加重的态势。更重要的是，这一聚集趋势仍在继续。近十年来，天津市的人口以每年 3.4% 的速度上升，北京则达到了 3.8%，而河北省的人口增长率则不足 1%。若首都圈地区人口高度聚集在北京和天津，没有其他城市共同承担对人口的吸纳作用，这显然对区域可持续发展极为不利。因此，对于首都圈人口与资源环境的空间协调性的评估及政策思考，既可以回应当前的现实问题，又具有理论意义。

从以往的研究来看，已有众多研究对人口与资源环境的协调关系进行了探讨。从研究内容上看，以往的研究大多聚焦于人口与某一类资源环境要素的协调关系①，系统地测算区域人口与综合资源环境类要素协调度的研究则相对较少。② 从研究的对象和范围来看，以往关于人口与资源环境协调关系的研究既有覆盖全国的③，

---

① 韩桂兰、孙建光：《新疆人口分布与水资源承载力协调的量化评价与分析》，《新疆财经》2010 年第 3 期；朱勤、彭希哲、傅雪：《我国未来人口发展与碳排放变动的模拟分析》，《人口与发展》2011 年第 1 期；吕添贵、吴次芳、李洪义等：《人口城镇化与土地城镇化协调性测度及优化——以南昌市为例》，《地理科学》2016 年第 2 期。

② 徐丰、彭文英：《快速城市化地区人口与资源环境协调发展研究》，《经济研究导刊》2013 年第 1 期；付云鹏、马树才：《中国区域人口、经济与资源环境耦合的时空特征分析》，《管理现代化》2015 年第 3 期；张峻豪、何家军：《三峡库区移民人口发展与资源环境协调度测量研究——基于湖北库区的实证》，《当代经济》2017 年第 4 期。

③ 曾嵘、魏一鸣、范英等：《人口、资源、环境与经济协调发展系统分析》，《系统工程理论与实践》2000 年第 12 期；吴文恒、牛叔文等：《中国人口与资源环境耦合的演进分析》，《自然资源学报》2006 年第 6 期；樊杰、陶岸君、吕晨：《中国经济与人口重心的耦合态势及其对区域发展的影响》，《地理科学进展》2010 年第 1 期；苏静、胡宗义、唐李伟：《我国能源—经济—环境（3E）系统协调度的地理空间分布与动态演进》，《经济地理》2013 年第 9 期。

也有涵盖不同省份和城市的[①]，对于城市群，尤其是首都圈地区人口与经济、资源环境协调发展关系的研究近年来逐渐增加。[②]学术界对人口与资源环境协调关系的研究成果为本文提供了大量理论的思考和方法的借鉴。但与此同时，笔者也发现，以往研究依然存在以下两个方面的不足：一方面，已有文献对首都圈地区人口与综合资源环境类要素协调性进行测定的文章较少；另一方面，少有文章将协调性纳入空间比较的视角。因此，本文从空间视角对首都圈地区人口与资源环境协调性进行比较与评价，试图对这两方面不足进行补充和完善。

协调性是指系统中各要素之间内在平稳有序的关系，在本文中则指人口要素与资源环境要素的内在关系，空间协调性在原协调性基础上加入空间要素，在空间范畴上讨论人口与资源环境的协调关系问题，以进一步了解人口与资源环境协调与不协调的原因及差异。

本文的主要目的是，通过对首都圈内各市域单位的人口与资源环境关系进行测度和衡量，找到各市域单元人口与资源环境的协调性程度，在空间的视角上进行分析，从而为有针对性地进行不同区域人口与资源环境协调优化提供明确、具体的指导。

---

① 张效莉、王成璋、王野：《人口、经济发展与生态环境系统协调性测度研究——以新疆为例》，《生态经济》2006 年第 11 期；童玉芬、李若雯：《中国西北地区的人口城市化及与生态环境的协调发展》，《北京联合大学学报》（人文社会科学版）2007 年第 5 期；杨成忠、李小玲：《城市经济—生态—社会协调度评价及空间差异分析》，《国土与自然资源研究》2016 年第 3 期。

② 席强敏、李国平：《京津冀地区人口均衡发展对策》，《中国流通经济》2015 年第 4 期；王少剑、方创琳、王洋：《京津冀地区城市化与生态环境交互耦合关系定量测度》，《生态学报》2015 年第 7 期；游珍、雷涯邻、封志明等：《京津冀、长三角、珠三角人口分布的社会经济协调性及区域差异对比研究》，《现代城市研究》2017 年第 3 期；李国平、罗心然：《京津冀地区人口与经济协调发展关系研究》，《地理科学进展》2017 年第 1 期。

二　空间协调性指数构建

本文采用结构协调性指数测度人口与资源环境之间的空间协调性，具体计算过程如下：

（1）计算各区域各年人口的比重。P_{it}表示 t 年 i 区域人口规模。P_{pit}表示 t 年 i 区域人口占首都圈总人口的比值。

$$P_{pit} = \frac{P_{it}}{\sum_{i=1}^{m} P_{it}} \tag{1}$$

（2）计算资源环境要素的比重。X_{it}表示 t 年 i 区域 x 资源环境要素的总规模。P_{xit}表示 t 年 i 区域 x 资源环境要素规模占首都圈 x 资源环境要素总规模的比值。

$$P_{xit} = \frac{X_{it}}{\sum_{i=1}^{m} X_{it}} \tag{2}$$

（3）计算人口与资源环境要素空间协调性指数。在人口与自然资源之间的关系中，当人口比重小于资源所占比重时，应视为协调，否则，人口对资源压力过大，而其差距视为不协调。因此对于资源而言，协调度如式（3）所示：

$$H_{ijt} = \frac{P_{pit}}{P_{xit}} - 1 \tag{3}$$

人口与环境要素的关系则和人口与资源要素的关系相反，当地区污染物排放占比低于地区人口占比之时，则可视为协调，反之则说明在同等的人口规模下产生了更多的污染物排放，这种情况则应视为人口与环境要素的不协调。因此，人口与环境协调度如式（4）所示。

$$H_{ijt} = \frac{P_{xit}}{P_{pit}} - 1 \tag{4}$$

该指标的含义为：如果指标大于0，就属协调，指数越大，协调性越好；如果该指标小于零，则代表不协调，数值越小，越不协调。

（4）协调性程度的区间划分见表1。

表1　　首都圈地区人口与各个因素协调指数分类

类型	界限
人口与要素很协调	$x \geq 1$
人口与要素比较协调	$0.4 \leq x < 1$
人口与要素一般协调	$0 \leq x < 0.4$
人口与要素不协调	$-0.2 \leq x < 0$
人口与要素很不协调	$-0.4 \leq x \leq -0.2$
人口与要素极不协调	$x \leq -0.4$

注：x具体指区域人口与资源环境空间分布的协调性指数H_{ijt}和SH_{it}。

三　指标选择与数据来源

（一）指数选择

本文测算了2005—2015年的首都圈区域内“京津两地+河北11市”人口与自然资源环境各要素的协调性及综合协调性。在选择具体指标时，受到资料可得性的限制，基于全面性、科学性和可操作性的原则，本文选择了水资源、土地资源和碳排放三个指标作为资源及环境指标。其中，土地资源的指标是由城市建成区面积和农村耕地面积以各市各年城镇化率和非城镇化率作为权重构造而成，碳排放指标则根据各地能源消费情况、基于能源平衡表进行计算得到。

（二）数据来源

（1）水资源可利用量用供水总量来表征，由于统计数据的可得性限制，2005—2015 年的各区域水资源数据统计口径有多种，造成数据的稳定性较差，因此最终取年均值；其中，历年的数据从统计年鉴和已有文献中汇总得到。

（2）土地资源的指标是由建成区面积和耕地资源以各市各年城镇化率和非城镇化率作为权重构造而成。其中，北京市和天津市的数据来源于《中国统计年鉴》、河北各市各年数据来自《河北经济年鉴》及河北各市各年的统计年鉴。

（3）碳排放反映环境状况，由于数据统计口径的差异以及河北省某些地区某些年份的数据缺失，需要对数据进行处理。首先，依据已有全样本的能源消费总量和能源平衡表计算出的碳排放数值（采用 IPCC 系数乘以能源分品种消费原始数据）估计出一个线性关系，拟合度高达 99.49%，拟合度较好；其次，通过这个线性公式，结合能源消费总量，计算出各地区的碳排放拟合值；最后，对各地区碳排放的实际计算值和拟合值进行对比。研究发现：北京和天津的实际计算值与拟合值比较接近，河北省各市的实际计算值与拟合值则相差较大。所以最终北京市、天津市选用实际计算值，河北省各市的数据通过河北省全省的碳排放计算值与能源消费的线性关系（拟合度达到 99.96%）来拟合各市的碳排放数值。其中，北京市和天津市的数据来源于《中国统计年鉴》、河北各市各年数据来自《河北经济年鉴》及河北各市各年的统计年鉴，具体描述性分析如表 2 所示。

表 2　　各指标的数据统计性描述

变量	样本量	均值	标准差	中位数	最小值	最大值
地区	143	7	4	7	1	13
人口规模（万人）	143	804.60	445.50	733.90	278.60	2171.00
水资源（亿立方米）	143	18.64	7.95	16.77	6.80	34.90
土地资源（平方公里）	143	3127.27	1498.83	3313.96	728.88	5772.3
碳排放（万吨标准煤）	143	2051	1713	1189	364	6349

四　结果分析

（一）首都圈人口与资源环境各要素协调状况分析

1. 人口与水资源空间协调性现状

人口与水资源协调性总体较差，大部分城市处于不协调状态，位于北部的承德与张家口，以及东部的秦皇岛市及西部的保定市协调性较好，中部和南部绝大多数城市均呈现不协调。

由表 3 和图 1 可见，目前首都圈人口与水资源协调的城市只有五个，协调度由高到低依次为：承德市、秦皇岛市、张家口市、唐山市和保定市。这些城市主要集中在首都圈的北部地区和中部东西两端。其他城市的首都圈人口与水资源均处于不协调状态，其中天津市、北京市、衡水市和邯郸市的不协调性最明显，石家庄市、廊坊市、沧州市和邢台市也处于不协调状态，但程度略低。这些城市大多位于首都圈的中部核心以及南部地区。其中天津市和北京市不协调性最强。

表 3　　首都圈人口与水资源协调指数计算结果（2015 年）

城市	北京	天津	石家庄	承德	张家口	秦皇岛	唐山
人—水协调指数	-0.44	-0.56	-0.16	3.58	0.89	1.66	0.49
协调性判断	极不协调	极不协调	不协调	很协调	比较协调	很协调	一般协调
城市	廊坊	保定	沧州	衡水	邢台	邯郸	
人—水协调指数	-0.20	0.23	-0.19	-0.30	-0.13	-0.31	
协调性判断	不协调	一般协调	不协调	很不协调	不协调	很不协调	

资料来源：根据表 2 中报告的数据和式（3）计算得出。

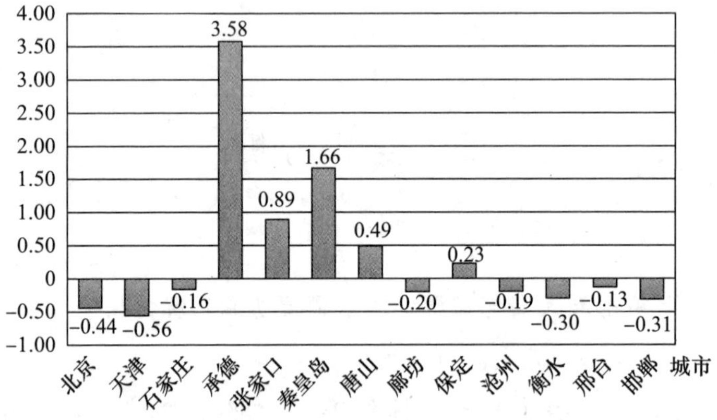

图 1　首都圈各城市区域人口与水资源空间协调度比较

2. 首都圈人口与土地资源的空间协调性分析

首都圈人口与土地资源的空间协调性计算与协调性判断结果如下：

从计算结果来看，首都圈人口和土地资源的协调度总体上要好于人口与水资源协调度，处于协调状态的城市从高到低依次为：张家口市、衡水市、沧州市、承德市、邢台市、邯郸市、唐山市、廊坊市和秦皇岛市共9 个城市，占69.2%，接近70%。有4 个城市人口和土地资源之间呈现较大矛盾，分别是：天津市、北京市、石家庄市、廊坊市。这几个城市均为首都圈人口规模较大、密集度较高的区域。

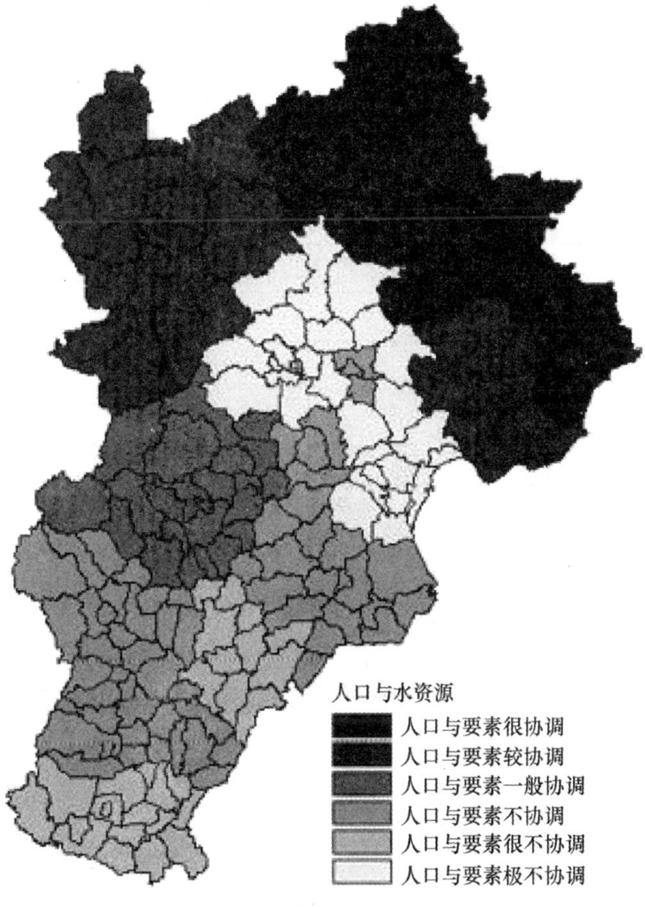

图 2　首都圈人口与水资源协调性空间格局

表 4　　首都圈人口与土地资源协调指数计算结果（2015 年）

城市	北京	天津	石家庄	承德	张家口	秦皇岛	唐山
人一土地协调指数	-0.74	-0.74	-0.27	0.77	2.26	-0.04	0.12
协调性判断	极不协调	极不协调	不协调	比较协调	非常协调	不协调	一般协调

续表

城市	廊坊	保定	沧州	衡水	邢台	邯郸	
人—土地协调指数	-0.46	0.06	0.78	1.27	0.63	0.12	
协调性判断	很不协调	一般协调	比较协调	非常协调	比较协调	一般协调	

资料来源：根据表2中报告的数据和式（3）计算得出。

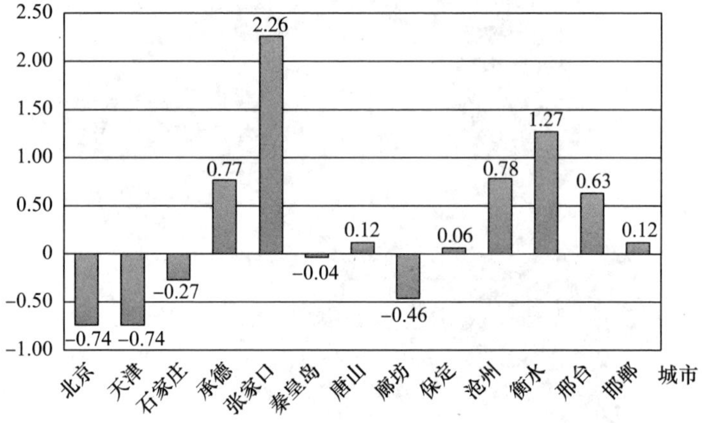

图3　首都圈不同区域人口与土地资源空间协调度比较

3. 首都圈人口与碳排放的空间协调性分析

首都圈人口与碳排放的空间协调性计算与协调性判断结果如下：

从表5和图5的计算结果来看，首都圈人口与碳排放的空间差异极大，协调性极好的地区与协调性极差的地区同时存在。人口与碳排放处于协调状态的城市有7个，依次分别是保定市、衡水市、北京市、邢台市、廊坊市、沧州市和张家口市，约占首都圈地区城市的一半。不协调的城市也达到了6个，分别是天津市、唐山市、石家庄市、承德市、秦皇岛市和邯郸市。人口与碳排放协调度空间格局的差异与人口集聚空间格局的差异并不完全重合，这说明首都圈各城市发展差异较大，碳排放与人口的关系不大。

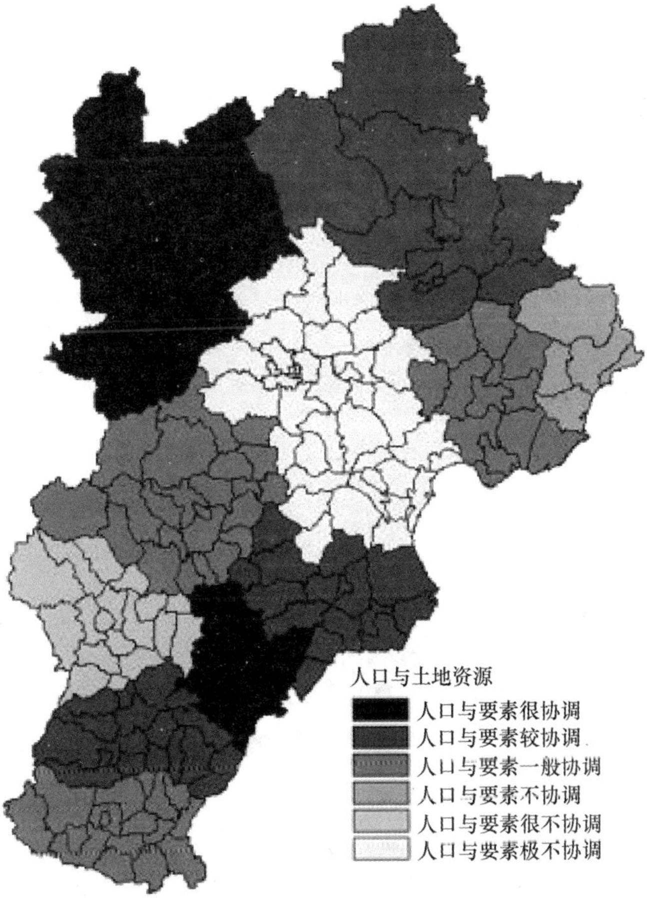

图 4　首都圈人口与土地资源协调性空间格局

表 5　　人口与碳排放协调指数的计算结果（2015 年）

城市	北京	天津	石家庄	承德	张家口	秦皇岛	唐山
人—碳排放协调指数	1.14	－0.31	－0.02	－0.19	0.01	－0.12	－0.68
协调性判断	非常协调	很不协调	不协调	不协调	一般协调	不协调	极不协调
城市	廊坊	保定	沧州	衡水	邢台	邯郸	
人—碳排放协调指数	0.43	2.13	0.37	1.87	0.50	－0.28	
协调性判断	比较协调	非常协调	比较协调	非常协调	比较协调	很不协调	

资料来源：根据表 2 中报告的数据和式（3）计算得出。

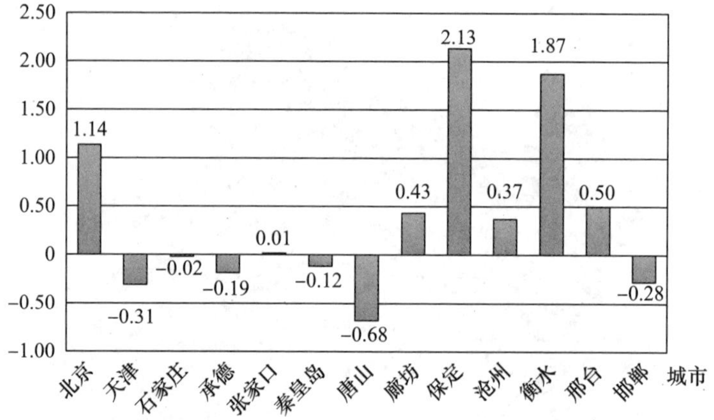

图5 首都圈人口与碳排放空间协调度的区域差异比较

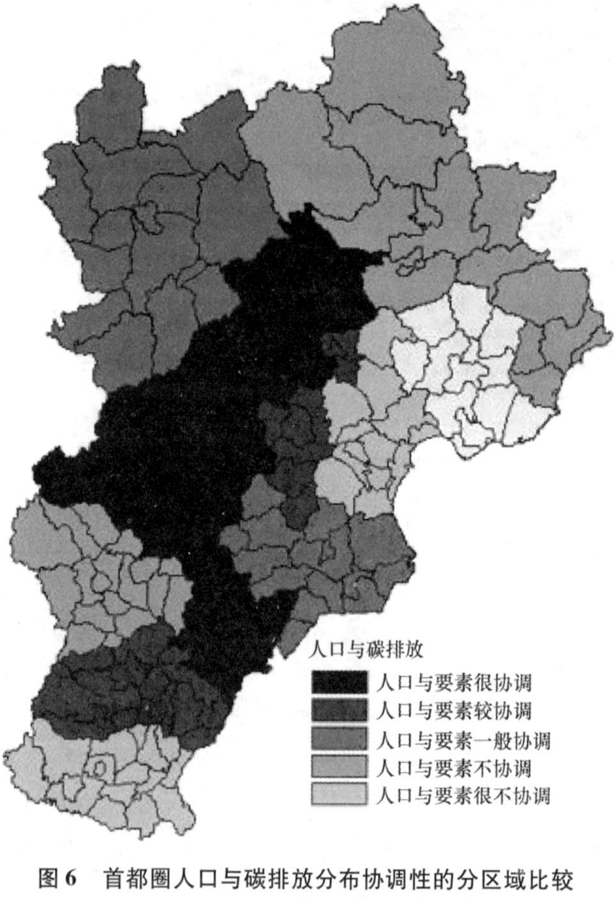

图6 首都圈人口与碳排放分布协调性的分区域比较

（二）人口与资源环境协调度分区

将人口与水资源、人口与土地资源以及人口与碳排放的城市差异放在同一张图上，可以更加直观地看到各城市人口与各要素的协调性情况，见图7。

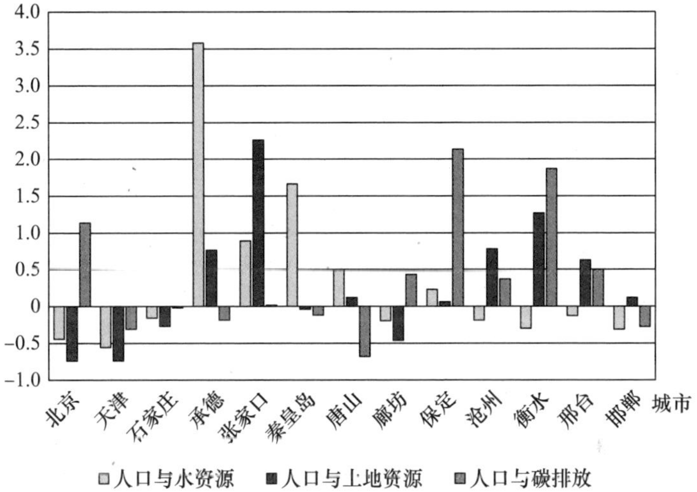

图7　首都圈人口与各类资源协调度的综合比较

依据表1、表3至表5的协调指数数据，得到如下基本综合判断结果（见表6）。本文把首都圈13个城市分为三类：第一类城市为人口与资源环境协调性较好的城市，这类城市有承德市、张家口市、保定市、衡水市、邢台市和沧州市，在首都圈的北部、中部和南部均有分布；第二类城市为人口与资源环境各要素协调性较差的城市，这类城市包括天津、石家庄和邯郸，这类城市主要分布在首都圈的中部和南部地区；第三类城市为人口与资源环境协调性差异较大的城市，这类城市包括北京市、廊坊市、秦皇岛市和唐山市，主要分布在首都圈的中部地区。

表 6　　各城市人口与资源环境协调性情况

协调度	人口与水资源	人口与土地资源	人口与碳排放
非常协调	承德、秦皇岛	张家口、衡水	北京、保定、衡水
比较协调	张家口	承德、沧州、邢台	廊坊、沧州、邢台
一般协调	唐山、保定	唐山、保定、邯郸	张家口
不协调	石家庄、沧州、邢台、廊坊	石家庄、秦皇岛	石家庄、秦皇岛、承德
很不协调	衡水、邯郸	廊坊	天津、邯郸
极不协调	天津、北京	北京、天津	唐山

资料来源：由表 1、表 3 至表 5 整理。

表 7　　人口与资源环境协调性综合判断

	城市名	地理区域
协调性比较好	张家口、承德、衡水、邢台、沧州	首都圈北部，首都圈中南部
协调性一般	唐山、保定、秦皇岛、廊坊、石家庄	首都圈东部、西部和中部区域
很不协调	天津、北京、邯郸	首都圈中部和南部

注：分区原则：在相应协调区内至少出现两次及以上。

五　结论与政策思考

通过上述一系列的分析，本文得出以下几点结论和思考：①总体上看，首都圈人口与资源环境的协调性不太乐观，至少有一半城市人口与资源环境之间不协调。②分要素比较来看，首都圈人口与资源协调性低差的问题较为突出，人口与环境协调性差的问题在个别特大城市较为显著。③首都圈人口与水资源的协调性最差，其中多数城市处于不协调状态。④人口与土地资源的协调性相对较好，接近 70% 的城市处于协调范围内，但协调程度不是太强。⑤人口与碳排放的协调性差异很大，协调性极好和极差的城市均存在，反映在碳排放中，城市发展差异大，碳排放与人口之间的关系不是很密切。⑥分区域比较来看，首都圈人口与资源环境协调性总体上呈现北部地区协调性较好、中部核心城市以及南端邯郸协调度最差、中部其他城市相对较好的状态。

人类对自身变动规律的认识还远未到位

——呼吁中国尽快实现自由生育

陈　剑*

【摘　要】20世纪70年代初，世界各国为“人口爆炸”性增长所惊恐，现在却为全球的低生育率而忧虑。对人口变动的规律，人们的认识至今并不十分清晰。东南亚国家以及中华文化圈的国家和地区，在人口转变模式、历史文化、经济发展等诸多方面与中国有很大的相似性。中华文化圈生育率全球最低。与全球生育率下降的潮流相吻合，中国妇女生育水平在20世纪90年代初也开始下降，并早已下降到更替水平以下，完成了生育率质的转变。这对未来中国影响巨大。中国虽然2015年在生育政策上放开二胎，满足了绝大多数育龄人群的生育意愿，但对三胎及以上多胎生育仍然限制，这与时代潮流不相契合。应当完全取消生育限制，实现自由生育。

【关键词】生育率；人口变动规律；自由生育

随着全球生育率的持续降低，世界人口正进入一个新的历史时期。对全球生育率下降趋势进行分析可以发现，人类对自身变动规律的认识还远未到位。

---

*　陈剑，中国经济体制改革研究会副会长、研究员。

一　全球低生育率持续下降

（一）20世纪70年代对人口规律的认识

1968年，美国学者埃里奇（Ehrlich）在《人口爆炸》一书中预言："鉴于世界人口的爆炸性增长，地球终将不能养活人类，20世纪70年代全世界将经历一场饥荒，将有几亿人饿死。唯一的措施是要进行人口控制。"埃里奇的观点引起人们对"人口爆炸"的恐慌。1972年，美国麻省理工学院教授梅多斯（Meadows）带领一个研究小组，利用电子计算机编制了一个关于世界未来图景的报告，罗马俱乐部以《增长的极限》对外发表，给西方各国带来了巨大震撼，并影响了一代人。

《人口爆炸》和《增长的极限》这两本书都宣称地球已经面临"人口爆炸"的危机，如果人类不采取有效措施，人类灾难就会降临。持续增长的人口，给全球敲响了警钟，因而，追求人口零增长，推广家庭计划和人口控制，在全球形成了高潮。但20年以后，人们突然发现，一些发达国家的生育率已经降至更替水平以下，这种情况直至21世纪初进一步蔓延到越来越多的新兴工业化国家，并不断蔓延到更多国家，且生育率越来越低。时至今日，世界上高生育率国家已经很少了，而且集中于少数极不发达国家。按世界银行公布的数据，全世界224个国家和地区中，2008年时只有16个国家的总和生育率还在5.5或以上。这些国家的死亡率也很高，包括乌干达、索马里、乍得、安哥拉、阿富汗等，期望寿命只有50岁左右。

与此同时，世界上有更多的国家生育率依然在下降。1970年，妇女总和生育率在5—6，且人口在100万以上的国家有23

个；到2008年，上述国家中大部分妇女总和生育率已下降到2左右。这包括哥斯达黎加、巴拿马等小国，还有印度尼西亚、巴西等人口大国，也包括土耳其、黎巴嫩等伊斯兰国家。

1995年，全球人口数57.02亿，出生率24‰，死亡率9‰，人口自然增长率1.5‰，妇女总和生育率3.1。《联合国世界人口展望报告》（2006年修订版）提供的数据显示，2005年到2010年世界各国的妇女总和生育率平均为2.55，2013年世界各国妇女总和生育率进一步下降为2.47。

20世纪70年代初，人们还在惊恐由罗马俱乐部所描绘的“人口爆炸”，但不过40年时间，全球的低生育率已经扑面而来，人们现在正为全球的低生育率忧虑。现在看来，对人口变动的规律，需用一个较长的时间跨度才能有一个较为清晰的认识。

低生育率给未来人口与经济社会发展带来诸多负面影响，引发了低生育率陷阱的讨论。目前这种态势仍在演变，在全球范围内引起关注。联合国就低生育率问题召开了专家会议，并讨论了低生育率在全球范围的演变趋势，诸多专家学者实际持悲观态度，即全球生育率持续走低的趋势不可阻挡。

（二）全球生育率下降，中国周边国家和地区生育率值得国人关注

全球生育率下降，中国周边国家和地区的生育率值得国人关注。日本作为发达国家，生育率已经下降到较低水平，似乎借鉴意义不大。但新加坡、韩国和中国台湾，这些曾经也实施人口控制的国家和地区，其生育率的变动对我们富有启示。

（1）新加坡。

20世纪60年代，新加坡人民党执政，为了应对失业与住房两大难题，时任新加坡总理李光耀认为应当从控制人口着手。新加坡政府推出“家庭计划”，提倡“两个就够了”。1968年推行

合法堕胎法令。自此，新加坡生育率急剧下降，从1960年的5.45下降到1984年的1.62。

人口的持续减少，也给新加坡发展带来危机。很多人都认为新加坡生育率的下降与当年李光耀限制生育政策有关，纷纷责怪李光耀的政策失误。但很多人不理解，这样一个生育率的下降，实际是由生育率内在规律支配的，是一种全球性潮流，新加坡并非特例。由于鼓励生育难以为继，现在新加坡也与中国沟通，鼓励在新加坡接受教育的高素质人才选择留在新加坡，试图通过宽松的移民政策吸引移民，以保持人口合理增长。

（2）韩国。

韩国的生育率变化与新加坡类似。20世纪50年代中期，朝鲜战争结束之后的大韩民国一贫如洗。韩国从20世纪60年代初开始经济起飞，1962年开始提倡“一对夫妇生育两个孩子”，随着经济发展，妇女总和生育率从70年代的5不断下降，80年代中期下降到更替水平；90年代进一步下降，到90年代中期已经下降到1.8以下。生育率的持续下降，引发了韩国人口学界的争论。韩国人口学界就“是否继续坚持鼓励少生的生育政策”展开辩论。结果主张放开生育控制的观点占了上风，韩国于1996年取消生育控制，开始实行鼓励生育政策。但与新加坡和中国台湾一样，随着经济和社会发展，生育率下降的趋势不可避免。虽然采取鼓励生育政策，但只能延缓生育率下降步伐，2010年的妇女总和生育率只有1.22。

（3）中国台湾。

包括金门马祖和澎湖列岛在内，台湾全部面积只有3.6万平方公里，人口长期维系在2300万。从1965年起，台湾地区也开始推行“家庭计划”，提倡“一个不算少，两个恰恰好”的政策。这与70年代中国大陆推出的“晚稀少”政策十分类似。说明两岸在生育政策上思维相似。随着经济起飞，台湾的妇女总和生育率从20世纪60年代中期的5左右下降到80年代中期的2.1，接近更替水平，1989年下降到1.68。生育率的持续下降，引发了台湾主管部门的关注。台湾转向鼓励生育阶段，其“家庭计划”口号转变为“一个嫌太少，两个恰恰好，三个不嫌多”。虽然鼓励生育，但只能延缓生育率下降的幅度，2010年台湾育龄人群的总和生育率已经下降到1.0以下，生育率呈现持续下降趋势。

韩国、中国台湾及东南亚的新加坡，在人口转变模式、历史文化、经济发展等诸多方面与西方社会有一定的区别，与中国大陆有很大的相似性。这些相似性可归纳为：

一是下降时间呈现规律性特征。这些国家和地区的妇女总和生育率从20世纪五六十年代开始下降，在80年代已经低于更替水平。之后下降速度有所放缓，进入21世纪后继续下降，降至1.3左右，目前正面临着全球最低的生育率。

二是人口转变与社会经济快速发展同步。这些国家和地区生育率的下降与工业化、城市化、教育水平提高以及婴儿死亡率下降同步，也伴随着人们的生活方式、价值观念、婚姻家庭观念的转变。由于这些国家/地区非婚生育比例很小，人们延迟结婚或选择不婚，终身不婚比例持续上升，平均初婚与女性初育年龄上升很快。

三是历史文化与家庭传统的相似性。这些国家和地区受儒家文化的影响较深，重视传宗接代，重视代际关系，有保持大家庭的偏好；还存在较强的男性偏好，“男主外、女主内”的传统性别分工较为普遍。社会普遍不认同非婚生育。

四是人口政策轨迹类似。新加坡、韩国与中国台湾都是从20世纪60年代开始推行家庭计划，并上升为国家或地方政府行为。家庭计划与中国大陆20世纪70年代推行的“晚稀少”政策类似，这被认为对生育率的下降起到了重要作用。但20世纪90年代以后，它们都先后对人口政策进行了调整，从提倡节育转向鼓励生育。

二 中华文化圈生育率全球最低

（一）中华文化圈生育现状

从世界银行提供的2013年世界各国生育率排行表可以看出，2013年，在全球224个国家和地区中，生育率排在最后的六个国家和地区全属于中华文化圈，分别是：第219位的韩国，生育水平是1.21；第220位的新加坡，生育水平是1.19；第221位的中国大陆，生育水平是1.18（据中国国家统计局调查，2011年全国生育率为1.04）；第222位的中国香港，生育水平是1.11；第223位的中国台湾，生育水平是1.06；最后一位的中国澳门，生育水平是0.93。虽说同属于中华文化圈，其他国家或地区为应对生育率的变动采取了与中国大陆截然不同的措施。韩国、新加坡和中国台湾，即使采取多种措施鼓励生育，也难以遏制生育率下降的趋势，生育率也已进入全球最低行列。上述数据表明，从世界银行提供的全球生育率排名，我们看不出中国大陆计划生育政策因素对生育率究竟有怎样的影响。因为，除了中国大陆，其余属于中华文化圈的国家和地区，目前不仅没有采用严格的行政手段控制生育，反而采取了多种措施鼓励生育，生育率也已经进入全球最低行列。

亚洲的泰国也有说服力。泰国是东南亚人口大国，中华文化对其也有一定影响，全国人口目前超过6500万。自20世纪70年代末期起，泰国在全国推行家庭计划。按世界银行公布的数据，2013年，泰国妇女总和生育率为1.66，在全球生育水平的位序是第175位，属于低生育率国家。按照国际货币基金组织2014年2月27日提供的数据，中国2013年人均GDP为6747美元，列全球第83位；泰国人均GDP水平为5878美元，列全球第93位。如果泰国人均水平与中国同步，其生育水平应当更低。

1970年后，与中国出生率相似的国家和地区都出现了出生率的下降，有些国家采取了节制生育，但转向鼓励生育；一些国家采取了节制生育，但随着经济和社会发展，生育水平都呈现了持续下降，到2013年，与中国大陆大体处在同一水平上。但没有哪一个国家和地区与中国大陆类似，即使用巨额的社会投入、耗费巨大社会成本，这些成本包括使人口性别结构失衡等。这些国家或地区更没有要求一对夫妇只生育一个孩子，让个人家庭做出沉重牺牲，同时使国家和社会孕育着巨大风险。这些国家和地区的经验也表明，中国大陆取消社会经济代价巨大的计划生育政策，不会造成所谓的人口失控。

（二）中国早已进入低生育率国家行列

与全球生育率下降的潮流相吻合，中国妇女生育水平在20世纪90年代初也开始下降，并已经下降至接近更替水平，以后进一步下降至更替水平以下，完成了生育率质的转变。

1992年，由国家计划生育委员会组织的全国38万人抽样调查显示，1990年妇女总和生育率为2.04，1991年为1.66，中国妇女生育水平第一次降到2.1的世代更替水平以下。结果一发布，人口学术界哗然。大家本能的第一反应就是中国生育调查统计存在严重的出生漏报，并不相信这些结果的真实性。不仅组织方国家计生委不承认这个数字，一些人口学者也认为，中国妇女总和生育率肯定没有这么低，一定存在大量的出生漏报。自此之后，20多年来，几乎所有全国性人口调查统计均显示生育率已经降至更替水平以下，并在一个较长时间处于1.5以下。也就是说，中国妇女生育水平已属于“很低生育率”。由于中国城镇人口实行独生子女政策，因此妇女总和城镇生育率甚至显著低于1.0，这种情况可以称得上是“超低生育率”了。

虽然统计上的“低生育率”已经持续多年，但主管部门似乎不能理解和正视中国已进入低生育率时代这一事实，并在一个较长时期采取了不承认的态度。20世纪90年代以后的历次调查都显示中国人口生育率已处于很低水平，而且历次人口普查数据经过回溯推算，不断确认以往年份的生育率就是很低的事实。这样一来，一些学者所假定的大规模出生漏报总是不能被证实，怀疑生育率调查未能正确反映的所谓“（较高的）真实生育水平”也始终难见踪影。

虽然现实生活中生育水平早已进入低生育阶段，但是中国人口学会却对生育率如此之低持怀疑和不承认态度，他们预测中国人口在2000年会超过13亿，在2010年超过14亿。受此误导，1996年国家制定的“九五”计划提出“全国人口2000年要控制在13亿以内”；“十五”计划提出“2010年要控制在14亿以内”。而中国人口规划、宣传、决策却并非依据调查数据所一再证实的很低生育率，而是长期沿用1.8这个生育率假定。主流的观点仍然是，中国人口形势依然严峻，生育水平还不稳固，工作稍有放松，就会出现反弹。

某些部门多年来对生育率的认识之所以严重滞后于生育水平的现实变化，除了利益使然外，还受到一种思维定式的局限，认识上存在盲区。这种思维定式认为能够使生育率下降的因素只有计划生育工作，而完全无视经济和社会发展因素对生育率的巨大且长期的影响，没有认识到“发展是最好的避孕药”本身就是一种唯物史观。他们认为，近年来计划生育行政管理工作力度不是加强了，而是削弱了，在此情况下，生育率只可能上升，而不可能下降，甚至是显著下降。

正是由于上述误区的存在，20 多年来，中国生育率的统计研究陷入了一个怪圈，即看到低生育率的调查结果，便加以质疑和否定，将其简单归因于出生漏报；然后大幅调高生育率，并据此强调人口增长形势严峻，继续严格实行生育控制。此后的调查便再现极低生育率，如此循环往复的状况延续多年。“十一五”（2006—2010 年）人口规划将继续用 1.8 的妇女总和生育率作为参数，预测 2010 年底总人口为 13.60 亿人。然而“六普”结果显示中国只有 13.40 亿人，比规划预测数少了 2000 万人，即每年多预测了 400 万人。这已经不是一般的误差，而应视为一种错误。这种规划目标和普查数据的反差证明，以往中国的生育率被严重高估了。

这样一种思维误区，实际也带来大量的政府财力和人力的浪费。试想一下，每一次生育率的调查，国家无疑需要花费巨额资金才能进行，然后还要组织专家对调查数据进行研究和开发。但对决策者来说，这只是必须走的过程，徒有形式。在调查结果没有出台之前，调查的结论早就有了，就是生育水平为 1.8。在此情况下，国家花费了巨额资金开展的抽样调查岂不是打了水漂？

另一个认识误区是，改革开放以来，中国人口的流动性显著增强。而这种人口流动，几乎在行政管控之外，流动人口的生育水平处于无计划管理之中，因而也必然会有较高的生育率。但几乎所有的调查研究表明，外出并在农村之间流动的育龄妇女比留在原籍农村的育龄妇女的生育率更低，而从农村流向城镇的育龄妇女的生育率则相对还要低。有些年份的统计数据表明其生育率甚至低于城镇原有非农户籍妇女。因此，人口流动效应早已不能再用“超生游击队”会导致生育失控这种简单化认识来概括了。实际上，即便在当年，“超生游击队”也未必是一个足以影响整体生育率的长期、普遍现象。人口大量流动的真实效应不是增加了，而是大大降低了农业户籍人口的生育水平，进而拉低了全国的生育水平。实际上，正是改革开放后几亿中国农民在城乡之间、地区之间，甚至国与国之间的有序流动（看似无序，实则有序），极大地降低而非提升了中国妇女的生育率。

正是上述思维定式的局限，管理部门无法认识到现实生活中多种因素都可能造成生育率下降，形成了一系列认识盲区。

三　自由生育不可阻挡

（一）“六普”及生育意愿调查

2010 年 11 月 1 日，中国开展了 1949 年以来的第六次全国人口普查（以下简称“六普”），这也是距今最近的一次人口普查。“六普”公布的资料显示，中国妇女总和生育率进一步下降为 1.188，比“四普”“五普”公布的数据更低。比 2005 年全国 1% 人口抽样调查结果（1.338）也降低了 0.15，“六普”创下中国生育率水平的最低纪录。

分析表明，“六普”时农村妇女生育率的下降最为突出，从 2005 年的 1.654 降为 1.444，其中，农村妇女的一孩生育率下降极为显著，从 2005 年的 0.990 降至 0.771，降幅达到了 0.219。这表明，“六普”低生育率主要是农村妇女的一孩生育率显著下降的结果。

如此之低的一孩生育率，以前只发生在中国部分城镇人口中，现在却成了全国城乡的普遍情况。这表明，近十年来，中国妇女生育率持续下降，背离更替水平越来越大。

据生育意愿调查，中国在 20 世纪 90 年代中期已进入低生育水平。自 20 世纪 90 年代以来，相关部门和研究机构先后组织了多次全国范围内的大型调查和针对某个区域或群体的小规模调查。调查结果都非常一致地显示，中国居民意愿生育子女数低于更替水平，平均的理想子女数或生育意愿主要集中在1.4至1.8。近年来的国际经验表明，进入低生育率时代，人们的实际生育行为往往低于生育意愿，生育意愿与生育行为有较大落差，因而生育水平长期走低已成趋势。

（二）中国应尽快调整生育政策，实现自由生育

由于生育率的持续走低，妇女总和生育率早已经降低至更替水平之下，对未来中国的影响巨大，中国即将面临人口进入零增长和负增长时代。正因如此，诸多人口学者持续呼吁，要对生育政策进行调整。在社会强大呼吁下，中国的生育政策近年来不断调整。从放开“单独二孩”到2015年全面放开二孩。这是生育政策的巨大调整，但仍然不是全部。也就是说，生育政策的调整仍然是不到位的。2016年和2017年中国生育情况表明，中国生育率下降趋势不可阻挡，且与主管部门对生育率的预测有着明显的误差。2018年国家机构改革，国家卫计委改为卫健委，说明计划生育即将成为历史，至多保留的只能是与生殖健康服务相关的内容，这与笔者2012年前的预测高度吻合。目前的问题是，在生育政策方面放开二孩，虽然满足了绝大多数中国育龄人群的生育意愿，但对三孩及以上多孩生育有所限制，仍然与时代潮流不相契合。笔者多次呼吁，中国行政主管部门应当完全取消生育限制，实现自由生育。此次再次呼吁，中国行政主管部门应当在充分保障生育权利的条件下，让民众实现自由生育。即使这样，也难以扭转生育率继续下降的趋势，但可以延缓生育率下降的步伐。

计划生育：中国的第一德政

原华荣*

【摘　要】计划生育既是应对全球危机的根本，又是中国改革开放的守护神，是生态与环境总体改善、粮食安全、绿色脱贫、社会和谐、长治久安的保证，是提高民族文化素质，强国、富民、智民之举和实现“中国梦”的必由之路。在层级—尺度视野下，计划生育维护民族生存权（第一层级），应对间接性侵权，保证社会公正（第二层级），因而是中国的第一德政；低层级（第三层级）的行为性侵权因不对称相干而不能构成对这一判断的否定。行为性侵权主要因于对政策的过度解读，是“钟馗打鬼”中的“鬼”。经济理性下的自主生育是通向自由生育的“跳板”，从而必然导致人口失控。诠释政策使人口研究与计划生育荣辱与共并导致人口理论的式微：碎片化、自洽性缺失、解释力下降而在种种谬论面前苍白无力。

【关键词】中国；计划生育；第一德政；层级—尺度视野；不对称相干；行为性侵权；自主生育

本文拟对计划生育作为中国第一德政的相关问题进行讨论，

---

* 原华荣，浙江大学人口与发展研究所、中国西部发展研究院环境与资源研究所、非传统安全与和平发展研究中心教授、博士生导师。

请读者和专家不吝赐教。

一　计划生育：应对全球危机的根本之策

（一）计划生育：应对全球危机的根本之策

1. 人口爆炸：全球危机、全球变化的根源

全球危机是自然危机（生态、环境退化生物灭绝）和社会危机并存的“双重危机”。

全球危机的根源既是全球变化——覆被变化（森林、草原、湿地大量减少，水土流失、荒漠化扩大）、气候变化；全球变化源于人口爆炸：世界人口在马尔萨斯人口论问世时（1798 年）不到 10 亿，1950 年增至 25 亿，年递增率 6.05‰（人口爆炸的前期，152 年）；当前（2018 年中）达 75 亿，年递增率 16.29‰（人口爆炸，68 年），不计中国为 16.91‰。

负荷着技术—环境冲击量的人口数量—质量的爆炸性增长在作为全球变化根源的同时，又直接规定着全球危机的广度和深度，成为全球危机直接和间接的原因。

2. 中国历史的启迪：王朝崩溃——衰退与人口高峰的关联

历史周期与人口周期的“耦合”是秦以降中国历史上最显著的事件，也是人口波动与文明兴衰关系的展现：西汉以来的 12 次人口高峰，11 次与农民起义、外族入侵在时间上关联，导致王朝更替（其中南宋和明因各种原因显著滞后）和帝国（唐、清）在延续期内社会的极大衰退，1 次与辛亥革命关联结束封建帝制——如同一个在海滩上用沙子堆城堡而后又一次次推倒重来的顽童（赫胥黎），“人口波动”像“一只看不见的手”，“拨弄

着”文明兴衰，规定着王朝的兴衰更替[①]。

3. 自然界的警示：地质史上生物大灭绝与物种“饱和”的关联

自生物从海洋来到陆地以来，已发生了9次大灭绝，其中以二叠纪末的灭绝强度最大——51%的科、82%的属、95%左右的种被灭绝[②]。对生物在地质史上大灭绝的原因，传统的回答是来自环境剧变的“外部冲击”——大规模的海侵、海退，火山爆发、冰期，以及小行星和彗星与地球碰撞等。生物大灭绝与物种饱和内在关联的新解释则是地球生命以其血的教训对人类数量过剩危害性的警示。“内部冲击”理论认为，地质史上生物大灭绝与物种饱和的内在关联既是一种事实——灭绝前，科、属、种的数量皆处于峰值，又存在理论上的必然性。

任何一个生物种群、群落和景观——自组织的非均衡系统，都会自发地进入如下的临界状态：物种数量趋于饱和，种间关系变得错综复杂，相互依存高度发展，触发因子显著增加——这是一个系统稳定性、抗干扰性、适应性因物种饱和、复杂性过度增加和触发因子增加而极大减弱，影响因关联高度发展而得以迅速传遍各个角落，触发因子（走进“进化胡同”的特化物种，规模过剩和处于近交衰退边缘的种群）随时间推移增加因而呈现“火药桶”遍布的状态。由此，某些触发因子灭绝的生态影响，便会迅速传遍系统的各个角落，引发“生态链效应”而导致灭绝的“雪崩”。[③]

① 原华荣：《文明的脉动、启迪、挑战和应对——“小人口”原理》（第2卷），中国环境出版社2013年版，第86—90、121—124、152—155页。

② ［美］恩斯特·迈尔：《进化是什么》，田洺译，上海科学技术出版社2003年版，第184页。

③ ［美］迈克尔·博尔特：《灭绝——进化与人类的终结》，张文杰、邓可译，中信出版社2003年版，第159—163、199—204页。

（二）计划生育：通向生态、环境“总体改善”的根本途径

1. 生态、环境总体恶化：规模强制下的必然

中国生态、环境总体恶化是人口—经济规模强制下的一种必然①。如不过量使用化肥、农药——总量皆占全球的1/3，单位耕地施用量皆为世界平均的3.7倍，就无法用（占世界）9%的耕地、6%的淡水生产22%的粮食，养活1/5、密度为全球平均2.7倍的人口；之于经济，是GDP与资源、能源耗费/废物、废热排放的正相关。

2. “规模问题”：无技术—制度解的问题

“规模问题”是一种由规模（过大或过小，如种群过剩或大量缩减而濒于灭绝）引起，除调节（减少或增加）规模外无技术—制度解的问题。第一，规模障碍、技术—制度有限性的使然②；第二，技术性质、热力学第二定律的规定。其一，技术在本质上指向物质能量耗散，并因熵定律在很大程度上形成不可逆的“破坏效应”和环境相应的低修复（“覆水难收”）；其二，技术对物质能量的耗散是个“大数”（“一天等于二十年”的耗散强度，成就了历史上一个个辉煌但必然“短命”的“盛世”），对节约因“天花板效应”（物质转换、能量利用的效率皆因必然的耗散而小于100%）的存在是个“小数”。③

① 原华荣、常跟应、徐晓秋：《中国生态/环境“总体恶化、局部改善”困境的症结和走出》，《西北人口》2016年第1期。

② 阿基米德找不到“撬起地球的杠杆”的原因即在于此：“杠杆”的最小长度为6.36×10^{26}km（地球质量为5.98×10^{24}kg，半径按6370km，阿基米德按60kg计），是宇宙直径（156亿光年）的4300倍。

③ 原华荣：《“拯救”、“回归”和“人类革命”——“小人口”原理》（第4卷），中国环境出版社2013年版，第32—33页。

3. 计划生育：消解规模障碍，通向生态、环境总体改善的必由之路

在20世纪50—70年代，山是绿的、天是蓝的、水是清的；如今，山已不再那样绿，水已不再那样清，天空则变得昏暗。在新中国成立后的前30年“环境无为时代”，是几无环境意识的芸芸众生，技术落后、管理水平低、体制缺陷显著；在后30年“环境有为时代”，是环境意识不断增强的公民，技术进步、管理水平提高、体制不断完善和治理力度的不断提高。①

理论和事实表明，计划生育是消解规模障碍，由局部改善通向生态、环境总体改善的必由之路。如是，则技术—制度投入（如负荷着数十万亿的“水十条”、大气十条和“土十条”）会事半功倍；反之，则必定事倍功半乃至打水漂！

二 计划生育：中国的第一德政

（一）计划生育：改革开放的“守护神”，社会长治久安的保证

1. 计划生育：改革开放的“守护神”

按1953—1982年19.10‰的递增率，以1982年的103188万为基数，2016年的中国人口可为196336万，比126583万统计数多41.99%、58065万；1982—2010年，劳动资源系数增加12.97个百分点，达74.47%，社会总负担系数减少28.33个百分点，降至34.28%，极大地改变了“生之者寡，食之者众”的“困境”。按全球1950—2018年（中）不计中国16.91‰的年递增率计算，当前中国人口（1950年5.5亿）17.49亿，比实际人

① 原华荣、常跟应、徐晓秋：《中国生态/环境“总体恶化、局部改善”困境的症结和走出》，《西北人口》2016年第1期。

口多3.49亿。

毋庸置疑的是，人口控制极大而全方位地减轻了人口对经济—社会、资源—环境的压力，为改革开放提供了巨额而影响深远的“人口红利”——没有计划生育，改革开放必会中道崩殂。德国柏林人口与发展研究所所长赖讷·克林霍尔茨尖锐而意味深长地指出：中国发展面临的根本问题是资源、人口瓶颈而非“人口结构变化”；没有计划生育，中国的经济改革或许就无法起步。①

2. 计划生育：粮食安全的保障，穿越“气候隧道”的前提

中国粮食安全的威胁来自三个方面，一是由14亿人口形成的“不能承受之重”的“有效需求”；二是（因“石油枯竭”）由“石油农业”向“有机农业”转变造成的粮食大幅度减产；三是气候变化带来的粮食生产的不稳定性和可能的显著减产。

巨额人口将粮食安全变成了一柄悬在中华民族头顶上的“达摩克利斯之剑”，迫使对策“昂贵化”而极大地减少了未来的选择机会，降低了灵活性②：在期盼年年风调雨顺的同时，超强度地使用化肥、农药，承受环境总体恶化、土壤退化之苦③，导致农作物多样性极大减少并承担种源风险……使穿越“气候隧道”变得障碍重重。④

---

① 聂立涛：《中国如不计划生育　经济改革或无法起步》，新华网专稿，news.qq.com/a/20061124。

② 原华荣：《文明的脉动、启迪、挑战和应对——“小人口”原理》（第2卷），中国环境出版社2013年版，第266—267页。

③ 作为序参量的14亿人，剥夺了14亿人从总体到个体的选择权而将我们置于“无可奈何”的境地，使“不得不”成为一种无处不在的国殇：“不得不”超强度使用化肥、农药，呼吸含有PM2.5的空气，喝不那么干净的水，吃心存疑虑的转基因食品……伤害我们的就是我们自己，我们就是我们自己的敌人。

④ 在第四纪大冰期（始于300万—200万年前）中，身披兽皮、手执木棒的原始人能多次穿越“气候隧道”（以10万年为周期的冰期—间冰期旋回）而生存下来的奥秘，仅在于他们只有一个极小规模（百万量级）的人口。

3. 计划生育：切断人口与贫困循环，扭转“生穷了、生病了”状况的“绿色脱贫”

自然生育给中国人带来的是间断延续数千年，导致人口波动和王朝兴衰的人口—贫困的循环。在这循环中，中国人“生穷了”！“生病了”！（随着的寿命延长）也“生老了”！

切断人口与贫困循环的是计划生育。经济脱贫——做大蛋糕，增加供给可被视为一种“黑色脱贫”：为发展经济所必需的资源、能源投入，必然导致环境污染、生态破坏，而穷人又是生态、环境破坏的最大受害者[①]；教育（一种增进公平的制度投入）脱贫可被视为一种“黄色脱贫”——在增加机会，改变资源配置（改变蛋糕分配）的同时推动经济发展（做大蛋糕）；控制人口则是一种“绿色脱贫”——减少参与分配蛋糕的人，在总供给不变的情况下增加对包括穷人在内的全体国民的供给。[②]

在这里，计划生育的道德性即在于它是绿色的，对穷人、环境友好的，中断人口与贫困的循环，扭转“生穷了”“生病了”状况，惠及千家万户而不增加对环境的冲击量。由于复杂的原因，控制人口并未使每一个家庭致富，但其致富效应与尺度的正相关，却是极其显著的，特别是在国家层面。

4. 计划生育：为社会学、生物—生态学所证明的社会和谐的推动力

人口过剩对社会和谐的破坏来自关联的三个方面：一是争夺生存资料引起的“内部斗争”——“人民少而财有余，故民不

---

① “贫穷是无法通过无限制的物质增长终止的”（［美］唐奈勒·H. 梅多斯、丹尼斯·L. 梅多斯、约恩·兰德斯：《超越极限——正视全球性崩溃，展望可持续的未来》前言，赵旭、周欣华、张仁俐译，上海译文出版社 2001 年版），增长将把社会推向对穷人胁迫更大的人口—经济的“超高位均衡态”。

② ［美］查尔斯·哈珀：《环境与社会——环境问题的人文视野》，肖晨阳、晋军等译，马戎等校，天津人民出版社 1998 年版，第 201—214 页。

争……人民众而货财寡……故民争”[①]；人多地少使“兄弟阋于墙”[②]，延续了两千多年。二是“分母效应”削减了社会和谐的物质基础——“仓廪实而知礼节，衣食足而知荣辱”[③]。三是使“羞耻按钮”“社会舆论”约束失灵，淡化了负罪感和羞耻感[④]。

种群过剩对“种内竞争”的加剧则是对计划生育社会和谐推动力的生物—生态学类比。

（二）计划生育：提高中华民族文化素质，实现“中国梦”的根本之路

1. “人多而气分，禀赋遂薄”，欲提高人口质量，必先控制人口数量

在一个（资源）给定系统（K）中，人口质量（q）与人口数量（P）呈此消彼长的“跷跷板”关系（$K=q\cdot P$），“处于反对地位”[⑤]。数量的“分母效应”侵蚀（减少）质量的资源基础；“规模效应”破坏（恶化）质量的自然、社会基础——如生态、环境退化，“种内斗争”“劣币驱逐良币”。是以，“人多而气分，赋禀遂薄”[⑥]。

“康乾盛世”以来的人口爆炸性增加，将中国传统农民由“五口百亩之家”塑造的“器宇轩昂”的“秦人”（秦灭六国“虎狼之师”的人口质量基础），变成了近代人多地少环境下浑僵、木讷的“润土”，则是历史的证言。是故，“欲得

---

① 韩非：《韩非子·五蠹》第四十九。

② 《诗经·小雅·棠棣》。

③ 《管子·牧民》第一。

④ ［美］加勒特·哈丁：《生活在极限之内——生态学、经济学和人口学禁忌》，戴星翼、张真译，上海译文出版社2001年版，第425—426页。

⑤ 陈达：《人口问题》节录，见商务印书馆编辑部《人口问题资料》，商务印书馆1962年版，第157—167页。

⑥ 汪士铎：《汪乙丙日记》，邓之诚辑录，文海出版社1936年版，第120页。

大木，则植木宜疏”[①]；欲提高人口质量，必先控制人口数量。

2. “径庭之路”：强国与弱国、富民与乏民、智民与愚民

在一个有限系统（K）中，人口（P）与经济（E）呈此消彼长的“跷跷板”关系（$K = P \cdot E$）：人口大国与经济强国乃是“径庭之路”，不能并存而必须做出选择。

“小人口”（计划生育，控制和缩减人口规模）是强国之路：增加收入以富民——提高劳动生产率，提高人口质量以“智民”——技术密集型产业，减轻资源—环境压力，建设资源节约—环境友好型社会，提高民族环境伦理素质，推动“中国梦”实现；“大人口”（维持庞大人口规模）是弱国之举：减少收入以乏民——低劳动生产率，降低人口质量以愚民——劳动密集型产业，走拼资源—环境发展的老路，继续恶化生态环境，降低民族环境伦理素质，化“中国梦”为泡影[②]。是故，做经济强国不做人口大国[③]是理性中国的唯一抉择，是处于十字路口中华民族面临的生死抉择。

---

① 陈长衡：《中国人口问题》（节录），见商务印书馆编辑部《人口问题资料》，商务印书馆 1962 年版，第 10 页。

② 原华荣：《人口：中国的“软肋”》，《吉林师范大学学报》（人文社会科学版）2017 年第 2 期。

③ 众多人口带来历史上的辉煌和强盛——中国人口一直占世界的 1/3 到 1/4，这是保证中华文明强盛、辉煌，造就“中央帝国”的重要因素；当代的人口减少——下降到世界人口 1/7、1/10，21 世纪末绝对量减至 6 亿，将使中华民族被边缘化而变得无足轻重。

“大国梦者”是在误读历史——“八方来仪，万国来朝”时的中国人口多为几千万；当人口增加到 3 亿—4 亿时，中国已是“人为刀俎，我为鱼肉”了！同时，还深深地潜藏着一种不自觉的“侏儒意识”：俄罗斯 1.4 亿人，美国 3.2 亿人，缘何中国维持 13 亿人才能“立于民族之林”？才能不被边缘化？

民族自信缺乏的又一表现是喜欢炫耀历史：如，当我们的祖先早已经建立起辉煌文明时，你们（西方）还处在茹毛饮血状态。

（三）层级—尺度视野下的计划生育：中国的第一德政

1. 层级—尺度视野：计划生育维护民族生存权、保证社会公正，是中国的第一德政

从层级—尺度视野[①]看，第一，即基本国策层级，计划生育既通过协调人口与环境的关系，体现着对基本人权——民族生存权、发展权的维护[②]，又符合权利冲突、贯彻受限时重要/基本人权（民族生存权）对次要/派生人权（妇女生育权）的优先性原则。是故，对妇女生育权的侵犯是无中生有，还权于民是无的放矢。

第二，即政策—法规层级，计划生育体现着对社会公正的保证。当人们尚未形成观念自觉和生育自律时，“公民约定限制”的强约束便是必要的[③]——否则，当一些人“自主”生三四个、四五个孩子，或“自由”生十个八个孩子时如何处置？而且，这种所谓“自主—自由”导致的多育又是对多数家庭在公共资源配置中的严重“间接性侵权”。是故，征收社会抚养费并未侵权，而是为保障社会公正、对公共资源配置中“间接性侵权”的应对（制止、削弱）。

第三，即政策执行层级，存在不容掩饰的、类似“牵牛扒房”的行为性侵权。这些程度不同、与群众切身利益密切关联的种种野蛮、粗暴行为，是计划生育被“泼脏水”“妖魔化”的极为重要的原因。

2. “不对称相干”：低层级的行为性侵权不构成对计划生育“第一德政”性质的否定

层级—尺度理论关于高层级系统对低层次系统在目标、

---

① 原华荣：《文明的脉动、启迪、挑战和应对——“小人口”原理》（第2卷），中国环境出版社2013年版，第144—145页。

② 对生育权绝对性的否定还来自妇女的不生育权和作为保障的堕胎权。

③ “全面二孩”政策也体现着强约束——不允许生第三个孩子。

利益上的包容，影响上的“不对称相干”[①] 表明，其一，系统的性质是由高层级的性质规定的；其二，高层级与低层级的相互影响极不对称——高层级对低层级的影响是巨大的，低层级对高层级的影响是微小的。是故，在高层级或总体上，计划生育维护了中华民族的生存权、发展权，保证了改革开放，因而是中国的“第一德政”；高层级上的“德政”不排除低层级“恶行”的发生，但低层级“恶行”——“行为性侵权”的影响无法达至高层级而撼动计划生育作为中国“第一德政”的地位。

三　自主生育：通向自由生育的跳板

（一）生育意愿、自然生育和自主生育

1. 生育意愿：数量、性别和时间选择

生育意愿指妇女、夫妇、家庭对孩子数量、性别和生育时间（生育年龄、季节）的偏好、向往和选择。受经济、社会条件和观念的影响，因自身数量必须与环境保持均衡所规定是讨论自然生育、自主生育、家庭计划和计划生育的前提。

2. 自然生育：非技术性的数量控制，环境和食物调节

自然生育指妇女、夫妇和家庭生育意愿得不到有效实现的生育。在近代生育调节、控制手段出现前的漫长历史时期，人类的生育即处于这样一种状态。

由于技术手段的缺乏，对生育意愿的贯彻，除克服不孕因子

---

① 原华荣：《文明的脉动、启迪、挑战和应对——“小人口”原理》（第2卷），中国环境出版社2013年版，第145—146页。

（如淋病、梅毒等）收效不大的努力外，主要是以避免怀孕、减少出生和杀婴为中心的，应对不欢迎孩子的非技术性的数量控制。据桑德斯的研究，这种应对可谓是无所不用其极：发身期前性交，延长哺乳期（2年、3—4年乃至5—6年）、哺乳期性禁忌，斲[①]伤生殖器官，晚婚和独身，堕胎、杀婴和弃婴，弃老和杀病，避孕……[②]

在脱离动物界的早期，人类的生育同动物一样受气候、季节和食物的控制。[③]

作为对数量与环境必须保持均衡这一铁律的遵从，自然生育时期对数量控制的力度与食物的匮乏程度正相关：食物愈是匮乏，控制的力度便愈大，控制方法便愈多样；反之，控制力度下降，控制方法简化。从经济共同体的性质看，游牧民族因食物保障程度低而控制力度大于食物保障程度高的农业民族；从时间看，控制力度随食物保证程度上升而减小。

3. 自主生育：技术性生育调节、观念自觉和生育自律

自主生育与自然生育的对应，指能有效贯彻生育意愿的生育。“自主生育”的内涵、核心和特征，一是遵从数量与环境必须保持均衡铁律的观念自觉，和为之所必需的生育自律；二是医学发展、技术进步提供的能有效贯彻生育意愿的技术性生育调节——有效避孕和克服不孕。必须强调的是，这里的生育意愿体现着观念自觉，“自主”体现着生育自律。否则，便会堕入自由主义者虚构的自由生育。

① 斲音“捉”（zhuo），斫的异体字，意砍、削。

② ［美］亚·莫·卡尔—桑德斯：《人口问题——人类进化研究》，宁嘉风译，楠木校，商务印书馆1983年版，第125—144、162—169、173—184、189—200页。

③ 作为理解这一事实的例证，既有中国在1960—1962年因食物短缺致妇女不怀孕现象的存在，又有20世纪80年代非洲原始部落居民体重受食物影响而循季节的变化：收获季节开始前体重降至最低，之后开始增加至冬季的最高，再因食物减少而从春季开始下降。

（二）计划生育和家庭计划

1. 人口爆炸的理论和实践应对：马尔萨斯主义和节制生育

医学进步、食物保障程度极大提高导致的死亡率大幅度下降，非技术性数量控制手段的式微，为自主生育所必需的观念自觉和生育自律又远未形成。由是，工业革命以来出生率大幅上升、人口迅速增长，"二战"后形成全球性人口大爆炸，继而形成全球变化和全球危机。对这一失控局面的应对，理论上是缩减人口规模马尔萨斯主义的生成和兴起，实践上是以节制生育为宗旨的全球家庭计划和中国计划生育的广泛推行。

2. 计划生育、家庭计划和自主生育：强约束与软约束、他律与自律

人们对计划生育存在着诸多似是而非的理解。如（中国的）计划生育是计划经济的产物；计划生育、家庭计划是"计划生育家庭想要的孩子"……事实上，计划生育是对中国人口压力的应对而非计划经济的产物（从命名看似有联系）；计划生育、家庭计划和自主生育的实质是节制生育而非有计划地生育家庭想要的（可以是一两个，也可以是五六个）孩子——所不同的是，计划生育侧重他律因而是一种强约束，家庭计划、自主生育强调自律因而是一种软约束①。

强约束——如征收社会抚养费的必要性在于，软约束无法应对传统生育观念（当人们自主生三四个、五六个孩子时）而有效控制人口；如果人口得不到有效控制，中国的发展便难以为继。用一位认为"生育权与生存权一样，是人的最基本权利，是没有讨价还价余地"而主张废除计划生育者的话来说，当生育权威胁

① 国际节育运动的事倍功半和20世纪末以来的显著式微，家庭计划的软约束是不可忽视的原因。

到生存权——“如果不实行强制计划生育，就不能养活这么多的人口”时，便可“讨论强制计划生育”①。

显然，强约束是一种无奈。除政策水平、工作方法外，政策目标与传统生育观念下群众生育意愿的距离②，是造成政策贯彻中强迫命令进而行为性侵权的重要背景；对政策过度解读导致的生育空间紧缩，则在将计划生育变成“天下第一难”的同时，强化了贯彻中的强迫命令，刺激了行为性侵权的发生。

（三）自主生育：通向自由生育的“跳板”

1. 按生态角色生育：生殖指令、适应性响应和新平衡原理

从增殖本能——无理性的动植物听命于繁殖自己种类的本能冲动，以充塞地球之势繁衍自己——出发，马尔萨斯构建了他的“平衡原理”——“增殖—限制—平衡”。

事实上，生物的繁殖（从生殖力到种群数量）并非听命于本能冲动和自由，而是为其在生物圈——食物链、网，营养级的位置，扮演的生态角色、承担的生态义务和对生态系统物质循环—能量流通/系统功能的保证所规定，每次的产仔数，大象只能有1个，鱼则必须多达百万枚而不得稍有违背，如有差池，系统便会崩溃。

对自然（生物圈）而言，这是通过前限制对生物下达的生殖指令；对生物而言，这是借助前限制形成的对生殖指令的适应性响应。鉴于前限制的存在，“平衡原理”可写成：前限制—增殖—后限制—平衡。式中，“前限制”即“死亡预警”/“虚拟

---

① 中华网社区，club. china. com/data/thread/1011/277。

② 民众的生育观念发生了革命性但非根本性变化。多年来不少关于生育观念的调查都不同程度地存在由调查者与被调查者为了“面子”“进步”而“合作”造成的不同程度的虚高。

死亡”，由实际死亡/“后限制”反复刺激形成。[①]（限于种族延续保证的）生殖力与实际死亡率正相关而为种群数量、实际死亡数/“后限制”、增量△所规定。[②③]

“新平衡原理”表明，生物的生育从来就不是自由的，而是由所扮演的生态角色、承担的生态义务事先严格规定好了的。当“不小心”违背规定而“超生”时，便只能自我惩戒以自律如——植物在过密时的自疏，一些动物，如海豚的集体自杀。

2. 自由生育："自由主义者"对自主生育的曲解和少数人的任性

自由生育之于动物界，曾经是马尔萨斯的一种猜测；之于人类社会，是“自由主义者”将妇女生育权绝对化而来的一种臆想，和个别人以绝大部分成员自律为背景的一种任性。由是，自由生育与具观念自觉和生育自律特征的自主生育，完全是两回事，风马牛不相及。对妇女生育权的主张，使“自由主义者”将二者混为一谈（“自由—自主生育”）而愚弄民众。

3. 经济理性下的自主生育：通向自由生育的"跳板"

经济理性（个人性、自利性）并不排除对家庭之外的责任，但选择对家庭负责是首要和自动个体自觉的。是故，自主生育可对民族、人类和生物圈负责（节育），也可不对之负责（多育）；“道德理性”（社会性、公利性）必使生育对民族、人类和生物圈负责，但它需要以认知提高（学习生态学知识、环境伦理，宣

① “前限制”的形成，涉及心理—行为、遗传等科学，于本文只是一种假设而存在不止一个“黑箱”。

② 原华荣：《“生态目的性”与环境伦理——“小人口”原理》（第3卷），中国环境出版社2013年版，第80—82页。

③ 种群数量、实际死亡数（包括自然死亡数和被捕食数）为所处食物链位置、扮演的生态角色所规定，顶端捕食者（狮、虎）和顶端食草动物（大象）只限于自然死亡数；增量△对应于一个小的波动量。

传教育）为背景的个体自觉——观念自觉和生育自律。

经济理性下的个体自觉是经济人的本能，是对个体行为的命令，是一种普遍性的强约束；道德理性的个体自觉则是自愿的，仅存于少数觉悟个体中的软约束。是故，当观念自觉和生育自律尚处于形成之中时，在对自主生育影响的较量中，首先对家庭负责的经济理性便占了压倒性的优势，自主生育通向自由生育也就成了一件容易的事；在公共资源配置中，多育家庭对节育家庭的显著优势所导致的不公正（“维护社会公正”成了征收“社会抚养费”的一种间接效果），会引起生育竞争而使自主生育自然而然地滑向自由生育。

四　对政策的过度解读和诠释政策的人口研究

（一）对政策的过度解读：行为性侵权的关键

行为性侵权/强制与政策实施难度正相关。[①] 计划生育的实施难度，来自以下三个相互关联的方面：一是对政策的过度解读和加码；二是民众“根深蒂固”的传统生育观念和学者“人多生产多”的“大人口观”；三是对人口问题的研究存在较大局限性，对“为什么要控制人口”的宣传不到位、不深入，未对传统生育观念形成有效消解。

作为关键原因的“对政策过度解读”指对政策界限的超越和

---

① 行为性侵权/强制相当程度上是基于实施难度的一种无奈。对行为性侵权应持理解（对历史，对计划生育工作者）而坚决纠正、杜绝的态度。

加码。[1] 如对“公开信”[2] 中“一对夫妇只生育一个孩子”从“提倡”“自愿”变成执行中的“一定”“强制”，“共产党员、共青团员”变为执行中的“广大群众”，由此导致了“牵牛扒房”，激化了社会矛盾；“只问结果，不管手段”造成的监管缺失则在相当程度上助长乃至纵容了计划生育政策执行中的“强制”。

（二）两个版本的“钟馗打鬼”：谁是“棍子”谁是“鬼”？

对计划生育的侵权指责存在两个问题：一是混淆问题的层级并偷换主体，将第三层级的行为性侵权上升为总体性的政策侵权；二是颠倒黑白，将对第一、第二层级的生存权、社会公正保证当作侵权。由此，便产生了两个版本的“钟馗打鬼”：其一，“行为性侵权”是要被打的“鬼”；“全面二孩”政策即是“打鬼”的“棍子”；其二，把计划生育作为“鬼”，将“行为性侵权”作为打鬼的“棍子”。[3]

在第二个版本中，则似乎存在一只“看不见的手”。首先，利用“牵牛扒房”的事实，和主要通过移花接木、张冠李戴（多因人口大流动而与计划生育毫无关系）编造的，丑化计划生育的“空巢问题”，煽动仇视计划生育的舆情和民情，营造人人喊打的舆论氛围；其次，通过侵权指责，挥舞人权“大棒”，将计划生

---

① 过度解读、层层加码形成的背景有三，一是“好事可以越界”——凡国家政策都是为老百姓办好事的，凡上级指示都是正确的；二是争当“先进”，避免“落后”的官场生态和下级部门头顶之上的“领导之鞭”：“别人能做到，你们为什么做不到？”三是（不排除）从政绩、升迁出发的“邀功请赏”。

② 30 多年前（1980 年）“中共中央关于控制我国人口增长问题致全体共产党员、共青团员的公开信”对中国人口形势的判断，依然符合当下的国情。

③ 原华荣：《论“计划生育”的“善”与“恶”——〈大国空巢批判〉》，《西北人口》2014 年第 3 期。

育妖魔化[①]，制造“必欲除之而后快”的社会氛围；接着杜撰“人口萎缩论”，“舆论一律”地“统一口径”，为废除计划生育提供“理论”和“事实”依据。

（三）诠释政策的研究和人口理论的式微

——计划生育和“诠释”政策的人口研究：从一荣俱荣到一损俱损。

人口研究与计划生育的关系——“咨询”还是“服务”？是社会科学研究中的一个普遍性问题。“咨询”强调研究的独立性、学术性，“服务”强调研究的诠释性、问题性。事实上，二者都是研究的应有之义而应以“咨询”，特别是独立性研究为主。

为计划生育服务，对20世纪70年代后期刚开始起步而依赖于计划生育的人口研究是一种合理；借助人口研究诠释政策、研究问题，对探索中的计划生育也是一种必需。问题是，在社会科学为实践服务认知的指导下，在课题、经费（社会科学研究的普遍问题）的吸引下，这一状况便一直延续了下来，经一荣俱荣而走上了一损俱损之路。

——人口理论的碎片化、自洽性缺失和解释力下降。

诠释性、问题性研究存在的问题，一是重应用（说明、解决问题）而忽视理论；二是强调理论的个别性（强针对性）而忽视系统性；三是计划生育（不同时期）工作重心转移对连续性的干扰而造成研究的浅尝辄止。它导致的是理论的碎片化、平行化，系统性、完整性、自洽性缺失，解释力下降，[②]而在种种谬论面前苍白无力。由此，第一，未能有效阐释政策的必要性。如为什

---

① 原华荣：《论“计划生育”的“善”与“恶”——〈大国空巢批判〉》，《西北人口》2014年第3期。

② “平行化、系统性、完整性、自洽性缺失”的要害是辨析力低下，对立观点共处一堂，都被看成是正确的而“以其昏昏使人昭昭”，或（极而言之）“自欺欺人”。

么要将计划生育作为基本国策？在指出控制人口对协调人口与环境关系必要性的同时，又相信一系列似是而非的“谬论”，如人口问题是个发展问题，增加人口—劳动力推动经济发展的“有效需求”理论，经济与环境的“倒U形曲线关系”，“常量人口”不再对环境构成压力等，或未对之进行有效批判，使计划生育基本国策频受干扰而不能一以贯之。

第二，未能正确认知、辨析各种理论，有效协调对立观点、目标的自洽，如老龄化的“衰亡论”与“非衰亡论”，控制人口数量对年龄结构调整的优先性问题等。

第三，未能对政策效果出现的尺度偏差做出合理解释，使政策信度下降而影响民众的接受程度。如缘何“人口红利”（“人口下来，经济上去”）只发生在大尺度上（国家层面的），个体层面依然存在“大家庭”对“小家庭”的明显优势——在致富的路上，计划生育家庭并未走在前面？

第四，不能有效阐释政策的正当性、合理性、道德性。如在理论上对计划生育的正当性、合理性、道德性理解不深而在政策层面产生侵权困惑，面对计划生育侵权指责，产生侵权彷徨并采取“鸵鸟政策”。①

如果能对以上或其中部分问题做出有辨析力的阐释，就不会有虚假“超低总和生育率”“内生性生育陷阱”“人口萎缩论”的形成和对计划生育的妖魔化；就不会有对计划生育侵权指责中的集体失语，就不会有对计划生育“泼脏水”中舆论的一边倒和集体缄默——少有人奋起批判“人口萎缩论”和对计划生育的妖魔化。②

---

① 与对人权问题的长期回避而少有研究密切相关。

② 见原华荣《“拯救”、“回归”和“人类革命”——“小人口”原理》（第4卷），中国环境出版社2013年版，第192页脚注①。

中国人口总量仍需严格控制

——田雪原先生八十华诞献文

周广庆*

【摘　要】目前学术界和社会上有一股否定中国计划生育的思潮，对中国人口严重过剩认识不足，对中国人口严重过剩的消极作用视而不见。本文借田雪原先生八十华秩之际，从“中国人口劫难周期律”、中国天人比例严重失衡、马克思主义人口理论三个视角和维度论证中国人口总量仍需严格控制。

【关键词】人口总量；严重过剩；严格控制

1993 年至 1994 年笔者在湖北襄阳师范专科学校（今湖北文理学院）用 10 个月时间撰写了 30 余万字的《人口革命论》一书，阐述了笔者主张严格控制中国人口总量并逐步减少中国人口数量的思想观点。那时笔者只是一个名不见经传的年轻历史教师，而田雪原先生早已是名高天下的大人口学家，笔者以一个青年求学者的身份冒昧给田先生去信谈论自己的书稿和想法，竟然很快收到了田先生充满鼓励的回信，令笔者欣喜和终生难忘。此后笔者常常得到田先生的拨冗指导。2005 年，笔者投身于田雪原先生门下，在中国社会科学院做博士后研究工作，在先生的指导

* 周广庆，浙江树人大学健康与社会管理学院教授、副所长。

下以《人口老龄化对社会发展和社会建设的影响》为题撰写博士后研究报告。笔者在田先生指导下用了两年时间对中国人口问题和世界人口问题做了一番梳理，获益良多。在两年博士后期间，笔者对自己以往主张严格控制中国人口总量并逐步减少中国人口数量的思想观点进行了更深入的思考，觉得人类要一劳永逸地从贫穷、拥挤、污染、战争中解放出来，还需要全人类团结和联合起来共同进行一场控制甚至减少人口数量、提高人口质量、优化人口结构的人口革命。2018 年是田先生八十华诞，遵本书编委会之约，撰此献文。

全面放开二孩之后，整个社会几乎一边倒地认为中国并不存在人口总量太多的问题，放开三孩乃至全面放开和自由生育的观点在网络上影响广泛，从者甚众。《大国空巢》的作者易富贤对中国计划生育持否定态度的观点在网络上流传甚广，各种否定计划生育和中国人口不是太多而是太少的观点充斥网络。鉴于错误的人口观点及负面影响借助网络不断扩大，有必要给予澄清和遏止，笔者借此文简略谈一谈中国人口总量仍需严格控制的观点，同时就教于同门师兄弟和学界方家同人。

一　从“中国人口劫难周期律”角度看中国人口总量仍需严格控制

中华民族是一个反反复复历经人口大劫难的民族，而人口大劫难的主要原因是人口极度膨胀、超越当时生产力水平、两大生产比例失调。“好了伤疤忘了疼”是世界各民族常有的集体失忆。我们中国人对历史上反反复复出现的人口大劫难鲜有警醒，亦是集体失忆的一种表现。但是翻开尘封的历史文献，我们会发现，反反复复的人口大劫难非常清楚地昭示我们：严格控制中国人口总量是消除人口大劫难再次降临的不二法门和理性抉择。

自公元前221年秦始皇统一中国开始，中国每隔二三百年必有一大劫难。在大劫难中，整个社会陷入人杀人、人吃人的“大混杀”“大混吃”泥潭之中而不可自拔。这种状况一直持续到整个社会折腾得无力再继续折腾的时候才会停止。这种“大混杀”和“大混吃”的人口大劫难，可谓史不绝书。例如公元25年，昆阳之战“士卒争赴，溺死者以万数，水为不流。王邑、严尤、陈茂轻骑乘死人渡水逃去”[①]。公元190年，董卓“尽徙洛阳人数百万口于长安，步骑驱蹙，更相蹈藉，饥饿寇掠，积尸盈路……二百里内复无孑遗”[②]。公元196年，曹操攻陷彭城，“坑杀男女数万口于泗水，水为不流。”[③] 公元308年，刘景攻陷延津城后“沉男女三万余人于河”[④]。北朝时期，胡汉混杀，公元349年，冉闵大杀胡人，“自凤阳至琨华，横尸相枕，流血成渠……一日之中斩首数万……无贵贱男女少长，皆斩之，死者二十余万，尸诸城外，悉为野犬豺狼所食”[⑤]。公元548年，侯景叛梁，围攻建康城，“自云龙神虎门外，横尸重沓，血汁漂流，无复行路。及景入城，悉聚尸焚之，烟气张天，臭闻数十里。初，城中男女十余万人，及陷，存者才二三千人”[⑥]。公元1211年，成吉思汗征金国，“比至居庸，杀了的人如烂木般堆着”[⑦]。公元1214年，“河朔大乱，凡二十余年，数千里间人民杀戮几尽，其存者以户口计，千百不一余”[⑧]。公元1295年，元朝军法规定：“凡城以兵

① 《光武帝纪》，《后汉书》卷1。
② 《董卓传》，《后汉书》卷72。
③ 《荀彧传》，注引《曹瞒传》，《三国志》卷10。
④ 转引自赵文林、谢淑君《中国人口史》，人民出版社1988年版，第110页。
⑤ 《石季龙载记下》，《晋书》卷107。
⑥ 《岛夷·萧衍舆》，《魏书》卷98。
⑦ 佚名：《元朝秘书》卷13。
⑧ 《释老·丘处机传》，《元史》卷202。

得者悉坑之。德安由尝逆战，其斩刈首馘，动以十亿计。”[1]

在“大混杀”中，个人与个人之间、家族与家族之间、阶级与阶级之间、地区与地区之间、民族与民族之间相互残杀，杀得天昏地暗，分不清谁是谁非，谁好谁坏。高级的人类变得比低级的兽类更为凶残、邪恶，善良仁慈的人们这时为了生存都变成了刽子手，以杀为常，以杀为志，以致出现世界上独有的黄巢“七杀碑”。

在人口大劫难中，整个社会不仅闹到了人杀人的“大混杀”地步，而且闹到了人吃人的“大混吃”地步。吃完了草根、树皮之后，便开始煮吃观音土，绝大多数会肿胀而死。求生欲望强的人便“易子相食”，子女吃完了就吃其他人。例如，公元26年，“时三辅大饥，人相食，城廓皆空，白骨蔽野”[2]。公元27年，“时百姓饥饿，人相食，黄金一斤，易豆五升”[3]。公元190—193年，“强者四散，羸者相食，二三年间，关中复无人迹”[4]。公元310年，“比屋不见烟火，饥人自相啖食”[5]。公元761年，“大旱，三吴饥甚，人相食……大抵虽其父母妻子亦啖其肉，而弃其骨于野，由是路积骨，相支撑枕藉者，弥二千里”[6]。

在“大混杀”和“大混吃”的人口大劫难中，人口消亡是异常惊人的，往往达到50%以上，甚至90%，而一些人口稠密的大都市更可能达到99%。比如西汉时长安城周长达55里多，人口达百万以上，经过东汉末年的战乱，整个长安城人口还不满百户，长满蒿棘，虎狼出没。“名都空而不居，百里绝而无民者，

① 《序江汉先生事实》，姚燧：《牧庵集》卷4。
② 《刘盆子传》，《后汉书》卷11。
③ 《冯异传》，《后汉书》卷17。
④ 《董卓传》，《后汉书》卷75。
⑤ 《食货志》，《晋书》卷26。
⑥ 独孤及：《吊道殣文序》，《毘陵集》卷19。

不可胜数”[①]。曹操《蒿里行》描述的“白骨露于野，千里无鸡鸣。生民百遗一，念之断人肠”，是人口大劫难之后真实的凄凉景象。“百遗一”正说明人口消亡率达到99%。据笔者研究，历代人口大劫难以中国之中的中原（黄土高原东南和华北平原）首当其冲，人口消亡率最高。中原地区人口消亡90%以上的大劫难至少有东汉末期、东晋十六国时期、宋末元初三次。秦始皇统一中国以后十四次人口大劫难，其中至少九次人口消亡超过1000万人，每一次中原地区都在劫难逃。中原地区是中华文明的中心，人口最为繁盛，但由此成为矛盾和冲突的中心地区，在人口劫难中演变为最大的人口屠宰场。历史上人口消亡率最高的时期要属东汉末年至三国时期，人口由东汉的6000多万降到魏蜀吴三国鼎立时期的1000万左右。在战乱中对人口集中屠杀最厉害的是蒙古人进攻宋朝期间。1236年，蒙古军对成都居民进行大屠杀，一次性屠杀人口140万，是人类有史记载屠杀人口最多的一次。太平天国革命时期，中国人口由1851年的4.3亿降到1864年的2.6亿，损失1.7亿。浙江人口由3010万降到637万，死亡2373万，人口消亡率78%。据史学界最保守估计，太平天国革命时期中国消亡1亿人口。[②] 除了中原地区人口消亡率高以外，四川在蒙古和清军两次进攻中“举川殉难”。从1231年开始，蒙古对四川进行了51年的征服战争，四川人口由1290万下降到82.5万，损失人口1200多万。明末清初，张献忠屠四川和清兵屠四川，又使明代万历六年即1578年的310万人口下降到清代康熙二十年即1681年的9万人口，损失人口300多万。据四川《温江县志》记载，1659年，温江只剩32户，男31丁，女23口。据《简阳县志》记载，清初只剩14户人家。两次劫难，四

① 《仲长统传》，《后汉书》卷49。

② 葛剑雄等：《人口与中国的现代：1850年以来》，学林出版社1999年版，第109页。

川一省共损失人口 1500 万。

在中国人口大劫难中，北方游牧民族“南下牧马”“五胡乱华”是人口骤减的重要因素，但为什么北方游牧民族“南下牧马”“五胡乱华”呢？答案是北方游牧民族自身的人口压力经周期性北方气候变干变寒而加剧，无法生存，结群南下，排山倒海。

中国历史上反反复复的人口大劫难，是物质生产与人口生产周期性比例失调、人口严重过剩、超过土地的承受力导致的，这在史学界基本成为定论。史学家罗尔刚《太平天国革命前的人口压迫问题》一文详细分析了人口高压是太平天国革命的主因。[①]“民寡则用易足，土广则物易生”[②]，这是一个十分简单的道理。但一旦出现“人民众而货财寡，事力劳而供养薄”的时候，就会“虽倍赏累罚而不免于乱”[③]。所以，清末人口学家汪士铎（1802—1889）说：“人多之害，山顶已植黍稷，江中已有洲田，川中已辟老林，苗洞已开深菁，犹不足养，天地之力穷矣；种植之法已精，糠核已所吝啬，蔬菜尽已助食，草木几无孑遗，犹不足养，人事之权殚矣。”在这种情况下，“驱人归农，无田可耕；驱人归业，无技须人；皆言人多，安能增益？盖一亩不过一农，一店不过数人，今欲以百农治一亩，千人治一店，如何其能？”[④]明末清初宋应星（约 1596—约 1666）清楚地认识到：“一人两子算盘推，积到千年百万胎，幼子无孙犹不冥，争教杀运不重来。”[⑤] 宋应星已看到了人口过剩必然导致“杀运”。

2017 年底，中国大陆人口达到 13.9 亿，加上港澳台地区

① 《中国近代史论丛》（社会经济），第二辑（2），台北，1958 年，第 16—88 页。
② 《申鉴·时事第二》。
③ 《韩非子·五蠹》。
④ 《生计篇》，《意言》第七篇，《洪北江文集》。
⑤ 宋应星：《后言十种·思怜诗·怜愚诗十四》。

3000多万人口达到14.2亿，同西汉、东汉、唐代6000万人口的高峰人口相比，超过了20倍以上，中国人口已经处于高危运行状态，犹如高悬在头顶的达摩克利斯之剑，一个大的自然灾难或者社会灾难就有可能凌空斩落。当此之际，严格控制中国人口总量是力挽人口猛增狂澜，使子孙万代彻底摆脱人口“杀运”的不二法门。

与历代王朝末期人口高压导致人口大劫难相反的是，历代新王朝初期由于旧王朝末期的人口大劫难使人口高压回落，地广人稀，社会出现“天下大治”的盛世景象，最著名的是西汉初的“文景之治”和唐初的“贞观之治”。“路不拾遗，夜不闭户”“贯朽不可校”“粟败不可食”“行千里不持刀”“具酒食以待行人”。[①] 这种人与人之间的良好关系令今人羡慕，从纵向的时间维度给我们提供了历史镜鉴。现实中的澳大利亚、加拿大，甚至非洲的加蓬，由于地广人稀，资源丰富，人民生活十分优裕而幸福，已经在地上建立了“人间天堂”，从横向的空间维度给我们提供了现实的参照。

人口高压直接导致人口大劫难，而人口低压则可以让人民生活优裕而幸福，这两种极端相反的例证恰好从正反两个方面无可辩驳地证明：中国人口总量仍需严格控制。

二　从中国天人比例严重失衡角度看中国人口总量仍需严格控制

据统计，中国人均自然资源与世界人均自然资源相比，大大低于世界人均自然资源的占有比例，分别相当于世界人均自然资

① 《平准书》，《史记》卷30；《食货志》，《新唐书》卷51。

源的比例为：国土26%、耕地24%、草地35%、淡水20%、林地25%、木材13%、煤40%、铁矿49%、铜矿29%、铝33%、磷52%[①]，中国人口减少8亿以上即把人口降到5亿，才能达到全球平均水平，而全球人口本身已经过剩，所以中国人口还要同全球人口一道继续减少。美国华人学者秦德谦指出："中国的地力地富最多只及美国的1/10"，"就整个矿藏而言，中国大约只有美国的1/3"，"中国的全部本钱只有美国的1/50至1/20"。[②] 他对中国的估计或许保守了一些，但中国的地上地下资源确实远不如美国丰富，仅可耕地一项，美国是中国的2.5倍，且美国的耕地开阔、平坦、肥沃，适合现代化的大农业。因此，中国要想达到美国的消费水平，人口不应超过美国现在3.21亿人口的一半。

中国人口等于俄罗斯、加拿大、美国、澳大利亚、日本、德国、英国、法国、意大利、荷兰、西班牙、葡萄牙、瑞典、瑞士、比利时、卢森堡、丹麦、冰岛、奥地利、芬兰、挪威、保加利亚、希腊、蒙古、立陶宛、沙特阿拉伯、匈牙利、新西兰、阿根廷、玻利维亚、智利、哥伦比亚、委内瑞拉、利比亚、加蓬、博茨瓦纳、纳米比亚等37个国家和地区人口总和。但这38个国家的领土总和是中国的7.06倍，综合自然资源也在7倍以上。按这个标准衡量，中国人口不应超过2亿。

中国人均国土面积是加拿大的1/40、澳大利亚的1/49，即中国人均国土面积只有加拿大人的2.5%、澳大利亚人的2.0%，中国人要想获得加拿大人、澳大利亚人所拥有的资源和美好的生活，要想在中国境内达到这些发达国家的资源和生活水平，仅就国土面积而言，人口要减少97%以上，即人口不应超过4000万，更不应超过汉代和唐代人口高峰时的6000万人口。当然，由于

---

① 沈茂堂主编：《让人口警钟长鸣》，南京人民出版社1991年版，第34页。

② 秦德谦：《中国为何要勤俭建国》，《参考消息》1987年6月13日。

中国的地理条件比加拿大和澳大利亚优越，自然资源比加拿大和澳大利亚丰富，养活人口的能力比加拿大和澳大利亚强，即使再强一倍，若以加拿大和澳大利亚为参照，中国人口也应当在1亿以下，最多不应超过2亿。因此，若按照在中国境内建立高度发达和人民幸福的社会标准来看，中国人口应保持在2亿以下。也就是说，中国的真正适度人口应当是2亿。截至2017年末，中国大陆人口达到13.9亿，已经超出2亿适度人口规模11.9亿，这11.9亿人口用适度人口规模的标准衡量，都属于过剩人口，中国人口已经严重过剩。

地理学家胡焕庸在1935年提出划分中国人口密度的对比线，即瑷珲—腾冲线，从黑龙江省的瑷珲（今黑河市）到云南省腾冲划一条倾斜度大致为45°的直线。线东南方36%的国土居住着96%的人口，线西北64%的国土只居住着4%的人口。这条线被学术界称为“胡焕庸线”。2000年中国科学院国情分析小组根据统计资料计算，胡焕庸线东南侧占国土面积的43.18%，人口93.77%。根据中国科学院国情分析小组提供的这组数据可以计算出，胡焕庸线东南中国的人口密度为306人/平方公里。南部半个中国，山多水多平地少，所谓“七山二水一分田”，土壤薄，耕地少。如此之高的人口密度，人口压力是巨大的。其中江苏省人口密度为769.9人/平方公里，是日本人口密度的2.28倍；浙江省人口密度是536.6人/平方公里，是日本人口密度的1.59倍，人口压力更为强大。

中国人口突破环境容量，超载运行，由来已久。早在清代，农民“一夫所耕，不过十亩”[①]。一个四五口人的农村小家庭耕种的土地不过10亩左右。费孝通1938年调查云南禄村土地状

---

① 李文治编：《中国近代农业史资料》，生活·读书·新知三联书店1957年版，第99页。

况，结果是，全村122户611人441个劳动力，只有土地1120亩，人均1.83亩，“在禄村，最大的私家田主也只有田25亩左右”[1]。中世纪欧洲一户农奴拥有的份地比一户中国农民的田地在规模上要大得多。比如，英国的农奴份地，多则80英亩，少则15英亩，取中而论，为30英亩，即182.16中国市亩[2]，这么大一块土地在中国已经是大地主了。加之，每个农奴可以在份地以外的公共草场放牧，可以在公共沼泽地捕鱼，可以在公共森林狩猎，这些是中国农民和地主都没有的自然资源。因此，中国古代处于社会上层、比较富裕的地主所拥有的自然资源实际上比英国的农奴还要少，更不用说处于社会下层的贫穷农民了。导致这种窘迫状况的根本原因是人口过剩，人均自然资源太少。所以，费孝通在1938年调查云南禄村经济状况后得出结论：“中国的问题，其实十分简单，就是资源不足，人口太多。”人多地少必然导致劳动力十分廉价，禄村“1938年散工的工钱为男一天一角，女一天五分”，“劳动力的价格贱到不出卖只有一死，出卖只能勉强不死的地步”[3]。人多地少必然导致劳动力低贱，而地价昂贵。20世纪30年代，陈翰笙对广东梅县劳动力价格的调查是，一个女挑煤工，一担煤挑32里路只能挣0.6元。当地的田地价格是中等田一亩300元，上等田一亩高达1200元。一个女挑煤工要买一亩上等田，按一年挑300天计算，一年挣180元，不吃不喝，一分钱不花，全部用来买上等田，需要6.6年才可以买到。地价昂贵还可以从人价低贱中看出，“十岁左右的孩子，无论是男是女，每个卖价都不到一百元”。一个农民因为贫困交不起租，

---

① 钱成润等：《费孝通禄村农田五十年》，云南人民出版社1995年版，第20、26页。

② 数据引自李普森《英国经济史》（K. Lipson, *The Economic History of England*, London: Blacc, 1947），1947年，第35页。

③ 钱成润等：《费孝通禄村农田五十年》，云南人民出版社1995年版，第30、37、43页。

在卖掉一个九岁的儿子和一个五岁的儿子后“又过了两年，他以七十元卖掉了一个六岁的女儿，每次卖掉的钱都用来交租还债”①。一亩上等田的价格可以买17个六岁的小女孩，地价昂贵到何等程度，而人的生命价值低贱到何等程度！

20世纪二三十年代，西方学者对中国城市劳工工资的调查表明，许多劳工工资只相当于喂养一头驴的饲养钱，也就是说，一个劳动力的生命价值只相当于一头毛驴，连一头耕牛的价值都不如。由于人的工钱与喂养一头驴的饲养钱一样多，人还有可以随时辞退的便利，人们愿意用人代替驴来搬运货物。直到20世纪30年代，当西方已经大量使用机械搬运、中国国门也已经打开九十多年、机械工具在西方已经发明了一百多年、欧美城乡遍布机械工具的时候，中国城市里还是没有机械搬运，几乎全部使用的是人工搬运，到处是人力车、黄包车。直到20世纪70年代，中国城市依然缺少机械化运输工具，而农村依然用手工进行劳动。这些都是因为中国人口太多、人力太充足和太廉价，而不是生产力不发达的结果。假若只是由于生产力不发达，人口不是太多而是太少，中国农民也完全可以像欧洲农民和美国农民一样，在机械工具还没有发明出来以前采用畜力来代替人力。一旦机械工具发明以后，又会迅速采用机械工具，使机械工具能够迅速推广和运用。

综合以上分析，中国人口严重过剩问题早在19世纪西方传教士来到中国传教时已经被他们感受到，并以札记、回忆录等各种书籍形式予以记录和描述。即使1949年中华人民共和国成立以后人口不再增长，中国人口也是过剩的。今天中国大陆13.9亿人口已经远远超过适度人口规模，使中国许多难题难以破解。

---

① 陈翰笙：《解放前的地主与农民——华南农村危机研究》，冯峰译，中国社会科学出版社1984年版，第66、77、115页。该书属于英文版译本，译自 Chen Han - Seng, *Landlord and Peasant in China*: *A Study of the Agrarian Crisis in South*, China New York, 1936。

既然在 20 世纪 30 年代中国大约 5 亿人口时费孝通说出了“中国的问题，其实十分简单，就是资源不足，人口太多”的话来，那么，现在中国大陆达到 13.9 亿人口，费孝通的这句话过时了吗？从费孝通的这句话，我们就可以得出结论：严格控制中国人口总量是完全必要的。

三 从马克思主义人口理论角度看中国人口总量仍需严格控制

1848 年，马克思、恩格斯发表《共产党宣言》之际，全球人口大约只有 10 亿，比 1492 年哥伦布发现新大陆时大约 5 亿人口多出一倍。尽管马克思、恩格斯时代全球还处于地广人稀阶段，人口问题并不很突出，但马克思、恩格斯闪光的人口理论对我们今天思考中国人口问题和全球人口问题仍然具有科学的指导意义，也由此可以看到严格控制中国人口总量具有合理性、科学性、必要性。

首先，从马克思、恩格斯中国人口“沉重枷锁”论断看中国人口总量仍需严格控制的合理性、科学性、必要性。

由于受到当时资料的限制，马克思、恩格斯对中国人口问题论述不多，他们主要根据当时西方一些传教士对中国人口状况的描述作大致判断。1850 年，马克思、恩格斯在《国际述评（一）》一文中对中国人口过剩问题评论说：“在这个国家，缓慢地但不断地增加的过剩人口，早已使它的社会条件成为这个民族的大多数人的沉重枷锁。”[①] 对于马克思、恩格斯的这段评论，学

① 马克思、恩格斯：《国际述评（一）》，《马克思恩格斯全集》第 4 卷，人民出版社 1965 年版，第 264 页。

者们很少注意和讨论。仔细分析马克思、恩格斯这句话，我们可以看到：第一，马克思、恩格斯认为中国人口是过剩的，属于“过剩人口”，这个“过剩人口”是通过“缓慢地但不断地增加”慢慢积累起来的。第二，马克思、恩格斯判断中国的“过剩人口”已经演变成中国人的“沉重枷锁”，这个“沉重枷锁”不是在马克思、恩格斯写这篇文章时才形成的，而是“早已”形成；这个“沉重枷锁”不是少数人的沉重枷锁，而是“这个民族的大多数人”的沉重枷锁；这个“沉重枷锁”具体所指的就是“社会条件”，“社会条件”是笼统表述，应当指政治的、经济的、军事的、文化的、意识的、情感的、习俗的等条件的集合。马克思、恩格斯说这段话时，中国人口大约 4.14 亿，现在中国人口超过 13.9 亿，这个“沉重枷锁”又增加了约 2.36 倍，比以前更加沉重。面对这个“沉重枷锁”，如果我们不接受马克思、恩格斯的告诫，听任人口继续膨胀，让这个“沉重枷锁”在增加了约 2.36 倍以后，继续加重，我们就有可能陷入 1858 年马克思在《鸦片贸易史》一文中对中国的抨击那样：“一个人口几乎占人类三分之一的幅员广大的大帝国，不顾时势，安于现状，人为地隔绝于世界并因此竭力以天朝尽善尽美的幻想自欺。”如果真是这样，我们的结局不就是马克思所说的“注定要在一场殊死的决斗中被打垮”[①] 吗？结合马克思、恩格斯对中国人口问题的论述，我们清楚地看到，严格控制中国人口总量是符合马克思、恩格斯对中国人口问题的论断的。

其次，从马克思“过剩人口同贫穷是一回事”论断看中国人口总量仍需严格控制。

人口过剩直接导致贫穷，马尔萨斯在其《人口原理》一书中给予了论述。马克思是从过剩人口不能与生产资料相结合，成为

---

① 《马克思恩格斯选集》第二卷，人民出版社 1972 年版，第 26 页。

失业人口的角度来论述人口过剩直接导致贫穷的。他说："人口过剩同赤贫是一回事……就个别人或者某一部分人来说，对生产条件的这种（传统）关系的解体，会把他们置于这种特定基础的再生产条件之外，因而也就把他们变成了过剩人口，他们不仅一无所有，而且无法依靠劳动力为自己谋取生活资料，于是变成赤贫。"① 马克思的这句话道出了贫穷的本质——过剩人口。贫穷与过剩人口，从表面上看是两回事，实际上是一回事，二者一而二，二而一。中国老百姓的贫穷绝大多数是资源不足性贫穷，而不是不勤劳和生产力不发达导致的。人口过剩使得大量人口无法与生产资料相结合，这种状况的严重程度令人吃惊。全国人均土地不足 0.8 亩的省份已经有 6 个，浙江人均耕地不到 0.7 亩，江苏人均耕地 0.6 亩，江苏无锡人均耕地面积仅 0.27 亩。著名的河南南街村 848 户，3180 人，只有耕地 1000 亩，人均 0.31 亩。中国自古以来以农立国，农业是以土地为第一生产资料的行业，没有土地就没有农业。但由于中国土地严重不足，农民一年到头无地可耕。农民自己就讲："两个月过年，两个月种田，剩下八个月在休闲。"在笔者撰写《人口革命论》的 1993 年，美国一个农民平均耕种 1207 亩土地。美国的农业是地地道道的大农业，300 万美国农夫（拥有土地的农场主）不仅养育了全美国人，还养育了世界人口。美国是世界上最发达、出口农产品最多的国家。按照美国的大农业标准，中国 99% 的农业劳动力是过剩的。农民无地可耕，工人无工可做。千百万基层劳动者勤劳致富的路子被堵死了。这在中国是活生生的现实，是任何人也无法否认的铁的事实。全国有 9.2 亿劳动力，许多人为寻求工作苦苦挣扎。我们许多年轻人被迫做"蚁族""啃老族""失业族""待业族"，看不到出头之日和人生希望。

① 马克思：《政治经济学批判大纲》第三分册，人民出版社 1963 年版，第 241 页。

千百年来，我们中国人在土地问题上不断地来回折腾，“井田制”“均田制”“占田制”“限田制”“均田免粮”“天朝田亩制度”“打土豪分田地”“人民公社制”“联产承包制”，现在又在推行“土地流转，集中于大户”，土地问题成为中国历史始终解不开的一个死结。原因就是有限的土地承载了太多的人口，人均土地太少，而又单一地依靠土地维持生计。只要人口压力不缓解，人口严重过剩问题得不到解决，人口与土地之间比例关系不协调，中国的土地问题将依然成为解不开的死结，不仅过去和现在纠结着痛苦的中国人，而且未来依旧令国人纠结不已。

只有坚决严格控制中国人口总量，尽快把人口增长势头遏制住，并向人口负增长方向逆转，让人口下降到适度人口规模，中国人口过剩问题才会从根本上得到缓解，为国民富裕和幸福开辟较广阔的发展空间。

再次，从马克思“人口压迫生产力”和“生产力压迫人口”论断看严格控制中国人口总量的合理性、必要性。

“人口压迫生产力”和“生产力压迫人口”问题是马克思提出来的。1853 年马克思在《强迫移民》一文中写道：“现在，人口的过剩完全不是由于生产力的不足造成的，相反，正是生产力的增长要求减少人口……现在，不是人口压迫生产力，而是生产力压迫人口。”[①] 马克思所说的“人口压迫生产力”是指人口数量超出了生产力的养活能力而产生的相对过剩人口的现象；马克思所说的“生产力压迫人口”是指由于生产力的提高，排挤劳动人手，不需要原来那么多人而产生的相对过剩人口的现象。

马克思时代全球人口才 10 亿左右，所以马克思所说的“人口压迫生产力”和“生产力压迫人口”这两种现象都属于相对人口过剩现象，要么是人口压迫生产力，要么是生产力压迫人

① 《马克思恩格斯全集》第八卷，人民出版社 1961 年版，第 619 页。

口，二者不会同时出现。现代中国的人口过剩已经属于人口绝对过剩，“人口压迫生产力”和“生产力压迫人口”同时并存，人口与生产力之间相互挤压和相互反向运动。一方面，由于人口太多，无法有效大规模运用先进的科学技术，开展现代化大生产运动；另一方面，现代先进技术特别是工业自动化体系和人工智能一旦采用，又大规模地把大量劳动力抛进失业行列。严重过剩人口与先进生产力之间形成一种对立关系，要么放弃先进生产力为过剩人口让路，如同现在中国农村不得不采用一家一户几亩地的小农业经营，无法使用大规模农业机械，开展现代化的农业大生产；要么放弃过剩人口为先进生产力让路。严格控制中国人口总量，减少人口，消除过剩人口，为先进生产力让路。

现代中国人口过剩已经完全不是马克思时代的全球人口相对过剩，而是严重的绝对过剩，靠发展生产力来消除过剩人口已经完全不可能了。发达国家失业率一直居高不下便是明证。美国拥有世界最发达的农业、最发达的工业、最发达的科技、最发达的军事、最发达的教育，这些“最发达”都集中在美国，但美国仍然不能解决失业问题，相反失业问题一直是美国历届总统最头痛的问题。美国只有3.21亿人口，中国大陆人口是美国的4.37倍，比美国多出10.87亿，即使现代美国所有的“最发达”都让位于中国，中国能解决失业问题吗？假如现在中国移民10.87亿人口到美国，让美国拥有同现在中国一样多的13.9亿人口，尽管美国拥有世界最发达的生产力，但美国能解决新增的10.87亿人口吃饭、就业、住房问题吗？现在美国只有3.21亿人就有大量失业人口，新增的10.87亿人口只能处于失业状态。假如中国向美国移民10.87亿人，美国的日子能好过吗？美国还是自由的美国吗？恐怕美国将会被移民压垮，陷入社会大动乱中。奥巴马在出访澳大利亚前夕接受澳大利亚电台记者专访时，通过电视镜头向全世界明确宣布：“如果10多亿中国人口也过上与美国和澳大利亚同样的生活，那将是人类的悲剧和灾难，地球根本承受不了，全世界将陷入非常悲惨的境地。”[①] 如果把美国拥有的世界最发达的生产力移植到中国仍然解决不了中国过剩的人口问题，那么我们就别无选择，只能走严格控制中国人口总量之路，通过推行“一孩化”人口新政策，慢慢、逐步地减少人口数量，消除过剩人口。这是万般无奈下的不得已选择，但却是最理智、最理性的选择，是中国甩掉人口包袱，使国民人均拥有较多物质资源，走向富裕和幸福的唯一出路。

最后，马克思、恩格斯关于“人口限制”“适度人口”以及“对人的需求必然调节对人的生产”等论断[②]，都与中国人口总量仍需严格控制的观点相契合。由于受到论文篇幅的限制，这里就不展开论述。

四　结语

中国人口总量仍需严格控制，这一人口观点可以从许多角度进行论证，受到篇幅限制，本文仅从中国历代人口劫难、中国天人比例严重失调、马克思主义人口理论三个方面、三个维度给予论述，但这已经足够了。

人与自然之间的矛盾是人与人之间的矛盾的基础和背后动力，人与人之间的矛盾是建立在人与自然之间的矛盾的基础之上的，是人与自然之间矛盾的表现形式。要实现人与人之间的和谐，首先必须实现人与自然之间的和谐，人与自然之间的和谐是

① 《澳大利亚人报》2010 年 4 月 16 日。

② 《马克思恩格斯全集》第八卷，人民出版社 1961 年版，第 619 页；《马克思恩格斯全集》第四十六卷下，人民出版社 1980 年版，第 105—106 页；《马克思恩格斯全集》第四十二卷，人民出版社 1979 年版，第 49 页。

人与人之间的和谐的前提条件，没有这个前提条件，人与人之间的和谐是无法实现的。中国共产党在土地革命战争时期提出的“打土豪分田地”口号，极大地调动了农民参加革命战争的积极性。“打土豪分田地”口号的前三个字“打土豪”体现了人与人之间的矛盾，但后三个字“分田地”则体现了人与自然之间的矛盾，即土地上人口的严重超载。假如中国土地之辽阔和充裕如同美国历史上到处都处于蛮荒状态，土地到处都是，随便你去占领，还需要“打土豪分田地”吗？或者如同今日之澳大利亚、加拿大、俄罗斯等，土地十分充裕，还需要“打土豪分田地”吗？或者如同中国历史上，经过长期战乱，新王朝成立之初，到处都是“千里无鸡鸣”，地广人稀，还需要“打土豪分田地”吗？中国人民彻底告别拥挤、污染、贫穷、苦难，走上自由、清洁、富裕、幸福的阳光大道，其间最大的拦路虎就是人口严重过剩。如果我们像今日之澳大利亚、加拿大、俄罗斯那样人均自然资源十分充沛，或者像西汉、东汉、盛唐的人口高峰时期那样只有6000万人口的规模，中国在今天如此发达的生产力之下，完全可以出现历史上多次出现的“路不拾遗，夜不闭户”“贯朽不可校”“粟败不可食”“行千里不持刀”“具酒食以待行人”的太平盛世景象，并远远超过之；完全有可能过上马克思、恩格斯所说的“随我自己的心愿今天干这事，明天干那事，上午打猎，下午捕鱼，傍晚从事畜牧，晚饭后从事批判”的共产主义生活。[①] 中国共产党人以实现共产主义为自己的最高目标，在中国进行一场严格控制中国人口总量并逐步减少中国人口数量直至达到适度人口规模的“人口革命”，似乎是中国共产党人无法绕过去的和责无旁贷的历史使命。

---

① 《马克思恩格斯选集》第一卷，人民出版社1972年版，第38页。

我国少数民族人口发展与变化趋势分析

马正亮*

【摘　要】民族人口学在处于青黄不接时得到了田雪原教授的有力支持，他主持编写的《中国民族人口》系列专著是对全国民族人口研究的极大推动，填补了中国民族人口研究领域的空白。这套系列专著的出版，推动民族人口学又上了一个新的台阶，也为以后的56个民族人口单行本的撰写和出版，打下了坚实的基础。

【关键词】少数民族人口；系列专著；人口变化趋势

写在前面的话：田雪原教授对民族人口学的推动

民族人口学是人口学众多科中的一个较小的分支，它需要人们的关注与支持，2001年时任中国人口学会常务副会长的田雪原教授，在民族人口学正处在青黄不接时主动承担起了《中国民族人口》系列专著的主编，这无疑是给民族人口学的研究注入了一针有力的强心剂，促使民族人口学的研究又上了一个新台阶。为

* 马正亮，《中国少数民族人口》杂志社主编。

了做好《中国民族人口》系列专著的组织工作，田雪原教授积极协调全国哲学社会科学规划办公室和国家哲学社会科学基金，将民族人口研究列入“九五”社会科学规划重点项目，这对全国民族人口的研究是极大的推动。

笔者主编的《中国少数民族人口》杂志一直得到田雪原教授的厚爱，他十分关心杂志的成长，希望杂志在学术界能有一席之地，并多次在杂志发稿以示对刊物的支持。据我们统计，从1995年至2008年，他先后在我刊发表文章9篇。

1995年5月，我刊在第二期首页刊载了田雪原教授在为准备第四次世界妇女大会而召开的“中国少数民族妇女发展与政策”研讨会上的讲话，题目为“女性少数民族人口与可持续发展”。这是田雪原教授首次在我刊发表的关于少数民族人口研究方面的文章。他在文章中写道：“结合少数民族人口居住遍布全国各地，但内地、边疆、高寒地区所占比例较高的特点，发展这些地区的经济，女性少数民族人口更是一支不可缺少的力量。因此，女性少数民族人口自身要树立强烈参与意识，积极投身到少数民族地区脱贫致富达小康，走向市场奔富裕的经济发展中去。”他还指出：“不过就总体水平说来，少数民族地区人口身体素质和文化素质仍比较低，女性相对要更低一些。因此提高女性少数民族人口素质，是一项根本的任务，也是长期的任务。只有她们自身的素质得到有效的提高，才能更好地发挥她们在生产建设中的作用，才能为子孙后代人口素质的提高和实现可持续发展做出贡献。”田雪原教授的这些见解，一针见血地指出少数民族妇女需要提高自身素质的必要性。

1996年《中国少数民族人口》杂志拟牵头编撰《中国各省区少数民族人口》一书，我们请田雪原教授担任主编，他十分爽快地答应了这个要求，并且不是挂名，而是认真地履行了主编一职的繁重工作。在该书的编写过程中，田雪原教授从大纲的拟订到确定各省撰稿单位都做了一系列具体的指示。在南宁和敦煌召开的两次编写工作会议上，他都亲自主持并对编写工作中出现的问题及时给予了协调解决。这本书于 1998 年 8 月正式出版，该书系统介绍了我国 31 个省、自治区、直辖市的少数民族人口历史演变、发展概况、地区分布、职业、行业构成、计划生育实施情况等各方面的内容，填补了我国对行政区域内少数民族人口发展现状研究的空白，是一本很有价值的工具书。

继《中国各省区少数民族人口》一书出版后，田雪原教授就一心投入到一项更大的民族人口丛书工程中了。他提议以每个民族的人口为基础写一本书，全国 56 个民族共写 56 本，这样一个前人从来没有想过，更没有干过的大事，就在田雪原教授的倡导下启动了。为了打好这一事业的基础，田雪原教授经过不懈的努力，将“中国民族人口”列入了全国社科规划重点项目，接着开始组建编委会班子，他邀请了我和黄荣清等为副主编。在全国各省区中，云南和新疆的少数民族最多，云南有 15 个、新疆有 7 个，这两个省就成了他抓的重点，多次前往协调。由于单本出书成本太高，田雪原教授决定以一本书多卷本的方式出版《中国民族人口》，每个民族 10 万字为一卷，出了 5 个分册，共 600 余万字，是名副其实的一部巨著。

为了该书的出版，田雪原教授邀请时任全国人大常委会副委员长、中国人口学会会长的彭珮云担任《中国民族人口》名誉主编，并请她为书题词、作序。还请了全国人大常委会副委员长布赫、全国人大常委会副委员长铁木尔·达瓦买提、著名社会学家费孝通分别为书题词，邀请时任国家计生委主任张维庆、国家民委主任李德洙等担任顾问。这么大的阵势，都是田教授精心组织和策划的。

《中国民族人口》第一卷在田雪原教授的主持下，于 2002 年 4 月 11 日正式出版并举行了首发式。彭珮云给首发式发来的贺信是这样说的："开展少数民族人口研究并编辑出版一套系列论著，为20世纪我国民族人口的发展留下历史的记录，是大家盼望已久的事情。如今，列入我国社会科学规划重点项目的"中国民族人口研究"，以世居在华北、东北8个少数民族为主的第一集正式问世，使我们看到这一愿望开始变成现实。这对于我们更深入地了解我国人口基本国情，促进民族繁荣，贯彻计划生育基本国策，落实科教兴国战略和可持续发展战略，都有着重要的意义。在此，我谨向为本书付出辛勤劳动的主编、副主编、编委和广大作者，出版社的同志们，致以敬意和感谢！希望同志们再接再厉，为全面完成这一任务，继续推出后面几集专著做出贡献。"

《中国民族人口》是国家社科"九五"重点项目的科研成果。这是一套涵盖我国56个民族的系列人口专著，堪称我国第一部完整、系统的民族人口专著，填补了中国民族人口研究领域的空白，具有重大的政治意义和学术价值。

该书结合中国的历史和现状，坚持继承与创新结合，吸收与扬弃并重，根据中国民族人口的特点，站在新世纪发展的起点，以可持续发展战略为指导，做了大量开创性的工作，为21世纪民族人口研究奠定了良好的理论基础，为进一步贯彻民族政策、发展人口与计划生育事业、促进民族繁荣、维护祖国统一、增进民族团结做出了积极的贡献。这套专著的出版，将推动中国民族人口研究的深入开展，对民族地区的人口与计划生育工作，以及现代化建设有重要的指导意义，特别是对实施西部大开发战略有着详明的参考价值。

这套书出版后，产生了很大影响，推动民族人口学又上了一个新的台阶，也为以后56个民族人口单行本的撰写和出版打下了坚实的基础。

我国少数民族人口数量在"五普"时已过亿，据第六次全国人口普查数据第1号公报，全国少数民族人口已为113792211

人，占全国人口比例为8.49%。少数民族人口规模超过一亿是一个重要标志，目前世界上人口超过一亿的国家才11个。

一 少数民族人口的数量变化

我国少数民族人口总量虽然大，但由于民族多达55个，所以分民族来看，相差很大。人口最多的少数民族是壮族，人口近1700万，而人口最少的民族塔塔尔族才3000多人。在20世纪80年代，我国只有一个少数民族即壮族人口过千万；而到2010年已有四个民族人口超过1000万，分别是壮族1693万、满族1039万、回族1059万、维吾尔族1007万。

人口在百万以上的民族也从1982年的15个增加到现在的18个。百万人口以上的民族中，从1953年到2010年的增幅来看，增幅最大的是土家族，57年就增加了近15倍。这当然不可能是生育所致，主要是在20世纪80年代，在认定民族成分的归本还原工作中，大批已改填汉族的土家族又恢复回原来的民族成分所致，当然也有汉族更改自己民族成分现象。

增长较快的民族还有满族、瑶族、蒙古族、黎族、侗族等，而增长最慢的民族则是朝鲜族。朝鲜族文化素质高、生育率低是增长慢的主要原因，但朝鲜族是一个跨界民族，部分人口流向韩国也是人口数量减少的因素之一（见表1）。

表1　百万人口以上少数民族人口增长　单位：万人

	1953年	1964年	1982年	1990年	2000年	2010年	1953年至2010年增长幅度（%）
全国总计	57785.6	69122.0	100391.4	113051.1	124511.1	133281.1	130.6
蒙古族	145.1	196.6	341.1	480.2	581.4	598.2	312.3

续表

	1953 年	1964 年	1982 年	1990 年	2000 年	2010 年	1953 年至 2010 年增长幅度（%）
回族	353.0	447.3	722.8	861.2	981.7	1058.6	199.9
藏族	275.3	250.1	384.8	459.3	541.6	628.2	128.2
维吾尔族	361.0	399.6	596.3	720.7	839.9	1006.9	178.9
苗族	249.1	278.2	502.1	738.4	894.0	942.6	278.4
彝族	322.8	338.1	545.4	657.9	776.2	871.4	170.0
壮族	686.5	838.6	1338.3	1555.6	1617.9	1692.6	145.6
布依族	123.8	134.8	211.9	254.8	297.1	287.0	131.8
朝鲜族	111.1	134.0	176.5	192.3	192.4	183.1	64.8
满族	239.9	269.6	430.5	984.7	1068.2	1038.8	333.0
侗族	71.3	83.6	142.6	250.9	296.0	288.0	303.9
瑶族	66.6	85.7	141.2	213.7	263.7	279.6	319.8
白族	56.7	70.7	113.2	159.8	185.8	193.4	241.1
土家族		52.5	283.7	572.5	802.8	835.4	1491.2
哈尼族	48.1	62.9	105.9	125.5	144.0	166.1	245.3
哈萨克族	50.9	49.2	90.8	111.1	125.0	146.3	187.4
傣族	47.9	53.5	83.9	102.5	115.9	126.1	163.3
黎族	36.1	43.9	88.7	111.2	124.8	146.3	305.3

注：土家族缺 1953 年统计数据，以 1964 年数据为基数进行比较。

资料来源：第一次至第六次全国人口普查数据。

二　少数民族人口增长幅度的变化

据第六次全国人口普查统计，2000 年至 2010 年，全国汉族人口增幅为 5.74%，少数民族人口增幅为 6.92%，少数民族人口增长幅度已比上一次人口普查时有所下降。在 1990—2000 年少数民族人口增长幅度为 15.10%，同上一次人口普查相比，少数民族人口的增长幅度仅为原来的一半左右，这说明在全国整体人口增幅减少的情况下，少数民族的人口增长速度也开始放缓。

全国少数民族人口增长速度的下降，说明群众的生育观念已开始发生变化，民族地区的人口也出现了低生育现象。从这次人口普查数据中我们可以看到13个民族人口出现负增长，包括四个百万人口以上的民族——布依族、朝鲜族、满族、侗族。

一些群众担心少数民族政策较宽，可以生多孩，会出现少数民族人口过快增长的局面，但是这种情况并没有出现。这次人口普查数据表明，少数民族人口增长仅略高于汉族，没有出现人口大规模增长的现象。

减幅最高的是塔塔尔族，10年间减幅27.28%。塔塔尔族是一个边境跨界民族，与相邻国家来往较多，迁移出境是减少的主要因素。分布在乌兹别克斯坦、哈萨克斯坦的塔塔尔族也被称为“鞑靼族”，鞑靼族在乌兹别克斯坦有5万人左右，在哈萨克斯坦也有30多万，所以塔塔尔族的主体并不在我国，人口流动大也是正常现象。减幅在10%以上的另一个民族是乌孜别克族，也是一个跨界民族，乌孜别克族在乌兹别克斯坦有1500万人左右。

增幅最高的民族为怒族、布朗族，都是分布在云南的少数民族，10年间增幅分别为30.47%和30.21%。这么高的增长率估计并非高生育率所致，应该有人为因素干扰，如有更改民族成分的现象存在（见表2）。

表2　少数民族人口2000—2010年增长幅度

民族	2000年（人）	2010年（人）	增长幅度（%）	民族	2000年（人）	2010年（人）	增长幅度（%）
合计	1242612226	1332810869	7.26	柯尔克孜族	160823	186708	16.13
汉族	1137386112	1220844520	7.34	土族	241198	289565	20.05
蒙古族	5813947	5981840	2.89	达斡尔族	132394	131992	-0.30

续表

民族	2000 年（人）	2010 年（人）	增长幅度（%）	民族	2000 年（人）	2010 年（人）	增长幅度（%）
回族	9816805	10586087	7.84	仫佬族	207352	216257	4.29
藏族	5416021	6282187	15.99	羌族	306072	309576	1.14
维吾尔族	8399393	10069346	19.88	布朗族	91882	119639	30.21
苗族	8940116	9426007	5.43	撒拉族	104503	130607	24.97
彝族	7762272	8714393	12.27	毛南族	107166	101192	-5.57
壮族	16178811	16926381	4.62	仡佬族	579357	550746	-4.94
布依族	2971460	2870034	-3.41	锡伯族	188824	190481	0.88
朝鲜族	1923842	1830929	-4.83	阿昌族	33936	39555	16.56
满族	10682262	10387958	-2.76	普米族	33600	42861	27.56
侗族	2960293	2879974	-2.71	塔吉克族	41028	51069	24.47
瑶族	2637421	2796003	6.01	怒族	28759	37523	30.47
白族	1858063	1933510	4.06	乌孜别克族	12370	10569	-14.56
土家族	8028133	8353912	4.06	俄罗斯族	15609	15393	-1.38
哈尼族	1439673	1660932	15.37	鄂温克族	30505	30875	1.21
哈萨克族	1250458	1462588	16.96	德昂族	17935	20556	14.61
傣族	1158989	1261311	8.83	保安族	16505	20074	21.62
黎族	1247814	1463064	17.25	裕固族	13719	14378	4.80
傈僳族	634912	702839	10.70	京族	22517	28199	25.23
佤族	396610	429709	8.35	塔塔尔族	4890	3556	-27.28
畲族	709592	708651	-0.13	独龙族	7426	6930	-6.68
高山族	4461	4009	-10.13	鄂伦春族	8196	8659	5.65
拉祜族	453705	485966	7.11	赫哲族	4640	5354	15.39
水族	406902	411847	1.22	门巴族	8923	10561	18.36
东乡族	513805	621500	20.96	珞巴族	2965	3682	24.18
纳西族	308839	326295	5.70	基诺族	20899	23143	10.74
景颇族	132143	147828	11.86	外国人加入中国籍	941	1448	53.88

资料来源：第五次、第六次全国人口普查数据。

三 少数民族人口的分布

从少数民族占所在地人口总数的比重看，差异比较大。如表3所示，山西少数民族人口所占比重只有0.26%，西藏却高达91.83%，相差91.57个百分点。人口比重在1/3以上的行政区有西藏（91.83%）、新疆（59.52%）、青海（46.96%）、广西（37.17%）、贵州（35.70%）、宁夏（35.15%）和云南（33.39%）；人口比重在5%至21%的行政区有内蒙古（20.46%）、海南（16.44%）、辽宁（15.19%）、湖南（9.97%）、甘肃（9.42%）、吉林（7.96%）重庆（6.72%）和四川（6.10%）；其余16个行政区在5%以下。

少数民族人口分布的比例虽有高低，但仍有一定规律。少数民族主要分布在西部不发达地区和沿边界一带，在发达的东部地区分布较少。分布在西部地区的少数民族人口有8138.82万，占全国少数民族人口的72.69%，占所在地人口的22.06%。其中西南少数民族人口（四川、重庆、云南、贵州、广西、海南、西藏）5588.85万，占全国少数民族人口的49.42%，占所在地人口的22.57%；西北少数民族人口（陕西、甘肃、青海、宁夏、新疆、内蒙古）2549.97万，占全国少数民族人口的22.77%，占所在地人口的21.01%；东部地区少数民族人口3057.82万，占全国少数民族人口的27.31%，占所在地人口的3.18%。

少数民族的聚居地分布，也呈“大分散”“小集中”的特征。从聚居地即少数民族人口的主要分布地看，以西南为聚居地的少数民族最多，达31个，占全国少数民族的56.36%，即壮族、苗族、彝族、藏族、侗族、布依族、瑶族、白族、哈尼族、黎族、傣族、傈僳族、仡佬族、拉祜族、佤族、水族、纳西族、羌族、仫佬族、景颇族、布朗族、毛南族、普米族、阿昌族、怒族、京族、基诺族、德昂族、门巴族、独龙族和珞巴族。未识别的少数民族基本分布在西南。

表 3　　各省、市、区少数民族人口比例　　单位：人，%

地　区	少数民族人口	少数民族人口比例	地　区	少数民族人口	少数民族人口比例
全　国	111966349	8.40	河　南	1121585	1.92
北　京	801214	4.09	湖　北	2468535	4.31
天　津	331417	2.56	湖　南	6551409	9.97
河　北	2992877	4.17	广　东	2067321	1.98
山　西	93647	0.26	广　西	17107665	37.17
内蒙古	5055626	20.46	海　南	1425418	16.44
辽　宁	6643149	15.19	重　庆	1937109	6.72
吉　林	2185705	7.96	四　川	4907804	6.10
黑龙江	1374810	3.59	贵　州	12404400	35.70
上　海	276163	1.20	云　南	15349186	33.39
江　苏	384926	0.49	西　藏	2756902	91.83
浙　江	1214697	2.23	陕　西	189636	0.51
安　徽	395642	0.66	甘　肃	2410446	9.42
福　建	796855	2.16	青　海	2643202	46.96
江　西	152310	0.34	宁　夏	2214983	35.15
山　东	725889	0.76	新　疆	12985821	59.52

资料来源：第六次全国人口普查数据。

以西北为聚居地的少数民族次之，为 16 个，占少数民族的 29.63%，即回族、维吾尔族、蒙古族、哈萨克族、东乡族、土族、柯尔克孜族、达斡尔族、撒拉族、塔吉克族、鄂温克族、保安族、俄罗斯族、裕固族、乌孜别克族和塔塔尔族。

以东部（东北地区、其他地区）为聚居地的民族有 8 个，占少数民族的 14.55%，即满族、朝鲜族、锡伯族、鄂伦春族、赫哲族、土家族、畲族和高山族。

各行政区中，被誉为“少数民族王国”的云南是少数民族最多的省份，有 16 个少数民族，占全省的人口比重为 29.63%，即彝族、白族、哈尼族、傣族、傈僳族、拉祜族、佤族、纳西族、景颇族、布朗族、普米族、阿昌族、怒族、基诺族、德昂族、独龙族；新疆为第二大少数民族分布地，有 7 个少数民族，即维吾尔族、哈萨克族、柯尔克孜族、塔吉克族、俄罗斯族、乌孜别克族和塔塔尔族；贵州有 5 个特有民族，即苗族、侗族、布依族、仡佬族、水族，未识别民族的绝大部分也在贵州；广西有 5 个，即壮族、瑶族、仫佬族、毛南族、京族。以下依次是：西藏（藏族、门巴族、珞巴族），内蒙古（蒙古族、达斡尔族、鄂温克族），甘肃（东乡族、保安族、裕固族），青海（土族、撒拉族），黑龙江（鄂伦春族、赫哲族），辽宁（满族、锡伯族），福建（畲族、高山族），宁夏（回族），吉林（朝鲜族），四川（羌族），海南（黎族）和湖南（土家族）。

四　少数民族人口的自然变动

1. 出生率的民族差异

少数民族人口出生率较高，而且不同民族之间的差异也很大。这也与一些民族的生育观有关，有些民族如维吾尔族追求多生，这必然会使出生率增高。据第六次人口普查资料统计，我国少数民族人口出生率为 14.82‰，比全国总出生率 10.3‰高 4.52 个千分点，也比汉族的出生率 9.93‰高出 4.89 个千分点。

少数民族中人口出生率在 10‰ ~ 15‰的民族最多，达到 25 个，占整个少数民族数量的 45.5‰。出生率小于 10‰的民族有 3 个，即朝鲜族 5.14‰、俄罗斯族 8.77‰和纳西族 9.73‰。出生率大于20‰的民族有6个，即保安族22.87‰、阿昌族21.14‰、维吾尔族21.09‰、路巴族20.91‰、德昂族20.58‰和撒拉族20.20‰。

人口出生率最高的民族是保安族，而最低的民族是朝鲜族，最高与最低之间相差17.73个千分点。

2. 死亡率的民族差异

少数民族人口死亡率较低，但不同民族间差异仍十分显著。国家经济发展后，医疗卫生事业也得到很大改善，这对人口死亡率的下降影响很大。少数民族的死亡率低与年龄构成有一定关系。老年人口比例小，必然导致死亡率较低。这次人口普查，我国少数民族人口死亡率为5.34‰，比全国总人口死亡率5.57‰要低0.23个千分点，比汉族人口死亡率5.59‰低0.25个千分点。

死亡率在4‰—6‰的民族最多，有32个，占整个少数民族的58.2‰；而死亡率小于4‰的民族有8个，分别是赫哲族1.87‰、高山族2.49‰、乌孜别克族2.84‰、撒拉族3.58‰、锡伯族3.58‰、俄罗斯族3.70‰、鄂温克族3.92‰和仫佬族3.97‰；死亡率高于7‰的少数民族也有8个，分别是傈僳族7.18‰、佤族7.29‰、拉祜族7.53‰、水族8.45‰、景颇族8.63‰、独龙族9.24‰、门巴族11.27‰和珞巴族11.95‰。

人口死亡率最高的民族珞巴族死亡率为11.95‰，与最低的赫哲族1.87‰相差10.08个千分点。

3. 人口自然增长率的变动

据第六次人口普查数据统计，少数民族人口自然增长率在10‰以上的民族有20个，自然增长率在15‰以上的民族有5个，分别是维吾尔族、哈萨克族、撒拉族、阿昌族、保安族。其中保安族自增率最高，为18.68‰。自然增长率高的民族一般还是生活比较贫穷的民族，生育观念还相对落后，追求多生孩子。

从出生率来看，出生率在20‰以上的民族有6个，分别是维吾尔族21.09‰、撒拉族20.20‰、阿昌族21.14‰、德昂族20.58‰、保安族22.87‰、珞巴族20.91‰，仍是保安族为最高。高出生率说明多胎生育比例相对较高。

死亡率较高的两个民族是门巴族、珞巴族，都生活在高寒缺氧地域，生存条件较差，这必然导致婴儿死亡率高，他们的死亡率均在10‰以上。死亡率最低的民族为赫哲族，才1.87‰。

表4　2010年少数民族人口自然变动　单位:‰

项目 民族	出生率	死亡率	自然增长率	项目 民族	出生率	死亡率	自然增长率
蒙古族	12.66	4.15	8.51	土族	13.69	5.74	7.95
回族	13.45	4.46	8.99	达斡尔族	12.38	4.14	8.24
藏族	15.55	6.23	9.32	仫佬族	16.39	3.97	12.42
维吾尔族	21.09	5.25	15.84	羌族	11.63	4.96	6.67
苗族	15.66	5.54	10.11	布朗族	17.01	5.61	11.40
彝族	16.18	5.99	10.19	撒拉族	20.20	3.58	16.62
壮族	14.24	5.45	8.79	毛南族	16.58	5.52	11.06
布依族	16.10	6.60	9.50	仡佬族	14.92	5.65	9.27
朝鲜族	5.14	5.65	-0.51	锡伯族	10.24	3.58	6.66
满族	10.53	4.50	6.03	阿昌族	21.14	5.11	16.03
侗族	16.00	6.03	9.97	普米族	14.72	5.51	9.22
瑶族	17.43	5.13	12.30	塔吉克族	14.94	4.56	10.38
白族	12.49	6.04	6.44	怒族	15.78	8.63	7.14
土家族	13.67	5.42	8.25	乌孜别克族	14.19	2.84	11.35
哈尼族	15.27	6.35	8.92	俄罗斯族	8.77	3.70	5.07
哈萨克族	19.68	4.66	15.02	鄂温克族	14.35	3.92	10.43
傣族	14.26	6.05	8.22	德昂族	20.58	6.86	13.72
黎族	16.23	4.41	11.81	保安族	22.87	4.18	18.68
傈僳族	14.52	7.18	7.34	裕固族	10.22	4.38	5.84
佤族	13.21	7.29	5.92	京族	19.15	6.60	12.55

续表

项目 民族	出生率	死亡率	自然增长率	项目 民族	出生率	死亡率	自然增长率
畲族	14.81	5.75	9.06	塔塔尔族	14.06	4.78	9.28
高山族	12.22	2.49	9.73	独龙族	15.58	9.24	6.35
拉祜族	13.68	7.53	6.15	鄂伦春族	14.32	4.04	10.28
水族	17.67	8.45	9.22	赫哲族	12.33	1.87	10.46
东乡族	18.86	4.23	14.62	门巴族	19.13	11.27	7.86
纳西族	9.73	6.24	3.49	珞巴族	20.91	11.95	8.96
景颇族	17.16	7.18	9.97	基诺族	17.07	4.41	12.66
柯尔克孜族	18.93	4.72	14.21				

资料来源：第六次全国人口普查数据。

五　少数民族人口的年龄构成

中国少数民族人口年龄构成有两个显著特征。

第一，总体变化迅速、年龄结构开始老化。

2010 年，中国少数民族人口的少年系数为 22.43%（均值 22.55%、中值 22.63%），老年系数为 6.99%（均值 6.17%、中值 5.97%）；老少比为 31.16%（均值 29.56%、中值 26.64%）、中位年龄为 29.87 岁（均值 29.03 岁、中值 28.71 岁）。与全国（对应数据为 16.61%、8.92%、53.73%、34.93 岁）和汉族（对应数据为 16.07%、9.10%、56.61%、35.40 岁）相较还明显年轻，但在总体上已步入老年。

少数民族人口年龄结构在总体上的老化，是多年来少年系数下降、老年系数上升、老少比和中位年龄增加的结果：与 1990 年（对应数据为 34.03%、4.44%、13.04% 和 22.04 岁）相比，少年系数下降了 34.09%、11.60 个百分点，老年系数上升了

58.11%、2.58个百分点，老少比增加了138.96%、18.12个百分点，中位年龄增加了35.53%、7.83岁。

1990—2010年，少年系数大于30%的民族由51个（92.7%）减少到1个（1.8%）；老年系数小于5%的少数民族由52个（94.5%）减少到15个（27.3%）；中位年龄大于25岁以上的民族由2个（3.6%）增加到49个（89.1%）。

第二，民族差异悬殊并呈扩大态势。

1990年，中国少数民族人口年龄结构差异十分显著：少儿系数极差19.27个百分点（朝鲜族24.74%，柯尔克孜族44.01%）；老年系数极差4.48个百分点（鄂伦春族1.09%，畲族5.57%）；中位年龄极差10.37岁（柯尔克孜族17.70岁，朝鲜族28.07岁）。由于我国少数民族数量多，人口比例相差大，在年龄结构上出现较大差异也是正常的。

到2010年，少数民族间的差异进一步扩大——少儿系数极差为22.68个百分点（朝鲜族8.39%，珞巴族31.07%），比1990年增17.7%、3.14个百分点；老年系数极差为8.46个百分点（鄂温克族2.74%，朝鲜族11.20%），比1990年增91.7%、4.11个百分点；中位年龄极差为19.23岁（珞巴族21.90岁，朝鲜族41.13岁），比1990年增85.4%、8.86岁。

表5　　2010年少数民族人口年龄构成　　单位：%

项目 民族	0—14岁	15—64岁	≥65岁	项目 民族	0—14岁	15—64岁	≥65岁
合计	16.61	74.47	8.92	羌族	18.91	73.88	7.19
汉族	16.07	74.83	9.10	土族	21.04	74.29	4.67
少数民族	22.43	70.58	6.99	仫佬族	20.98	71.44	7.58
壮族	20.27	70.97	8.76	锡伯族	17.79	76.19	6.02
回族	21.17	71.51	7.32	柯尔克孜族	26.07	68.92	5.01
满族	16.90	76.38	6.71	景颇族	24.43	71.08	4.48

续表

项目 民族	0—14 岁	15—64 岁	≥65 岁	项目 民族	0—14 岁	15—64 岁	≥65 岁
维吾尔族	25.87	69.33	4.79	达斡尔族	17.87	77.70	4.43
苗族	25.47	67.38	7.15	撒拉族	28.53	66.05	5.41
彝族	27.24	66.87	5.89	布朗族	24.01	70.91	5.08
土家族	22.49	68.77	8.74	毛南族	22.62	68.76	8.63
藏族	25.64	68.45	5.91	塔吉克族	26.22	68.99	4.79
蒙古族	19.66	75.56	4.78	普米族	23.74	70.31	5.95
侗族	22.63	68.64	8.73	阿昌族	28.39	66.82	4.79
布依族	26.49	65.38	8.13	怒族	23.30	70.29	6.40
瑶族	23.99	69.07	6.93	鄂温克族	20.51	76.75	2.74
白族	21.05	71.05	7.90	京族	23.82	68.44	7.73
朝鲜族	8.39	80.40	11.20	基诺族	20.79	73.01	6.19
哈尼族	23.13	70.90	5.97	德昂族	25.60	69.91	4.48
黎族	22.89	71.23	5.88	保安族	29.23	68.06	2.71
哈萨克族	23.76	72.34	3.90	俄罗斯族	15.46	76.40	8.13
傣族	20.06	73.72	6.22	裕固族	18.53	74.75	6.73
畲族	20.75	71.01	8.24	乌孜别克族	22.19	71.84	5.96
傈僳族	22.91	71.26	5.82	门巴族	27.72	67.93	4.83
东乡族	27.50	66.43	6.06	鄂伦春族	21.15	76.24	2.61
仡佬族	28.44	64.00	7.58	独龙族	24.89	69.87	5.19
拉祜族	19.83	74.76	5.42	赫哲族	17.15	78.45	4.41
佤族	19.84	74.63	5.53	高山族	18.43	75.26	6.31
水族	27.46	65.29	7.25	珞巴族	31.07	64.88	4.05
纳西族	16.87	73.96	9.18	塔塔尔族	19.32	73.82	6.86

资料来源：第六次全国人口普查资料。

六　少数民族人口的受教育程度

少数民族人口的文化素质相差较大。拿文盲率来说，第六次人口普查全国文盲率平均为5%，而在这之上的少数民族有37个，在这个数值以下的少数民族有18个；也就是大多数民族的文盲率高于全国平均水平。文盲率最高的民族是德昂族，高达19.34%；而文盲率最低的民族是锡伯族，仅为1.12%；他们的文盲率水平相差十几倍。

从每万人中研究生比例来看，相差也很悬殊。全国平均每万人中有33个研究生，而少数民族中研究生最多的民族是赫哲族，每万人中拥有比例为138人；而研究生最少的是德昂族，每万人中才拥有1个研究生，相差137倍。在这方面人口较少的民族拥有一定优势，用较少的投入就可以收到比较明显的成效。

再从少数民族平均受教育年限的数据来看，受教育年限最高的为俄罗斯族，达11.27年；而最低的为门巴族，仅为5.23年。受教育程度较高的民族还有：赫哲族、塔塔尔族、高山族、鄂伦春族、朝鲜族、鄂温克族、仫佬族等（见表6）。

表6　　2010年少数民族人口平均受教育年限　　单位：年

民族	平均受教育年限	民族	平均受教育年限	民族	平均受教育年限
壮族	8.21	傈僳族	5.96	阿昌族	7.33
回族	8.21	东乡族	5.70	怒族	6.90
满族	9.20	仡佬族	7.73	鄂温克族	10.08
维吾尔族	8.08	拉祜族	6.00	京族	9.01
苗族	7.23	佤族	6.32	基诺族	7.69
彝族	6.54	水族	6.87	德昂族	5.81
土家族	8.23	纳西族	8.50	保安族	6.79
藏族	5.40	羌族	8.03	俄罗斯族	11.27
蒙古族	9.33	土族	7.89	裕固族	8.78
侗族	7.06	仫佬族	10.01	乌孜别克族	9.97
布依族	7.95	锡伯族	8.46	门巴族	5.23

续表

民族	平均受教育年限	民族	平均受教育年限	民族	平均受教育年限
瑶族	7.74	柯尔克孜族	8.21	鄂伦春族	10.58
白族	8.20	景颇族	6.95	独龙族	6.96
朝鲜族	10.40	达斡尔族	10.06	赫哲族	10.76
哈尼族	6.46	撒拉族	6.07	高山族	10.33
黎族	8.05	布朗族	6.35	珞巴族	5.65
哈萨克族	8.76	毛南族	8.34	塔塔尔族	10.73
傣族	6.86	塔吉克族	8.00		
畲族	7.99	普米族	7.37		

资料来源：第六次全国人口普查数据。

参考文献

[1] 田雪原：在《中国民族人口》首发式上的致辞，《中国少数民族人口》2002 年第 2 期。

[2] 田雪原：《中国民族人口》（一），中国人口出版社 2002 年版。

[3] 国家统计局人口和就业统计司、国家民族事务委员会经济发展司：《中国 2010 年人口普查分民族人口资料》（上、下），民族出版社 2013 年版。

[4] 原华荣：《中国少数民族人口分布的地域性研究》，《中国少数民族人口》2012 年第 4 期。

[5] 黄荣清：《中国少数民族人口受教育状况分析》，《中国少数民族人口》2012 年第 1 期。

[6] 蔡果兰、徐世英：《中国少数民族人口的可持续发展》，科学出版社 2014 年版。

[7] 黄荣清：《中国少数民族人口研究》，民族出版社 2015 年版。

[8] 马正亮：《我国少数民族人口发展状况分析》，《贵州大学学报》2013 年第 2 期。

[9] 中国人口学会：《人口发展与经济新常态·中国人口学会年会论文集》（2015），中国人口出版社 2016 年版。

[10] 杨军昌：《西南民族人口文化研究》，中国社会科学出版社 2015 年版。

21世纪以来中国人口和社会结构的趋势性变化

李　文*

【摘　要】进入21世纪以来，中国人口呈平滑下降的惯性增长态势，少儿抚养比减小，老年抚养比相对增大，中国现在已成为世界上老年人口最多的国家。但由于家庭户人口规模减小、核心家庭和空巢家庭增多，传统的家庭养老功能大大减弱。中国已经进入城市化加速期，以农民工为主体的青壮年劳动力大量由农村流向城市，但由于城乡二元结构的制度藩篱，他们很难真正融入城市；客观上促成并加速了农村的空心化和人口老龄化、家庭空巢化。从农村劳动力中分化出来的农民工已经是中国新时期产业工人的主体；随着时代的变迁和分工的发展，新的社会阶层不断涌现，以管理人员和知识分子为主体的中间阶层不断成长壮大。但总体上社会流动并不通畅，因而中国的社会阶层结构底层过大中层过小，距离理想的两头小、中间大的橄榄形结构相差甚远。这种社会分化现象从差距不断拉大的居民收入分配结构中可以得到很好的印证。这一切表明，伴随市场经济新体制的形成，中国的社会结构变化深刻，但转型尚未完成，这对国家的社会治理和社会体制的调适是个不小的考验。

---

* 李文，中国社会科学院当代中国研究所研究员。

【关键词】21 世纪；中国；人口；社会结构；变化

中国是世界上人口最多的巨型发展中经济体，这句话完整准确地概括出了进入 21 世纪以来的中国国情：

首先，中国是世界上人口最多的国家，人口总量增长率低但基数巨大，经济发达程度有限但老年人口规模巨大，城市化水平不算高但流动人口规模巨大，这三个“巨大”是进入 21 世纪以来中国人口发展的主要态势。此外，还有令人头痛的出生性别比问题，既是难题，也是隐患。

其次，中国是一个发展中大国，这个“发展中”不但体现在经济上，也同样体现在社会上；这个“大国”不但体现在人口规模、幅员辽阔和经济规模上，也体现在地区、城乡、阶层发展的差异上和社会矛盾的复杂性上。中国进入 21 世纪以来，社会的分化和转型愈演愈烈。伴随市场化改革、产权结构调整以及社会流动性的增强，阶级阶层重组，大量新社会阶层涌现。伴随工业化、市场化的不断推进和经济结构、产业结构的迅速调整，劳动者的就业结构和就业方式发生深刻变化，分配要素多元化使全社会的贫富差距显著拉大。与之相伴随的还有城乡之间、区域之间的非均衡发展，相对贫困问题凸显。

本文拟对上述现象展开分析和讨论。

一　人口和家庭的结构性变化

中国在 20 世纪 90 年代就已经实现了人口再生产类型的转变，从高出生率、低死亡率、高增长率的“两高一低”过渡型转变为接近发达经济体的低出生率、低死亡率、低增长率的现代型，总和生育率低于更替水平。进入 21 世纪以来，人口出生率降到了 11.9‰至

14.03‰，人口自然增长率从1998年开始就一直在不断下降的个位数运行，呈平滑下降的惯性增长态势，每年新增人口700多万。年末人口数，2016年为13.83亿，比2000年增长1.15亿人。[①] 自20世纪80年代以来人口增长水平的迅速降低，很大程度上缓减了新增人口对发展成果的稀释作用（包括对资源与环境的压力）。尽管时至今日中国的经济总量已经“超日赶美”，但按人均水平衡量仍只能排在全球70名开外的相对靠后的位置。

中国20世纪80年代初推行的计划生育政策，在大大减少了新增人口规模的同时，迅速改善了人口年龄结构，由此节约下来的巨额人口抚养费用就部分地构成了所谓的“人口红利”。2010年15—59岁的人口有9.4亿，占总人口的70%，显示劳动年龄人口规模庞大，劳动力资源充足。但是从人口年龄结构的演变趋势上看，在人口出生率、妇女总和生育率下降的同时，虽然人口抚养比总体在减小，少儿抚养比减小，但老年抚养比相对增大，而且，伴随妇女总和生育率下降的是家庭户人口规模的不断缩小，2010年第六次人口普查时的家庭户人口规模为3.1人，比2000年第五次人口普查时进一步减少0.34人。从发达国家的经验来看，随着工业化和城市化水平不断提高，人口流动的增强，中国的家庭户人口规模未来会持续缩小。而这种家庭小型化的趋向也使得家庭的功能发生变化，特别是当面临人口老龄化时，传统的家庭养老功能大大削弱了。

随着人口出生率的降低和人均预期寿命[②]的不断延长，按国际通行标准[③]，中国早在20世纪末21世纪初就已经跨入了老龄

---

① 国家统计局数据库，http：//data. stats. gov. cn/easyquery. htm？cn = C01。

② 2017年9月29日国务院新闻办公室发表的《中国健康事业的发展与人权进步》白皮书指出，中国人均预期寿命从1981年的67.9岁提高到2016年的76.5岁。

③ 联合国的传统标准是一个地区60岁以上老年人达到总人口的10%，新标准是65岁老年人占总人口的7%，该地区即可视为进入老龄化社会。中国第五次人口普查数据显示，2000年，65岁以上老年人口已达8811万人，占总人口的6.96%；60岁以上人口达1.3亿人，占总人口的10.2%。

化社会的门槛，在发展中国家中较早进入老龄化社会。由于人口基数大，预期寿命较高，老龄化呈加速态势，中国目前已成为世界上老年人口最多的国家。据联合国预测①，1990—2020 年世界老龄人口年平均增长速度为 2.5%，同期中国老龄人口的递增速度为 3.3%，世界老龄人口占总人口的比重从 1995 年的 6.6% 上升至 2020 年的 9.3%，同期中国由 6.1% 上升至 11.5%，中国的增长速度和比重两方面都超过了世界平均水平。到 2020 年中国 65 岁以上老龄人口将达 1.67 亿，约占全世界老龄人口 6.98 亿的 24%，全世界 4 个老年人中就有 1 个是中国老年人。

在发展中国家，大多数老年人与自己的成年子女一起生活。这种情况在亚洲和非洲占 60 岁或以上老年人的 3/4，在拉丁美洲占 2/3，老年人独居的比率相对来说还比较低。中国自古就有“养儿防老”的传统，直到今天，农村大约仍有六成（含有子女外出打工的家庭）、城市接近半数的父母与子女共同生活。也就是说，家庭养老一直是中国的主要养老方式和养老制度；在农村，因为大多没有正规的退休制度和社会保障机制，来自子女的供养更是绝大多数父母失去劳动能力后的主要寄托。② 中国《宪法》规定，成年子女有赡养扶助父母的义务。《婚姻法》规定，父母对子女有抚养教育的义务；子女对父母有赡养扶助的义务。《老年人权益保障法》更明确规定：“老年人养老主要依靠家庭，家庭成员应当关心和照料老年人。”还规定“赡养人应当履行对老年人经济上供养、生活上照料和精神上慰藉的义务，照顾老年

---

① 联合国经济和社会事务部：《2007 年世界经济与社会概览：老龄化世界的发展》，第 13 页。

② 上海财经大学新近披露的一项大型调查结果显示，尽管农村老年人现代生活观念趋强，但“与子女同住”仍然是老年人心中的期盼。四成多农村老年人喜欢的养老方式是“与子女同住”。68.4% 的农村老年人依靠子女给予经济支持，大多数农村儿女对老年人孝道犹存。参见《2014 中国农村养老现状报告：近四成老人身边无子女养老》，中国经济网，http://district.ce.cn/zg/201504/23/t20150423_5193341.shtml。

人的特殊需要”。但是，这种养老体制正在受到家庭小型化和人口老龄化两股潮流的日益严重的冲击。尤其是对独生子女户来说，他们所要面对的可能是一个“421”家庭结构：父母4人，孩子1人，夹在中间的是不堪重负的夫妇2人。于是，越来越多的父母主动地选择了空巢或被动地走向了空巢。2000年，根据第五次全国人口普查，有65岁及以上老年人的家庭户占全国家庭户总数的20.09%（即1/5），其中空巢家庭户占22.83%，空巢家庭户中单身老人户占11.46%。这一次人口普查数据没有提供60岁及以上老年人的家庭户资料。据全国老龄办2012年的统计数据，中国城市老年人空巢家庭比例近半（49.7%）；农村老年人“空巢家庭”比例也上升很快，达到了38.3%[①]。

出生人口性别比偏高是20世纪80年代以来比较突出的问题，1980年就突破正常值的上限达到107.11，此后一路上扬，2000年第五次人口普查时为116.9，2008年达到最高值120.56。经过政府和社会各界的共同努力，从2009年开始出现掉头下行的走势，2010年第六次人口普查时为117.94。这30余年积累下来的男女性别比失调问题，将随着这批人口逐渐成年而显现出来。中国社会科学院发布的2010年社会蓝皮书指出，目前中国19岁以下年龄段的人口性别比严重失衡，到2020年，处于婚龄的男性人数将比女性多出2400万人。经测算，届时将有上千万适龄男性面临“娶妻难”的问题。而且，娶妻的难易程度会依地区的贫富程度不同而变化。近年来在某些靠近边境的地区，从邻国娶妻（多数未办理合法手续）暂时缓解了这一难题。而随着网上征婚的流行和出境旅游的便利，内地男子“进口新娘”的现象也逐渐增多。与此同时，一些不法分子拐卖妇女儿童的犯罪活动也一直暗流涌动。

---

① 吴鹏：《城市老年空巢家庭近半》，《新京报》2011年2月14日。前述上海财经大学的调查印证了同样的结果。

二 大规模的人口流动和人口迁移

改革开放以来，10多亿中国人最突出的变化，莫过于空前的波澜壮阔的就业流动。由于中国正处在城市化加速发展时期，迄今国内人口流动的大趋势是从农村流向城市、由中西部地区流向东南沿海地区。依据2005年1%抽样调查资料，14735万流动人口分布在全国所有的省（市、区），几乎找不到没有流动人口的地方。在各个省（市、区）中，河南省是流入人口占当地总人口中比例最低的地区，尽管如此，流动人口在该省常住总人口中所占比例也达到2.52%。在部分城市和经济发达地区集中了大部分流动人口。上海、广东、北京、浙江、福建等省（市）接收的流动人口占当地常住总人口比例分别高达34%、26%、23%、20%和19%。在这些省（市），平均每5个人甚至每3个人中就有1个流动人口。第六次人口普查的人口数据与第五次人口普查相比，广东在全国总人口中的比重从6.83%上升到7.79%，人口过亿。北京的比重从1.09%上升到1.46%，天津从0.79%上升到0.97%，上海从1.32%上升到1.72%，浙江从3.69%上升到4.06%。流动人口的主力军是农民工。根据国家统计局抽样调查的数据推算，2005年中国流动人口的规模是1.47亿人，占当时全国总人口的11.3%；其中外出就业的农民工约为1.2亿人，占流动人口总量的80%左右。2012年的流动人口数量为2.36亿人（相当于每6个中国人中就有1个是流动人口），农民工总量达2.63亿人，其中外出农民工1.63亿人。2016年的流动人口数量为2.45亿人，农民工总量2.82亿人，其中外出农民工1.69亿人。近年来跨省外出的农民工持续减少，但仍占流动人口总量的60%左右。

80%外出农民工要流向城镇。在中国，城镇化已是大势所趋，1990年到2000年城镇化率每年提高1个百分点，2000年到2010年每年提高1.36个百分点，说明这10年城镇化速度在加快，城镇人口在增加。2011年人口城镇化率达到51.27%，城镇人口历史性地超过农村人口。2011年以来城镇化率依然每年提高1.2个百分点以上，到2017年已经超过了58%，但是被统计进城镇人口总量的流动人口中多数还保留着农村户口，属于“被城市化”人口。中共十六大以来逐渐形成新型城镇化的新思路，力图通过改革户籍制度有序地解决“被城市化”人口的市民化问题。不过迈出这一步并不容易，因为在中国，户籍是城乡二元体制的核心所在，附着在上面的是一整套不平等的社会福利待遇，被纳入城镇常住人口统计的农民工及其家属在就业、教育、医疗卫生、保障性住房等方面与城镇户籍居民相差甚远。取消户籍排斥，意味着对流动人口要实行属地化管理，实现基本公共服务均等化。考虑到流动人口的数量和各地的承受能力，为防止出现一些国家城市化进程中的“贫民窟”现象，这样的改革需要经历一个渐进的过程。根据2014年出台实施的国家新型城镇化规划，2020年以前促进1亿人农业转移人口落户城镇，引导1亿人在中西部地区就近城镇化，改造约1亿人居住的城市棚户区和城中村，这就是时下人们常说的“三个1亿人”城镇化方案。这“三个1亿人”，前两个“1亿人”的主体都是农民工，后一个“1亿人”中相当一部分也是农民工。

以农民工为主体的人口流动是一种由农村向城镇的单向流动，本质上属于农村剩余劳动力转移，而且这些劳动力绝大多数是男性青壮年劳动力，这些青壮年人口大量流出在很大程度上促成并加速了农村的空心化和人口老龄化、家庭空巢化。他们大多在城里无力购房，租房居住，其在农村的住房却大量处于空置状态，留在乡下的是分别达数千万的老年人口、妇女和儿童。《农民日报》2012 年 3 月 31 日的一篇报道称，在农村人口中，留守儿童、留守老人、留守妇女分别达到 5000 万人、4000 万人、4700 万人。[①] 而全国妇联发布的《全国农村留守儿童、城乡流动儿童状况研究报告》显示，根据 2010 年第六次全国人口普查资料推算，农村留守儿童就有 6102.6 万人，占所有农村儿童比例达 37.7%，占全国儿童的比例为 21.9%。与 2005 年全国 1% 抽样调查估算数据相比，5 年间全国农村留守儿童增加约 242 万人，增幅为 4.1%。[②] 农村老年人的养老问题、农民工的家庭生活和妇女发展问题，以及留守儿童的抚养、教育和成长问题，同样是中国城市化进程中亟待破解的难题。值得指出的是，近年来伴随新型城镇化的有力推进，农村留守人口已在持续减少，据民政部摸底排查，2016 年农村留守儿童已经减少到 902 万人。[③] 或许此前的估算水分很大，但是显然已经出现了显著的变化。

20 世纪 90 年代中后期，中国流动人口开始涉足国外劳务市场。2001—2010 年，由国家专业公司和地方公司派出的对外承包工程人数共计 190.16 万人，对外劳务合作人数 446.07 万人，总计对外输出劳动力达 636.23 万人。[④] 联合国 2017 年公布的一份调查报告显示，中国的海外务工人数可能将近 1000 万。外派劳工对国内的汇款总额达 610 亿美元（约 4000 亿元），居全球第二。前来中国投资、经商、留学、交流的外国人士也逐年增多。截至 2010 年底，在中国境内短期和长期居留的外籍人员已超过 102 万人。[⑤] 最新的数据显示，截至 2016 年，中国常住外国人口

---

① 刘强：《农村空心化难题待解》，《农民日报》2012 年 3 月 31 日。

② 全国妇联课题组：《全国农村留守儿童、城乡流动儿童状况研究报告》2013 年第 6 期。

③ 中国商情网，http：//www. askci. com/news/life/20161110/15580076216. shtml。

④ 《中国贸易外经统计年鉴》（2011），中国统计出版社 2011 年版。转引自胡伟略《论中国劳动力人口对外输出问题》，《山东社会科学》2013 年第 4 期。

⑤ 王辉耀、刘国福主编：《中国国际移民报告（2012）》，转引自千人计划网，http：//www. 1000plan. org/qrjh/article/24918？page = 120171112。

达到80万人，非法滞留外国人数量超100万人，留学生数量44万人，获得中国“绿卡”外国人为11000人，外国人在部分城市已经形成聚居区。①

在国内，除了上述常态化的人口流动以外，还有大量的工程移民和生态移民。三峡工程的移民工作持续18年之久，至2010年宣告结束，共安置移民139.76万人。南水北调一期工程涉及搬迁人口约44万人，生产安置人口57万人。2012年9月湖北省丹江口水库18万移民搬迁安置工作全面完成，也标志着南水北调中线库区34万移民搬迁全部结束。据水利部统计，截至2011年，我国先后兴建了8.6万多座水库，其中大中型水库和水电站5000余座，享受后期扶持政策的移民2365万人，加上小水库移民，全国共有4000多万库区移民。水库移民问题已成为事关水利水电事业可持续发展、事关库区社会稳定的重大民生问题和社会问题。生态移民是帮助生态环境恶劣地区居民脱离贫困的重要途径，同时也是维护人口承载水平脆弱地区生态环境可持续的重要手段。1983年的“三西吊庄移民”开了移民扶贫的先河。2001年，在内蒙古、贵州、云南、宁夏4省（自治区）开展易地扶贫搬迁试点，随后又陆续扩大到全国17个省（自治区、直辖市）。2003年，为保护三江源地区生态环境而实施的第一个生态移民工程——玛多县扎陵湖乡退牧还草生态移民工程开始在青海实行。此后，国家发展改革委设立了中央预算内投资专项支持易地扶贫搬迁，形成了稳定的投入渠道，资金支持总量和户均补助标准逐步增加。在国家易地扶贫搬迁工程的示范带动下，陕西、重庆等省市结合当地实际，统筹各方资源，实施生态移民、避灾搬迁等搬迁工程。如2011年，计划历时10年、投资逾千亿元，被称为新中国成立以来“搬迁之最”的“陕南地区移民搬迁

① 网易新闻，http：//3g.163.com/dy/article/D1BPTJJM0516EPV7.html/20180304。

安置”和“陕北白于山区扶贫移民搬迁”工程正式启动，分别涉及搬迁居民 240 万人和 39.2 万人，规模几乎两倍于三峡库区移民。[①] 2001 年至 2015 年，全国累计安排易地扶贫搬迁中央补助投资 363 亿元，支持地方搬迁贫困群众 680 多万人。下一步，计划再实施近千万人的贫困人口异地搬迁任务。[②]

同一时期，中国居民出国留学、移居海外的也越来越多。中国目前是世界上最大的留学生生源国，据教育部统计，改革开放 40 年来，各类出国留学人员累计已达 519 万人，学成回国 313 万人，目前有逾 145 万人正在国外进行相关阶段的学习和研究。同期中国在国际移民输出排行榜上同样位居前列，也是世界上接受侨汇最多的国家。中国社会科学院 2017 年发布的《全球政治与安全》报告显示，中国目前已成为世界上最大的移民输出国，海外侨胞的数量已超过 4500 万人，绝对数量稳居世界第一。

三　职业分类和阶层分化

（一）改革开放以来至 21 世纪初的职业细分

在开放的市场经济环境下，就业结构会随着产业结构的转换不断调整。与此同时，科技进步和产业升级，以及市场化和社会化的相互促进，导致社会分工越来越细，人们的职业结构也会发生频繁的变动。这一点在改革开放以来的中国表现得非常突出。1999 年出台的《中华人民共和国职业分类大典》（以下简称《大典》）突破了过去以行业管理机构为主体，以归口部门、单位甚

---

① 王乐文：《陕西启动大规模生态移民工程》，《人民日报》2011 年 2 月 22 日。

② 国家发展改革委：《中国的易地扶贫搬迁政策》，2018 年 3 月。

至用工形式来划分职业的传统模式，采用了以从业人员工作性质的同一性作为职业划分标准的新原则，首次对全社会的职业进行了科学规范的划分和归类，全面反映了中国改革开放以来的社会职业结构。1999 年版《大典》把中国的职业划分为由大到小、由粗到细的大类（8 个）、中类（66 个）、小类（413 个）、细类（1838 个）四个层次。细类为最小类别，亦即职业。8 个大类分别是：

第一大类：国家机关、党群组织、企业、事业单位负责人，其中包括 5 个中类、16 个小类、25 个细类；

第二大类：专业技术人员，其中包括 14 个中类、115 个小类、379 个细类；

第三大类：办事人员和有关人员，其中包括 4 个中类、12 个小类、45 个细类；

第四大类：商业、服务业人员，其中包括 8 个中类、43 个小类、147 个细类；

第五大类：农、林、牧、渔、水利业生产人员，其中包括 6 个中类、30 个小类、121 个细类；

第六大类：生产、运输设备操作人员及有关人员，其中包括 27 个中类、195 个小类、1119 个细类；

第七大类：军人，其中包括 1 个中类、1 个小类、1 个细类；

第八大类：不便分类的其他从业人员，其中包括 1 个中类，1 个小类、1 个细类。

从职业结构看，1999 年版《大典》中的职业分布有三个特点：①技术型和技能型职业占主导。占实际职业总量的 60.88% 的职业分布在“生产、运输设备操作人员及有关人员”这一大类，分属工业生产的各个主要领域，工作内容以技术型和技能型操作为主。②第三产业职业比重较小，仅占实际职业总量的 8% 左右。三大产业中的职业分布，以第二产业的职业比重最大。

③知识型与高新技术型职业较少。现有职业结构中，属于知识型与高新技术型的职业数量不超过总量的 3%。事实上，新职业的诞生和增加在知识型和高新技术型的新兴产业中尤其明显。如介于传统的“白领”和“蓝领”之间，主要集中在信息产业、设计产业和汽车技术行业的“灰领”阶层，就从事着电子工程师、软件开发工程师、装饰设计工程师、绘图工程师、喷涂电镀工程师、电子商务员、多媒体作品制作员、计算机程序设计员、计算机网络技术人员、网页设计与制作员、数码影像技术人员、工业产品造型设计员、集成电路版图设计员、室内装饰设计员、首饰设计员、印前制作人员、汽车维修高级技师等为数众多的新兴先导性职业。有鉴于这一情况，自 2004 年以来，劳动和社会保障部[①]每年都会公布两三批新职业。截至 2007 年 4 月，中国共有职业 1989 个。[②]

（二）职业结构与社会分层

总体上看，中国新时期职业变化的两个新的特点是非常明显的，一是更新换代加快，二是呈现不断细分的趋势。一些传统产业中的职业趋向萎缩，一些领域中的职业不知不觉消失了，一些员工会因此失去就业岗位。一些职业的内涵发生了变化，如保姆变成了家政服务员，理发员变成了美发师，等等。一些职业则不断细化，如企业管理人员中的董事长、总经理、首席执行官（CEO）、部门经理、项目经理等。一些新兴产业则在不断衍生出新的职业，如上述复合型人才比较集中的岗位。从趋势上看，随着社会的进步，以服务业为主体的第三产业正在以社会需求为导向催生出越来越多的新职业。

---

① 2008 年后与人事部合并，改称人力资源和社会保障部。

② 叶紫：《中国又添 10 个新职业　职业总数达 1989 个》，《人民日报》（海外版）2007 年 4 月 26 日。

表 1　　1982—2010 年中国各主要职业群体结构变化　　单位:%

职业	1982 年	1990 年	2000 年	2010 年
1. 国家机关、党群组织、企业、事业单位负责人	1.56	1.75	1.67	1.77
2. 专业技术人员	5.07	5.31	5.70	6.84
3. 办事人员和有关人员	1.30	1.74	3.10	4.32
4. 商业、服务业人员	4.01	5.41	9.18	16.17
5. 农、林、牧、渔、水利业生产人员	71.98	70.58	64.46	48.13
6. 生产、运输设备操作人员及有关人员	15.99	15.16	15.83	22.49
7. 不便分类的其他从业人员	0.09	0.04	0.07	0.10
总计	100.00	100.00	100.00	100.00

注：表中总计因四舍五入关系，可能不等于100%，属合理误差。下同。

职业结构是社会分层的基础性因素。上述职业结构的变迁，显示中国改革开放以来社会分层上最大的变化就体现在农民阶层和产业工人阶层此消彼长上面，这是产业结构相对比较均衡的条件下（有别于计划经济时期）工业化推进的正常结果。如表 1 所示，1982—2010 年，7 种主要职业群体中第 5 类的农、林、牧、渔、水利业人员比重从 71.98% 下降到 48.13%，减少 23.85 个百分点，第 6 类的生产、运输设备操作人员及有关人员从 15.99% 增加到 22.49%，提高 6.5 个百分点。第 6 类人员的比重上升速度远不及第 5 类人员的比重下降速度，这是因为同一时期第三产业有了较快的发展，相当数量的第 5 类人员和第 6 类人员中的下岗职工流入了第 4 类职业，第 2 类和第 3 类职业所占的比重也有一定程度的增长，第 1 类和第 7 类人员的比重则变化不大。这一变化显示该时期中国的城市化有了长足的进步，工业化进入了新的阶段。但如前所述，在现有的职业结构中第 5 类职业就业的人数依然占接近一半的比重，并且在这个职业门类中九成以上是种植业生产人员，表明中国的农业现代化水平还很低，人口城镇化任重道远。同时要注意到这个时期农村劳动力兼业化的特点以及年龄结构、性别结构上的变化[1]。而说到人口城镇化，从户籍上看，中国城市里相当数量的产业工人和商业、服务业人员是带着农业户口的农民工（而且是以青壮年劳动力为主，男性居多）。改革开放之前城市里的职工几乎是清一色的市民（非农业户籍人员），改革开放以来先是农民发生了分化，“自从有了乡镇企业，就有了离土不离乡的农民工（农民身份的工人）。1992 年后，大量的农民涌进城市，他们是离土又离乡的农民工。据统计，2008 年，全国共有 2.25 亿农民工，其中在本乡镇范围内就业的农民有 8500 万，离土不离乡的占 37.7%；在本乡镇以外就业、离土又离乡的农民共有 1.4 亿人，占 62.3%。4 亿多从事二、三产业的蓝领员工中，农民工已经占多数，在建筑、矿业、环保、纺织、服装、玩具、餐饮服务等行业中，农民工占大多数或绝大多数”。[2] 需要特别指出的是，农民工是产业工人和商业、服务业就业人员中的一个特殊的社会阶层，他们不单带着农业户口，而且大多数在同样的单位接受着有别于本地非农户口就业人员的薪酬和待遇。这一差别所产生的效应在劳动密集型的行业和商业、服务业领域被成倍地放大了，在那里他们变成了几乎可以无限供给的廉价劳动力，中国因此才成了所谓的“世界工厂”。

中国改革开放以来社会分层上另一个大的变化体现在涌现出一些新的社会阶层，包括民营科技企业的创业人员和技术人员、受聘于外资企业的管理技术人员、个体户、私营企业主、中介组织的从业人员和自由职业人员等。新社会阶层中许多人是从工人、农民、干部和知识分子中分离出来的，以知识分子居多，主要集中在非公有制领域，收入较高但职业和身份具有较大不稳定

---

① 李文：《改革以来农户的兼业化发展及其原因分析》，《当代中国史研究》2013 年第 2 期。

② 陆学艺：《中国社会阶级阶层结构变迁 60 年》，《北京工业大学学报》2010 年第 3 期。

性。据中共中央统战部估计，21 世纪初，新社会阶层人数大约有 5000 万，加上在相关行业的所有从业人员，总人数约 1.5 亿，他们掌握或管理着 10 万亿元左右的资本，使用着全国半数以上的技术专利，并直接或间接贡献着全国近 1/3 的税收，每年吸纳着半数以上新增就业人员，已成经济和社会发展的重要力量，并具有不断扩大的趋势。[①]

新社会阶层的崛起壮大了以管理人员和知识分子为主体（即所谓“白领”）的中间阶层。但从总体上看，中国的社会阶层结构还是底层过大中层过小，距离理想的两头小、中间大的橄榄形结构还相差甚远。尽管已经出现了下层缩小、中层扩大的趋势，但[②]由于户籍制度横亘在其间，城乡基本是两个不同的社会分层体系，中间阶层主要在城市，农民工处于不城不乡的尴尬状态，中国要塑造一种全新的现代化的社会阶层结构还有很长的路要走。城市化和教育事业的发展是社会中间阶层成长壮大的助推器。2010 年，中国各职业受教育年限最高的是专业技术人员，约为 13.4 年；其次是办事人员和有关人员，为 12.5 年，受教育程度最低的是农、林、牧、渔、水利业生产人员，平均受教育年限仅为 7.7 年，还不到初中受教育水平。然而，由于城乡二元结构尚未破除，客观存在的城镇化困境和城乡教育分割造成个人发展机会不平等，阻滞了正常的社会流动，中国一定程度上存在阶层固化现象。[③]

---

① 陈喜庆：《新的社会阶层尚需健康发展》，《人民日报》2007 年 2 月 16 日。

② 白天亮：《8 亿就业人口：农林牧渔仍为中国第一大职业》，《人民日报》2013 年 3 月 27 日。

③ 社会上越来越多的“官二代”“富二代”“穷二代”以及所谓“拼爹”现象就是阶层固化的客观反映。这方面的讨论可参阅白天亮、曲哲涵《社会底层人群向上流动面临困难》，《人民日报》2010 年 9 月 16 日；赵永平《农村孩子为何不愿跃“龙门”》，《人民日报》2013 年 5 月 26 日。

（三）2015 年新版《中华人民共和国职业分类大典》显示的职业变动现状和趋势

如前所述，2005 年后连续 3 年，有关部门对 1999 年版的《中华人民共和国职业分类大典》进行了增补，但仍无法准确客观地反映当前职业领域的变化，相关部门、行业组织、劳动者对此反映强烈。针对这一情况，2010 年底，人力资源和社会保障部会同国家质检总局、国家统计局牵头成立了国家职业分类大典修订工作委员会，启动修订工作，历时 5 年，7 易其稿，形成新版《中华人民共和国职业分类大典》（以下简称新版《大典》。新版《大典》充分考虑我国社会转型期社会分工的特点，将 1999 年版单纯以“工作性质同一性”分类调整为以“工作性质相似性”为主，以“技能水平相似性”为辅进行分类。新版《大典》延续职业分类的大类、中类、小类和细类结构，细类是最基本的类别，即职业。调整后的职业分类结构为 8 个大类、75 个中类、434 个小类、1481 个职业。与 1999 年版相比，维持 8 个大类不变，增加 9 个中类、21 个小类，减少 547 个职业（新增 347 个职业，取消 894 个职业）。新增职业包括“网络与信息安全管理员”“快递员”“文化经纪人”“动车组制修师”“风电机组制造工”等。取消职业包括“收购员”“平炉炼钢工”“凸版和凹版制版工”等。

2015 年新版《大典》对 1999 年版《大典》中各类别的内容进行了修订，一些类别的名称也做了更改，具体情况是：

（1）第一大类名称修订为“党的机关、国家机关、群众团体和社会组织、企事业单位负责人”。修订后的第一大类包括 6 个中类、15 个小类、23 个职业。与 1999 年版相比，增加 1 个中类，减少 1 个小类、2 个职业，并对部分类别名称和职业描述进行了调整。

（2）第二大类名称为“专业技术人员”，维持原大类名称不变。修订后的第二大类包括 11 个中类、120 个小类、451 个职业。与 1999 年版相比，减少 3 个中类，增加 5 个小类、11 个职业。

（3）第三大类名称为“办事人员和有关人员”，维持原大类名称不变。修订后的第三大类包括 3 个中类、9 个小类、25 个职业。与 1999 年版相比，减少 1 个中类、3 个小类、28 个职业。

（4）第四大类名称修订为“社会生产服务和生活服务人员”，包括 15 个中类、93 个小类、278 个职业。与 1999 年版相比，增加 7 个中类、50 个小类、81 个职业。

（5）第五大类名称修订为“农、林、牧、渔业生产及辅助人员”，包括 6 个中类、24 个小类、52 个职业。与 1999 年版相比，中类维持不变，减少 6 个小类、83 个职业。

（6）第六大类名称修订为“生产制造及有关人员”，包括 32 个中类、171 个小类、650 个职业。与 1999 年版相比，增加 5 个中类，减少 24 个小类、526 个职业。

（7）第七大类和第八大类沿用 1999 年版《大典》做法，维持原大类名称及内容表述不变。

从上述修订情况看，第一大类对具有决策和管理权的社会职业依组织类型、职责范围的层次和业务相似性、工作的复杂程度和所承担的职责大小等进行划分与归类，社会组织的地位有所凸显；第二大类中的职业分类修订除遵循职业分类一般原则和技术规范外，还着重考量职业的专业化、社会化和国际化水平；第三大类的职业分类修订主要依据我国公共管理与社会组织中从业者的实际业态进行，其公共管理、企事业管理等领域行政业务、行政事务属性得到重点强化；第四大类做出的修订特别关照了新兴服务业的社会职业发展；第五大类的修订体现了农、林、牧、渔业生产环境、生产技术和产业结构的变化，现代农业生产领域中生产技术应用、生产分工与合作的现状；第六大类突出了工艺技术、工具设备、主要原材料、产品用途和服务与技能等级水平的相似性。上述这几大类别的变动表明，在全球新一轮科技革命和产业变革中，在我国加快推进新型工业化、信息化、城镇化和农业现代化的过程中，许多领域的职业技术正在发生并且将继续发生变化，社会职业结构也会随之而变，相应地人口的社会分层也会发生不断的变动。比如，今后一个时期，人工智能将会带来的就业情况和职业情况的变化将广受社会的关注，其也将对社会分层造成极为深刻的影响。

四　收入分配与社会分化

21 世纪初以来，中国的社会分层现象在居民收入分配结构中得到了很好的印证。以 2010 年城镇单位分行业就业人员平均工资水平的位次为例，受不同职业人力资本水平、劳动水平以及所在产业层次的影响，19 个行业的平均工资水平由高到低依次为：金融业，信息传输、计算机服务和软件业，科学研究、技术服务和地质勘查业，电力、燃气及水的生产和供应业，采矿业，文化、体育和娱乐业，交通运输、仓储和邮政业，卫生、社会保障和社会福利业，租赁和商务服务业，教育，公共管理和社会组织，房地产业，批发和零售业，制造业，居民服务和其他服务业，建筑业，水利、环境和公共设施管理业，住宿和餐饮业，农、林、牧、渔业。而且，进入门槛越低、市场竞争越充分、要求技术水平越低的行业，从业者的工资水平越低；反之，垄断性越强、进入门槛越高、要求技术水平越先进的行业，从业者的工资水平越高。排在第 1 位的金融业和排在第 2 位的信息传输、计算机服务和软件业的从业人员工资水平分别是平均水平（36539 元）的 1.92 倍和 1.76 倍，是排在末端的农、林、牧、渔业从业人员工资水平的4.20倍和3.85倍。2016年信息传输、软件和信息技术服务业年平均工资水平首次超过金融业，排在各行业门类首位，金融业工资水平则退居次席。从最近几年的统计数据看，随着创新驱动发展战略深入实施，一些新材料产业和装备制造业行业平均工资增长不仅高于全部行业的平均增幅，也超出本行业上年同期增幅。同时，随着现代服务业的蓬勃发展，相关行业工资增幅大多高于平均增幅。这些数据表明中国当前的职业结构与社会分层（包括社会各阶层的经济地位）之间具有较高的吻合度。此外，不同职业工资上的差距还受生产资料所有制的影响，总体上私营单位从业人员的工资水平比较低，2012年全国私营单位平均工资仅为非私营单位的61.5%，2016年是63.3%。

当然，在中国，工资差异并不足以解释居民收入差距，因为工资性收入之外还有大量的非工资性收入，如经营性收入、财产性收入、转移性收入等。随着农民工规模的扩大和收入的提高，工资性收入在收入构成中的比重总的趋势是城镇居民有所降低，农村居民逐步增加。如果将工资性收入和非工资性收入加在一起比较，这个时期城乡居民收入的差距至少在2010年以前仍在扩大，城镇居民可支配收入与农村居民纯收入之间的比例从2002年的3.11扩大到了2009年的3.33；2010年以来逐渐缩小，2016年降低到2.72，依然是世界上城乡居民收入差距最大的国家之一。[①] 要知道城镇居民可支配收入主要用于消费和储蓄，而农村居民纯收入部分还要用于扩大再生产。

用于衡量居民收入差距的常用指标是基尼系数。国家统计局公布的2003年以来中国居民基尼系数显示，2004年最低，为0.473，2008年和2009年达到高点，分别为0.491和0.490，

---

① 2005年，国际劳工组织的数据显示，绝大多数国家的城乡人均收入比都小于1.6，只有三个国家超过了2，中国名列其中。而美、英等西方发达国家的城乡收入差距一般是在1.5左右。

2012 年回落到 0.474，2016 年是 0.465，仍在国际警戒线上徘徊。“接近 0.5 的基尼系数可以说是一个比较高的水平，世界上超过 0.5 的国家只有 10% 左右；主要发达国家的基尼系数一般都在 0.24 到 0.36。”① 按收入分等统计，高低收入组之间的居民收入差距较大。2010 年，城镇居民家庭中 20% 高收入组的人均可支配收入与 20% 低收入组的收入之比达 5.4∶1；农村居民高低收入组人均纯收入之比为 7.5∶1，表明高低收入组之间的收入差距悬殊。2000—2014 年，中国城镇居民家庭中 20% 高收入组的人均可支配收入与 20% 低收入组的收入差距由 3.6 倍扩大到 5.5 倍，十几年间扩大了 1.9 倍；同期农村居民家庭中 20% 高收入组与 20% 低收入组的收入差距也从 6.47 倍扩大到 8.65 倍，十几年间扩大了 2.18 倍。需要指出的是，中国是个大国，地区发展极不平衡，人均收入相差最大的莫过于东部的城镇居民收入水平与西部的农村居民收入水平。收入最高的人口大多集中在东部大城市中，收入最低的人口则主要生活在西部荒凉的农村。

还需要指出的是，中国居民具体的收入情况可能远比官方统计的情况复杂得多。由于体制上的一些缺陷，在上述公开的账面收入之外，还有数额巨大的难以具体统计的隐性收入，包括账外存在的个人福利、隐性财产收入、灰色收入和黑色收入等。相关研究表明，隐性收入主要发生于城镇，职级或收入越高的阶层获取隐性收入的渠道越多，数额越大，而且前些年隐性收入的增长速度一度有所加快。于是就加剧了贫富分化的“马太效应”。中国金融市场本来就不发达，个人投资渠道较窄，贫富分化助长了人们的投机心理，投机又助长了贫富分化。这些年一线城市房价猛涨，让那些炒房客赚得盆满钵溢，普通工薪阶层自然不会有这样的机会。隐性收入因素的存在，一方面会诱导人们一窝蜂地不

① 冯华：《贫富差距到底有多大?》，《人民日报》2015 年 1 月 23 日。

现实追求，另一方面也会激起一些人的“仇富”心理，特别是由于一些官员的腐败引起的“仇官”心理。中共十八大以来践行从严治党，腐败蔓延势头得到有效遏制，收入分配制度的改革也加大了力度，隐性收入问题有了比较明显的好转。

总之，中国虽然经济体量已经很大，位居世界第二，但是人均 GDP 仍低于世界平均水平，这方面的最新排名是美国第 5 名，中国第 70 名。从社会结构上看，中国仍处在现代化转型期。中国目前的发展水平大致相当于 20 世纪 70 年代的美国、80 年代的日本、90 年代后期的韩国。中共十九大设定了 2035 年基本实现现代化的阶段性目标，为此要重点解决发展不平衡不充分的问题，实现这一目标面临的难题还很多。未来几十年，社会建设的艰巨任务，社会结构的深刻调整，信息技术的广泛渗透，整个社会的快速转型，都对当代中国的社会治理构成新挑战，提出新要求。

论新型家庭人口文化[①]

吕红平[*]

【摘　要】新型家庭人口文化是适应于我国文化建设和人口计生工作重点转移，在家庭文化、人口文化等概念基础上提出来的一个新概念。其核心理念是人格独立、平等和谐、幸福发展；其基本内容主要包括计划生育、优生优育、男女平等、夫妻和睦、尊老爱幼、代际和谐、勤俭持家、健康生活、以邻为友、团结互助。建设新型家庭人口文化是落实中央一系列文化建设精神的需要，是提升家庭发展能力的需要，是建设和谐幸福家庭的需要。构建新型家庭人口文化，一要立足家庭，大力弘扬主流文

* 吕红平，河北大学人口研究所教授，博士生导师。

① 本文是在国家人口和计划生育委员会2011年立项课题“家庭人口文化体系建设研究”（笔者为课题主持人）研究报告基础上修改而成的。作为一名受益于中国社会科学院学部委员、著名人口学家田雪原研究员的人口学者，受“田雪原学部委员八秩华诞纪念文集编委会”之邀，完成这样一篇文章，是受田老师人口文化研究启发的结果。田老师长期致力于人口学研究，对中国人口学科的建设和发展做出了非常突出的贡献，人口文化研究即是由田老师倡议并创建的一个学科。人口文化，是从人口过程的视角，根据中国人口学学科发展的需要，对人口过程进行的文化学意义上的研究，为解释中国人口发展各个方面的内在原因，提供了一种新的视角和分析框架。在日益注重家庭、注重家庭发展、注重家庭文化的新时代，笔者沿着田老师的人口文化研究思路，对家庭人口文化做了研究。本文即是对家庭人口文化研究的集中体现。

化；二要培养能力，努力发展家庭人口文化；三要遵循文化发展规律，注重家庭人口文化建设效果；四要强化社会舆论作用，构建有利于新型家庭人口文化发展的舆论环境；五要组织创优争先活动，重视先进典型的引领作用。

【关键词】 家庭文化；家庭人口文化；家庭发展；家庭和谐与幸福

随着我国经济社会发展水平的快速提高，对文化建设和文化发展的重视程度越来越高。党的十七大报告提出了“推动社会主义文化大发展大繁荣”的新要求，党的十七届六中全会提出了“努力建设社会主义文化强国”的新目标。党的十八大报告提出了经济建设、政治建设、文化建设、社会建设、生态文明建设五位一体的总体布局，并且强调“扎实推进社会主义文化强国建设”，“建设社会主义文化强国，必须走中国特色社会主义文化发展道路”。党的十九大报告则进一步指出，“文化是一个国家、一个民族的灵魂。文化兴国运兴，文化强民族强。没有高度的文化自信，没有文化的繁荣兴盛，就没有中华民族伟大复兴。要坚持中国特色社会主义文化发展道路，激发全民族文化创新创造活力，建设社会主义文化强国”。这一系列内容都意味着，我国已经进入了高度重视文化发展的新时代。

家庭是社会的细胞，也是生育的基本单位，家庭生育行为是影响宏观人口发展目标的基本前提。生育行为一般受生育观念的主导和支配，生育观念是生育文化的重要组成部分，生育文化是人口文化的基本内容。家庭人口文化作为人口文化的组成部分和微观表现，不仅是协调家庭关系、维护家庭和睦、保障家庭幸福、促进家庭发展的重要因素，也是维持社会和谐、提高社会福利、增强社会活力、促进社会可持续发展的重要基础。

习近平总书记高度重视家庭问题，2015 年 2 月 17 日，在

2015年春节团拜会上的讲话中，就充分肯定了“中华民族自古以来就重视家庭、重视亲情”“家和万事兴”等优秀传统文化观念，明确要求“重视家庭建设，注重家庭、注重家教、注重家风”“使千千万万个家庭成为国家发展、民族进步、社会和谐的重要基点”。2016年12月12日，习近平总书记在会见第一届全国文明家庭代表时的讲话中又强调指出：“家庭是社会的细胞。家庭和睦则社会安定，家庭幸福则社会祥和，家庭文明则社会文明。”并且还阐述了“千家万户都好，国家才能好，民族才能好”与“国家好，民族好，家庭才能好”的辩证关系，以及“希望大家注重家庭、注重家教、注重家风”，再一次充分肯定了中华民族传统家庭美德的价值和意义，同时也反映出建设新时代家庭人口文化的意义。这一论题服务现实，意义深远。

一　新型家庭人口文化的内涵和内容

新型家庭人口文化是适应于我国文化建设和人口计生工作重点转移，在家庭文化、人口文化等概念基础上提出来的一个新概念。这一概念，既有别于生育文化，又与生育文化有着密切联系；从其与人口文化的关系来说，它是人口文化的一个分支，也可视为微观领域的人口文化。研究新型家庭人口文化的概念和内容，是构建新型家庭人口文化的重要基础，更是增进家庭关系和谐、促进家庭发展的基本保障。

（一）文化

据专家考证，“文化”是中国语言系统中古已有之的词汇。“文”的本义，是指各色交错的纹理。《易·系辞下》载：“物相杂，故曰文。文不当，故吉凶生焉。”① 在此基础上，“文”还可以引申为包括语言文字在内的各种象征符号，进而具体化为文物典籍、礼乐制度；由伦理之说还导出彩画、装饰、人为修养之义，与“质”“实”相对。《论语·雍也》则称：“质胜文则野，文胜质则史。文质彬彬，然后君子。”② 在前两层意义之上，更导出美、善、德行之义。“化”，本义为改易、生成、造化，如《易·系辞下》写道：“男女构精，万物化生。”③ 归纳以上诸说，“化”，指的是事物形态或性质的改变，还可以引申为教行迁善之义。

“文”与“化”并联使用，较早见之于《易·贲》：“观乎天文以察时变，观乎人文以化成天下。”④ 这里的“天文”，亦即天道自然规律；“人文”，是指人伦社会规律，即社会生活中人与人之间纵横交织的关系，如君臣、父子、夫妇、兄弟、朋友等。这段话是说，治国者须观察天文，以明了时序之变化；观察人文，使天下之人均能遵从文明之礼仪，行为止其所当止。“人文”与“化成天下”紧密联系，“以文教化”的思想已十分明确。

“文”与“化”合成一个词汇，始于西汉。《说苑·指武》：“圣人之治天下也，先文德而后武力。凡武之兴，为不服也。文化不改，然后加诛。”这里的“文化”，或与天造地设的自然相对应，或与无教化的“质朴”“野蛮”相对应，显示出“以文教化”的“文化”本义，含有陶冶人的性情、教养人的品德的意思，属于精神领域之范畴。

在西方，“文化”一词源于拉丁文 cultura，原意是指农耕活动以及对植物的培育。15 世纪以后，逐渐引申使用，把对人的品德和能力的培养也称为文化。

---

① 陈戍国点校：《四书五经》第 2 版，岳麓书社 2002 年版，第 105 页。
② 陈戍国：《论语译注》第 2 版，中华书局 1980 年版，第 61 页。
③ 陈戍国点校：《四书五经》第 2 版，岳麓书社 2002 年版，第 203 页。
④ 陈戍国点校：《四书五经》第 2 版，岳麓书社 2002 年版，第 160 页。

在近代，给“文化”一词下明确定义的，首推英国人类学家 E. B. 泰勒。他在 1871 年出版的《原始文化》一书中对文化做出如下定义：“文化，或文明，就其广泛的民族学意义来说，是包括全部的知识、信仰、艺术、道德、法律、风俗以及作为社会成员的人所掌握和接受的任何其他的才能和习惯的复合体。”①

随着时间的流变，“文化”已经发展成为一个内涵丰富、外延宽广的多维概念，成为众多学科探究、阐发、争鸣的对象，以至于不少哲学家、社会学家、人类学家、历史学家和语言学家等，都力求从各自学科的角度对文化的概念做出界定，但迄今为止，仍没有归纳出一个令世人满意的定义。

结合以上定义，可以笼统地说，文化是一种社会现象，是人类在实践过程中创造的产物；文化又是一种历史现象，是社会历史长期积淀的结果。

人们常常从两个层次上理解文化：第一，广义文化，指人类在社会历史发展过程中所创造的物质财富和精神财富的总和，特指精神财富。广义文化着眼于人类与一般动物、人类社会与自然界的本质区别，以及人类存在于自然界的独特方式。其涵盖面非常广泛，一般认为包括四个层次：一是物态文化，由物化的知识构成，是人类物质生产活动及其产品的总和，是可以感知的、具有物质实体的文化事物；二是制度文化，指人类在社会实践中建立的各种社会规范，主要包括社会制度、经济制度、政治制度、婚姻制度、家庭制度等；三是行为文化，指人际交往中约定俗成的以礼俗、民俗、风俗等形态表现出来的行为模式，一般见之于日常生活之中，具有鲜明的民族、地域特色；四是观念文化或心态文化，指人类在社会意识活动中孕育出来的价值观念、审美情趣、思维方式等主观因素，相当于通

① ［英］爱德华·泰勒：《原始文化》，连树声译，上海文艺出版社 1992 年版，第 1 页。

常所说的精神文化、社会意识等概念，包括社会心理和社会意识形态[①]，是文化的核心部分。

第二，狭义文化，指意识形态以及人类创造的精神财富，包括宗教、信仰、风俗习惯、道德情操、学术思想、文学艺术、科学技术、各种制度等。狭义文化排除了人类社会—历史生活中的物质创造活动及其结果，专注于精神创造活动及其成果。

本研究涉及的新型家庭人口文化中的文化概念采用狭义文化的口径。

（二）家庭文化

按照王继华在《家庭文化学》中的说法，“家庭文化是一个由多重的社会文化现象、伦理现象和多重的复合要素构成的具有时代活力的生命体，其表象背后深层的文化心理结构……深度影响着家庭和社会的文化取向……对重塑人性美德、提升精神信仰、促进社会文明起着至关重要的作用”[②]。笔者在这一观点的基础上认为，家庭文化是人们在家庭生活中形成和发展起来的较为稳定的价值观念，以及以此为核心而形成的家庭风尚、思维方式、生活态度、行为规范、生活习惯、道德规范、为人之道等，涵盖了人们对婚姻、生育、抚养、教育、赡养、健康、生产、消费、情感交流、休闲娱乐等诸多方面的认知与规范，反映了家庭在物质生活、精神生活、伦理道德等方面所体现的感性情操。

在中国传统文化中，家庭与社会并无本质不同，家是国的缩影，国是家的放大；最先形成的孝亲、尊祖等家庭孝道伦理，逐

---

① 社会心理指的是人们日常的精神状态和思想面貌，是尚未经过理论加工和艺术升华的流行的大众心态，诸如人们的要求、愿望、情绪等；社会意识形态指的是经过系统加工的社会意识，往往由文化专家进行理论归纳、逻辑整理、艺术完善，并以著作、艺术作品等物化形态固定下来的文化成果。

② 王继华：《家庭文化学》，人民出版社 2010 年版，第 2 页。

步扩展至国家治理层面，家庭伦理中的孝道也成为维系社会秩序的支柱，形成了鲜明的“家国同构”的社会模式，即在政治理念上把“国”当作“家”来治理，在思想观念上把治家和治国放在同等重要的地位。这种“家国同构”的社会模式，十分强调忠孝德治对于国家秩序的重要性。由于孝道源于天然的血亲之爱，爱亲之情、仁爱之心天生有之，人性本善，人道天生，故而，人道即是天道在人类社会的体现。

中国的家庭模式和功能与西方国家截然不同。西方国家往往以个体为中心，家庭模式和功能处于次要位置；而中国传统社会则以家庭为中心，家庭是社会生活的基本单位或细胞，“家庭是社会的细胞”的说法即源于此。著名社会学家费孝通先生在分析中西方社会结构差异时，就曾把西方社会结构形容为“捆在一起的柴草一样的个体集合体”，而把中国社会结构形容为“格局不是一捆一捆扎清楚的柴，而是好像把一块石头丢在水面上所发生的一圈圈推出去的波纹的‘差序格局’，这和西方的‘团体格局’大不相同”①。这也就是中国传统社会把国当作家的放大、把家作为国的缩影的缘由。

家庭文化的特点主要表现为时代性、社会性和凝聚性等。不同的时代有着不同的家庭观念和家庭模式，以及不同的家庭关系和家庭功能。之所以如此，是由经济发展水平、社会文化变迁以及社会政治制度所决定的。家庭文化的社会性，在于家庭文化的创造者和践行者都是个人，都是社会化的人，都是与社会发生各种联系的人，其接受的文化熏陶必然影响到与社会的交往态度，更何况在“家国同构”的中国，孝悌与忠君、兄友弟悌与交友在规则上具有高度的一致性。孔子曰，“弟子，入则孝，出则悌，

---

① 费孝通：《乡土中国·生育制度》，北京大学出版社1998年版，第28页。

谨而信，泛爱众”[①]，“事父母，能竭其力；事君，能致其身；与朋友交，言而有信”。[②] 孟子则进一步提出，“父子有亲，君臣有义，夫妇有别，长幼有序，朋友有信”；要求人们做到“孝悌忠信”[③]。而平等、和谐的家庭文化是融洽家庭关系、增强家庭凝聚力、促进家庭幸福的重要因素。实现平等、和谐、融洽的家庭关系，需要家庭成员准确定位、遵循道德、履行职责。

（三）家庭人口文化

家庭人口文化是指在家庭人口变动和发展过程中，家庭成员在婚姻、生育、家庭关系认识上形成的较为一致的观念、伦理、道德和行为规范，包括性文化、性别文化、婚姻文化、生育文化、抚育文化、赡养文化等人口文化的所有内容，是人口文化在家庭内部的体现和认同。

家庭人口文化，作为一个全新的概念，无论是定义，还是内涵和外延，目前都还缺乏缜密推敲，更未达成一致，因此，存在异议在所难免。我们认为，家庭是一个微观概念，人口是一个宏观概念，文化更是一个大概念；家庭文化的概念早已有之，内容也比较丰富，大家基本能接受；对于人口文化也已讨论多年，发表了很多论文，我国著名人口学家田雪原研究员还主编了《人口文化通论》一书；唯独把家庭、人口、文化联结在一起，合成一个新的概念，是近年来才有的，因此，不成熟、有异议不足为奇。不过，从家庭建设、家庭发展的实际需要出发，提出家庭人口文化的概念还是很有必要的，因为它适应了新时代重视家庭、重视家庭文化建设、重视家庭发展的需要。

---

① 陈成国：《论语译注》，中华书局 1980 年版，第 4 页。

② 陈成国：《论语译注》，中华书局 1980 年版，第 5 页。

③ 陈成国：《孟子译注》，中华书局 2005 年版，第 125、315 页。

（四）新型家庭人口文化的核心理念

新型家庭人口文化，旨在将新时代社会主义核心价值观融入家庭、将人口文化成果渗透于家庭，是以提高家庭人口文化意识和水平为目标的文化形式，其核心理念是人格独立、平等和谐、幸福发展。

人格独立，是新型家庭人口文化的精髓，承认人格独立，是家庭成员之间平等相待、相互尊重的重要基础，这一点与传统社会家长至上、“一言堂”，以及把子女当作“私有财产”的家庭文化有着截然不同。在传统社会，存在着严格的等级制度和等级观念，家庭成员之间尊卑有序，实行家长专治，子女只有服从的份儿。在家长与家庭成员关系上，“天无二日，土无二王；国无二君，家无二尊，以一治之也”①；在父子关系上，“父至尊也”；在夫妻关系上，“夫至尊也”②。现代社会，我们倡导的新型家庭人口文化，一个最基本的方面就是承认在个体独立人格基础上的平等相待。当然，这样说并不是废弃一切礼仪和规则，而只是强调人格独立和相互尊重。

平等和谐是新型家庭人口文化的核心，也是家庭成员共同营造家庭发展良好氛围的基本要求，既以家庭成员之间的相互理解与相互支持为基础，又能促进家庭成员之间的相互理解与相互支持。家庭成员平等，这是一个区别于传统社会的全新的概念，传统社会只讲男女有别、长幼有序，不同的家庭成员在家庭中的地位有着天壤之别。虽然家庭和谐是每一个家庭都着力追求的目标，但现代社会的家庭和谐与传统社会不可同日而语。传统社会的家庭和谐往往以家长至上为基调，其他家庭成员毫无权利可

---

① 陈成国点校：《四书五经》，岳麓书社 2002 年版，第 676 页。

② 杨天宇：《仪礼译注》，上海古籍出版社 2004 年版，第 300 页。

言，只能服从家长支配；权力掌握在家长手里，其他家庭成员只有义务。现代社会的家庭平等与家庭和谐，是建立在人格独立、相互尊重基础上的，每个家庭成员既有权利，也有义务，体现着权利与义务的统一。和谐以平等为前提，也是幸福的基础。

幸福发展是新型家庭人口文化建设的落脚点，更是每一个家庭、每一个人孜孜以求的人生目标和最大愿望。家庭幸福与发展，不仅是物质需求的满足，更重要的是充分享受精神生活的愉悦，即每一个家庭成员都能够心情舒畅，并愉悦地享受家庭生活，在发展中享受天伦之乐。

（五）新型家庭人口文化的基本内容

新型家庭人口文化的基本内容可以归结为以下五个方面：计划生育、优生优育；男女平等、夫妻和睦；尊老爱幼、代际和谐；勤俭持家、健康生活；以邻为友、团结互助。

计划生育、优生优育。计划生育、优生优育就是要求每一个家庭成员树立人口意识，努力把家庭生育需求与国家生育政策结合起来、与社会经济发展结合起来、与减轻资源环境压力结合起来，自觉实行计划生育，按政策生育。在减少生育子女数量的同时，注重提高出生质量，减少出生缺陷；重视家庭养育，尤其是道德教育，为把子女培养成为体魄健壮、有文化、懂礼貌、守法纪的一代新人创造良好的家庭人口文化环境。

男女平等、夫妻和睦。前者指的是家庭中男女两性之间的人格和权利平等，既包括夫妻之间的平等，也包括两性子女的平等；夫妻共同参与和决定家庭重大事务，形成夫妻之间相互尊重的夫妻文化和生男生女一样好、女儿也是传后人的生育观念。后者指的是夫妻之间相互理解、相互支持、相敬如宾、举案齐眉的良好互动关系，它以夫妻平等为前提。

尊老爱幼、代际和谐。尊老爱幼就是要树立责任意识，形成尊老、敬老、养老的家庭文化，解决好子女流动迁移与老年人物质供养、生活照料、精神慰藉的矛盾，子女要为老年人颐养天年提供力所能及的帮助，既包括经济上的支持，也包括精神上的慰藉。家庭“是人生的第一所学校”，爱护子女、教育子女、关心子女成长是父母的责任和义务。一个家庭能够尊老爱幼，代际和谐也就不难实现了。

勤俭持家、健康生活。勤俭持家指的是在家庭生活中坚持勤俭节约、劳动致富，这是我国的优良传统，也是优秀的家庭文化。尤其在经济条件好转的当代社会，更应当大力提倡勤俭持家，避免不必要的浪费，更不要为了讲场面、要面子而形成浪费。健康生活，指的是倡导科学的生活方式，提倡绿色消费、健康消费。在资源紧张、环境恶化的当代社会，在我国建设“资源节约型、环境友好型社会”的进程中，这一点显得尤为重要。

以邻为友、团结互助。家庭的和谐与发展，还要求处理好邻里关系，与邻里友好交往、真诚相助，而不是邻里之间“鸡犬之声相闻，民至老死不相往来”① “各人自扫门前雪，莫管他人瓦上霜”“躲进小楼成一统”。这是对家庭文化的拓展，尤其符合我国农村聚族而居的特点。以邻为友是邻里之间团结互助的前提条件，团结互助则是促进家庭和谐与幸福的重要保障。

二　发展新型家庭人口文化的重要意义

发展新型家庭人口文化有利于提高家庭成员的思想道德素质，加强青少年家庭教育，强化家庭的凝聚力和向心力，增强家庭的基本功能，形成尊老爱幼、男女平等的家庭关系和艰苦奋

① 冯达甫:《老子译注》，上海古籍出版社 1991 年版，第 175 页。

斗、勤俭持家的优秀品德，实现文明、健康、科学的生活方式，促进家庭的健康发展；有利于转变家庭成员的生育观念，强化人口意识，促进统筹解决人口问题、建设人口均衡型社会目标的实现；有利于促进社会公德和职业道德建设，强化公民的思想道德水平和社会交往能力，推进社会协调进程；有利于从微观领域入手，加强人口文化建设，进而促进文化大发展大繁荣，实现社会主义文化强国的伟大目标。发展新型家庭人口文化的必要性和紧迫性主要体现在以下三个方面：

（一）贯彻落实中央文化大发展大繁荣精神的需要

党的十七届六中全会审议通过的《中共中央关于深化文化体制改革、推动社会主义文化大发展大繁荣若干重大问题的决定》提出了“努力建设社会主义文化强国”的伟大目标。全会结束后发表的公报指出：“当今世界正处在大发展大变革大调整时期，文化在综合国力竞争中的地位和作用更加凸显，维护国家文化安全任务更加艰巨，增强国家文化软实力、中华文化国际影响力要求更加紧迫。”并且要求，“进一步推动文化建设与经济建设、政治建设、社会建设以及生态文明建设协调发展，为继续解放思想、坚持改革开放、推动科学发展、促进社会和谐提供坚强思想保证、强大精神动力、有力舆论支持、良好文化条件”。

党的十八大报告指出：“文化是民族的血脉，是人民的精神家园。全面建成小康社会，实现中华民族伟大复兴，必须推动社会主义文化大发展大繁荣，兴起社会主义文化建设新高潮。”

党的十九大报告指出：“文化是一个国家、一个民族的灵魂。文化兴国运兴，文化强民族强。没有高度的文化自信，没有文化的繁荣兴盛，就没有中华民族伟大复兴。要坚持中国特色社会主义文化发展道路，激发全民族文化创新创造活力，建设社会主义文化强国。”“发展中国特色社会主义文化，就是以马克思主义为指导，坚守中华文化立场，立足当代中国现实，结合当今时代条件，发展面向现代化、面向世界、面向未来的，民族的科学的大众的社会主义文化，推动社会主义精神文明和物质文明协调发展。”

以上论述都是从社会层面上对文化意义和作用的肯定。事实上，这些原则对家庭人口文化建设同样具有指导作用，而家庭人口文化的发展反过来又能促进社会文化的发展。把文化建设的重点转向家庭，把家庭人口文化建设作为贯彻落实中央文化“大发展大繁荣”精神的创新领域，有利于解决好人口计生工作中微观文化基础薄弱的问题。这是我国人口计生工作实现由外在推动型向内在需求型转变的必然要求，也是家庭建设、家庭发展的重要文化基础。

（二）实现社会建设和发展目标的需要

党的十九大报告“坚定文化自信，推动社会主义文化繁荣兴盛”部分，在提到主要任务时，不仅从大的方向上要求“牢牢掌握意识形态工作领导权”，而且还提出了“培育和践行社会主义核心价值观”“加强思想道德建设”“繁荣发展社会主义文艺”“推动文化事业和文化产业发展”的具体要求，尤其在“加强思想道德建设”中，还从个人层面提出：“深入实施公民道德建设工程，推进社会公德、职业道德、家庭美德、个人品德建设，激励人们向上向善、孝老爱亲，忠于祖国、忠于人民。加强和改进思想政治工作，深化群众性精神文明创建活动。弘扬科学精神，普及科学知识，开展移风易俗、弘扬时代新风行动，抵制腐朽落后文化侵蚀。推进诚信建设和志愿服务制度化，强化社会责任意识、规则意识、奉献意识。”

《“十三五”规划》第十六篇“加强社会主义精神文明建设”明确要求：“加强思想道德建设和社会诚信建设，弘扬中华传统美德和时代新风，倡导科学精神和人文精神，全面提高国民素质和社会文明程度。”“推进公民道德建设，培育正确的道德判断和道德责任。”“广泛开展文明城市、文明村镇、文明单位、文明家庭、文明校园等群众性精神文明创建活动，深化学雷锋志愿服务活动。发挥重要传统节日、重大礼仪活动、公益广告的思想熏陶和文化教育功能。普及科学知识，推动全民阅读……培育良好家风、乡风、校风、行风，营造现代文明风尚。”

无论是党的十九大报告还是《“十三五”规划》，其中提到的思想道德建设内容，都与家庭有密切关系，也都是家庭人口文化的核心内容。因此，建设和发展新型家庭人口文化，是实现社会建设与发展目标的微观基础。

（三）促进新时代生育政策全面贯彻落实的需要

2016 年 1 月 1 日，我国开始实施“全面二孩”政策。对于已经适应了“一对夫妇只生育一个孩子”的许多家庭而言，在新的生育政策面前，不是欢欣鼓舞，而是消极畏难，生育二孩的积极性不高。主要原因是害怕增加家庭经济压力，影响家庭生活水平和夫妻职业发展，而且由于生育目的的变化，养儿防老的观念大大弱化，在孩子成本—效用关系的天平上，生育孩子需要更多的成本投入，从孩子身上得到的效用大大减小，这种成本—效用关系的失衡状况也在一定程度上影响到二孩生育意愿。笔者认为，生育孩子并不仅仅是为了家庭发展，为了夫妻有所依靠，其实也是为了满足社会发展和人类发展的需要。社会是由个人组成的，人口延续是由生育实现的，所以，生育也是一种社会责任、人类责任。一对夫妇生育两个孩子，从社会和国家而言是实现人口均衡发展的需要，从家庭而言则是家庭延续的需要。

当前和今后一个时期，我国仍将面临诸多人口问题。在人口总量方面，总人口持续增长和人口数量多的压力将长期存在，正如2015年12月31日中共中央、国务院《关于实施全面两孩政策 改革完善计划生育服务管理的决定》对我国人口形势的三个判断所言："人口众多的基本国情不会根本改变，人口对经济社会发展的压力不会根本改变，人口与资源环境的紧张关系不会根本改变。"与此同时，出生缺陷发生率偏高的问题仍很严重，每年出生的先天性畸形儿比例高达5%左右；人口文化水平还不够高，尤其是思想道德素质不高的问题较为突出，社会公德、职业道德、家庭美德、个人品德亟待提高；出生人口性别比虽有所下降，但依然大大高于正常水平；人口老龄化进程加快，给社会和家庭养老、养老保障体系和经济社会发展带来诸多困难；人口流动性增强，由此带来的子女抚养、教育、养老等问题，不仅困扰着家庭发展，也对社会发展、社会秩序、社会稳定构成严峻挑战。虽然这些人口问题表现形式不一，但却相互联系，大力发展新型家庭人口文化，则是从微观层面综合解决人口问题的基础工程。

无论是统筹解决人口问题，实现人口长期均衡发展，还是全面做好人口工作，实现"5+1"的工作目标，一个最基本的方面就是从微观做起、从转变观念做起、从重建家庭人口文化做起。所以说，新型家庭人口文化建设是全面做好人口工作、实现人口长期均衡发展的需要，这必将有力地推动人口工作的全面发展。

（四）提升家庭发展能力的需要

受生育率下降、人口流动性增加、离婚率升高、家庭观念淡化等因素的影响，我国的家庭规模、家庭结构和家庭功能都发生了重大变化，出现了诸多新的特点和问题：一是规模小型化，户均人数从1982年的4.43人下降到2010年的3.10人。二是结构多元化，单人、单亲、丁克、空巢等特殊家庭类型大量增加，三代及以上家庭比例逐步下降。三是居住离散化，在农村，由于人口流动性增强，一家人不在一起生活并非个别现象，留守妇女、留守儿童和留守老人普遍存在；在城市，由于住房条件改善和家庭观念变迁，老年人与子女合住的比例越来越低。四是家庭功能弱化，尤其是家庭养老功能明显弱化。五是家庭关系功利化，出现了以交换为原则的处理家庭关系的倾向。这些问题，都是家庭发展不健康的表现，与家庭文化变迁、家庭伦理异化所导致的家庭向心力不足、凝聚力下降有很大关系。所以，要强化家庭关系、增强家庭凝聚力、实现家庭健康发展，就必须以建设新型家庭人口文化为切入点，塑造新型家庭关系。

三　促进新型家庭人口文化建设的对策建议

文化自身的特点决定着新型家庭人口文化建设应当是一种在新时代对传统家庭文化及人口观念的批判和继承，或者是赋予传统家庭文化及人口观念新的内涵和时代价值的文化建设活动，由此也就决定了其推陈出新的历史使命。具体说来，新型家庭人口文化建设应力争做好以下几点：

（一）立足家庭，大力弘扬主流文化

在人口文化建设方面，家庭承担着不可替代的基础作用。无论是人口数量变化，还是素质提升和结构变化，以及何时生育、生育几个、是否有性别偏好，甚至生活方式、迁移流动等，从某种程度上说都是家庭意志的体现。因此，依据人口变动和发展而形成的人口文化建设必须立足于家庭。

文化建设的基本任务是用当代最新科学技术成就，提高人民群众的知识水平，通过科学、合理、进步的教育观念培养中国特色社会主义建设接班人，尤其要注重培育和践行新时代社会主义

核心价值观，陶冶人们的道德情操，丰富人们的精神生活。这也是我们这个时代的主流文化。完成这一任务，仅仅靠社会的宣传和教育是远远不够的，还需要家庭层面的配合。

在具体操作层面，应当以新时代中国特色社会主义文化为指导，大力倡导科学文明进步的人口观念，不断满足人民群众日益增长的精神文化需求，努力建设以“计划生育、优生优育，男女平等、夫妻和睦，尊老爱幼、代际和谐，勤俭持家、健康生活，以邻为友、团结互助”为主要内容的新型家庭人口文化，为做好新时代人口计生工作、提升家庭发展能力、促进家庭和谐幸福创造良好的舆论氛围和社会环境，提供不竭的文化动力。

（二）培养能力，努力发展家庭人口文化

家庭发展是新型家庭人口文化建设的终极目标之一，涵盖了政治、经济、文化、健康等诸多内容。增强发展能力既是家庭发展的应有之义，也是家庭发展的基本前提。培养家庭发展能力，需要围绕家庭发展的目标和要素，调动宏观和微观两个积极性，以提高家庭成员的身体健康素质、思想道德素质和文化技术素质为核心内容，开拓渠道，创新形式，形成合力，在继承和发展我国优秀传统家庭文化的基础上，结合新时代中国特色社会主义文化的新要求，努力构建新型家庭人口文化。

在具体操作层面，应当在实施乡村振兴战略中，把家庭文化建设作为“乡风”文明建设和提升家庭发展能力的重要支撑，作为践行家庭人口文化的核心理念，作为传播新型家庭人口文化建设的基本内容，作为培育注重家庭、注重家教、注重家风的良好环境，从而逐步形成尊老爱幼、家庭和睦、勤俭持家、劳动致富的家庭文化。

（三）遵循文化发展规律，注重家庭人口文化建设效果

建设新型家庭人口文化，必须遵循文化发展规律，注重方式方法的科学性，力求实现三个结合，即把知识性与趣味性结合起来，把思想性和实践性结合起来，把继承性和发展性结合起来，使家庭人口文化的内容符合群众的需求，使群众能够入耳、入脑、入心，并内化为自己的思想观念，从而规范家庭关系和家庭行为，促进家庭和谐与家庭幸福。

在具体操作层面，要适应新时代、新形势，坚持以人为本的理念，尊重群众的主体地位，区分不同群体的需求，开展有针对性的宣传服务；建立完善符合文化发展规律、符合实际情况的评估机制，及时发现问题，矫正方向，调整内容，保障新型家庭人口文化的健康发展。

（四）强化社会舆论作用，构建有利于新型家庭人口文化发展的舆论环境

社会舆论在新型家庭人口文化建设中具有十分重要的作用。社会舆论主要靠教育引导，这虽然对人们的行为方式不具有刚性约束，但比行政执行的范围更为宽泛，尤其对于文化和道德问题，正确运用社会舆论往往能收获更好的效果。因此，在新型家庭人口文化建设中，应当充分发挥社会舆论的作用，注重正面发声，积极回应不利于新型家庭人口文化建设的各种声音，引导家庭人口文化朝着正确的方向健康发展。

在具体操作层面，要充分发挥中央及各级主流媒体的作用，加强建设新型家庭人口文化意义和作用的宣传教育，适时推介新型家庭人口文化建设中的成功经验做法，注重树立新型家庭人口文化建设中的先进典型；善于利用互联网、手机、微信、微博及现代远程传播等媒体的作用，高度重视舆情监测工作，既要通过

这些现代化的传播手段了解舆情民意，推广先进家庭人口文化，又要注重引导舆论走向，规避负面效应。

（五）组织创优争先活动，重视先进典型的引领作用

开展争先创优活动是新型家庭人口文化建设积累经验、创造品牌、取得实效、深入推进的重要途径。在具体操作层面，可以通过政府宣传推动、社会广泛动员的方式，充分挖掘群众中蕴藏着的积极性和创造性，建设新型家庭人口文化基地，开展创建“幸福家庭”行动；注重发挥已有示范典型的辐射带动作用，按照新型家庭人口文化建设目标，积极开展创优争先活动，通过评选和表彰新型家庭人口文化建设先进单位和星级家庭活动，或者把新型家庭人口文化建设纳入文明家庭评选之中，利用典型的引领作用，带动新型家庭人口文化建设整体推进，形成家庭人口文化新风貌。

跳出乡镇企业的“充分就业陷阱”

俞宪忠[*]

【摘　要】大力发展乡镇企业一直被视为实现充分就业和促进经济增长的重要路径，但中国乡镇企业生长于城乡二元割裂的特殊制度背景下，其对经济发展转型和人口发展升级的负面隐患正在日益凸显。农村地域中乡镇企业的就业模式及其路径选择既会阻抗和减缓中国城市化就业的升级转型，也会消解和劣化中国人口发展质量，从而不利于解决需求侧国民大众诉求与供给侧城市化就业之间非充分均衡的社会主要矛盾。任何在农村地域大力发展乡镇企业的理论主张和路径依赖，以及任何试图以此而助推充分就业的政策建议和政策导向，事实上都会成为中国未来发展所必须跳出的“充分就业陷阱”。大幅提升国民大众的整体发展质量，从根本上有赖于从乡镇到城市的劳动就业升级转型，城市化就业的充分发展是中国实现现代化不可逾越的关键阶段，相关的制度创新也亟须加速推进。

【关键词】中国经济；二元结构；乡镇企业；路径依赖；城市化就业

* 俞宪忠，济南大学商学院教授，济南大学劳动发展研究中心主任。

中国经济在经历了长期的粗放型高速增长之后，长期累积的各种发展隐患正在逐步凸显，由此导致近几年的经济增速开始下行，经济增长正在遭遇前所未有的各种重要发展瓶颈，迫切需要优质高效的发展转型。曾经为中国经济高速增长和实现充分就业做出重要贡献的中国乡镇企业，在中国经济发展转型过程中正面临着难以逾越的发展困境，并已经成为中国未来发展转型所必须跨越的一个“充分就业陷阱”。中国乡镇企业生成并发展于城乡长期割裂的特殊二元结构背景，其本身先天性地隐含了不可持续的重大缺陷，并有悖于经济转型升级和人口城市化的根本发展诉求，中国应当终结这种路径依赖性很强的乡镇企业发展战略。

一　中国乡镇企业生长的特殊制度背景

长期以来，中国一直是一个农业大国，在落后的中国农村发展乡镇企业，这是中国经济发展过程中的一大突出特色，乡镇企业的发明专利权应该属于中国。由第八届全国人民代表大会常务委员会第二十二次会议1996年10月29日通过并于1997年1月1日起开始实施的《中华人民共和国乡镇企业法》第二条对乡镇企业给出的明确定义是：“本法所称乡镇企业，是指农村集体经济组织或者农民投资为主，在乡镇（包括所辖村）举办的承担支援农业义务的各类企业。”但事实上，乡镇企业主要是对在各乡镇农村地域中从事非农经营活动的各种企业的统称，自主经营和自负盈亏，并没有承担什么特殊义务。“中国乡镇企业主要有三个特征：①投资者、经营者和企业职工主要是农民；②地处乡村；③主要生产非农产品。乡镇企业之所以具有上述性质，源自土地这一生产要素的集体所有制和与其密切相关的户籍制度，以及中国城市与农村相分离的二元经济结构。”① 很显然，乡镇企业具有显著的农村地域特征和非农活动属性。中国乡镇企业在20世纪80年代和90年代的快速发展，有力地助推了中国经济高速增长的经济奇迹。《中国统计年鉴》（2000）提供的权威数据显示，1978年启动改革时乡镇企业的GDP产出仅为全国GDP总量的6%，而到1997年时却跃升至全国GDP总量的27%，此后虽然增速减缓，但仍在持续发展，由此引起了国际社会的诸多著名经济学家对中国乡镇企业的高度关注。对于乡镇企业的性质，1991年诺贝尔经济学奖得主R. H. 科斯（R. H. Coase）在分析中国经济发展时曾深刻指出：“最近有研究表明，绝大多数乡镇企业实际上都是私人企业……有83%的乡镇企业，除了名义上外，实为私营企业。”“乡镇企业得名于其所在位置……换句话说，乡镇企业之所以被称为乡镇企业，绝对不是因为它们是由乡镇政府经营管理的集体企业。乡镇企业最重要的优势，也许是它们没有受到那么多来自政府的官僚控制。”对于乡镇企业的经济贡献，科斯认为：“乡镇企业成为整个80年代中国经济发展最快的部分。”② 2001年诺贝尔经济学奖得主斯蒂格利茨（J. E. Stiglitz）在分析中国经济发展问题时也曾深刻指出：“中国的伟大变革——其新企业和许多增长的源泉——是乡镇企业。”“新的乡镇企业成了中国改革开放以来的主要增长源泉。”③ 另一位国际著名的发展经济学家鲁迪·多恩布什（R. Dornbusch）在分析中国经济发展时也同样认为：“中国的成功主要归功于乡镇企业，少部

---

① 姜春海：《中国乡镇企业发展历史回顾》，《乡镇企业研究》2002年第2期。

② R. H. 科斯等：《变革中国：市场经济的中国之路》，徐尧等译，中信出版社2013年版，第82、83、103页。

③ 斯蒂格利茨：《发展与发展政策》，纪沫等译，中国金融出版社2009年版，第353、521页。

分归功于私有企业，国有企业的贡献微乎其微。”[①] 截至2016年年初，中国乡村就业人员总数为37041万人，同期中国第一产业就业人员总数为21919万人[②]，由于乡镇企业处在农村地域，2015年末或2016年初中国乡镇企业就业人员总数约为15122（37041－21919）万人。由此可以观察到，乡镇企业发展对于中国经济的粗放型增长和实现充分就业确实做出了重要贡献。虽然中国乡镇企业就业人数也经历了从1978年到20世纪90年代中后期的持续增长，但此后却呈现出持续递减的长期动态趋势，其主要原因就在于乡镇企业生长的特殊制度背景及其农村地域性的乡镇发展模式。

1978年开始的中国改革开放首先从长期停滞和非常贫困的农村发起，在中国城乡二元经济结构被政府制度安排严格锁定的特定国情背景下，初步获得了发展地方经济权力的中国地方乡镇干部和农村精英性的能人阶层，面对农业经济的发展困局和具有无限供给特征的廉价农村劳动力，他们没有别的发展机会和发展空间可以自由选择，他们首先想到的只能是在自己可以有效掌控的地理范围内，依靠有限资本和廉价人力，大力发展能够就近盈利和就地就业的乡镇企业，这是中国乡镇企业异军突起的二元制度成因和基本国情背景。乡镇企业为中国经济增长和安排农村剩余劳动力就业做出了突出贡献，同时也为以后的城市经济改革和发展积累了相应的发展经验。但由于政府对国外发达国家相关信息所知有限，也由于城乡二元经济结构所导致中国城乡制度割裂，还由于乡镇企业安排农村剩余劳动力就业的主要方式是“离土不离乡”和“进厂不进城”，更由于这种就业安排模式不会给城市

① 鲁迪·多恩布什：《通向繁荣之路》，沈志彦译，中国人民大学出版社2006年版，第318页。

② 中华人民共和国国家统计局：《中国统计年鉴》（2016），中国统计出版社2017年版，第102—103页。

增加就业压力等原因，几乎中国社会各界的所有人士都异口同声地肯定和称颂乡镇企业的经济发展绩效，将发展乡镇企业视为中国地方官员和中国农民的一个伟大创造，理论界和政府界也把乡镇企业描述为值得充分肯定的一大中国特色。在这种制度扭曲、城乡割裂、信息封闭、知识匮乏、思想僵化和理念依赖的发展背景下，迄今人们仍然普遍把加速发展乡镇企业视为未来推动经济发展和实现充分就业的一个重大创新路径。

但事实上，中国乡镇企业的生长源于中国当时极其特殊的历史条件和制度约束，或者说中国乡镇企业生成于计划经济制度基础上城乡二元分割的重大国情背景。乡镇企业并不属于国家所有，而是属于乡镇政府和村民组织的集体所有经济和农民自己投资的民营经济，乡镇企业不是产生和发展于计划制度之内，而是产生和发展于计划制度之外。在“文化大革命”结束不久后的改革开放初期，政府决策者虽然知道经济发展和人民生活面临着不可持续的严重困局，不能再继续沿袭过去的发展模式，计划经济的发展模式已经走到了历史尽头，或者说也知晓中国经济必须改革，但实际上并不知道具体应该怎么做，所知道的仅仅就是在改革过程中“摸着石头过河”。在当时的制度背景约束下，任何脱离计划经济制度的市场变革行为，都绝不可能在政治上极为敏感和国有经济极其集中的城市之中发生。基于极其严苛的二元制度约束条件和农村剩余劳动力的大量存在，加之对发达国家发展经验的排斥与对发展信息和发展知识的极度匮乏，因而“离土不离乡”和“进厂不进城”的乡镇企业就业模式，就成为当时因陋就简的必然选择，在政府方面绝不可能具有“离土也离乡”和“进厂也进城”的城市化就业安排。发展乡镇企业就是在当时给定的制度缝隙和知识约束之下，为了寻求农村经济发展和安排大量农业剩余劳动力不得已而为之的特殊制度产物，这是在计划经济令农民深感发展受限的历史背景下而自发生成的事情，中国经济改革就在这种“歪打正着”和出人意料的情况下被启动了。

众所周知，中国改革始于由农民在农村为发展农业经济而首创的土地承包责任制度，由农民自发推动的农业经济改革的直接好处，就是中国农民拥有了生产经营自主性和越来越多的剩余产品，与之相关的各种家庭副业也从中不断萌生出来，从而使得中国农民群体和乡镇基层干部深刻感受到了脱离国家计划而自主决策的经济发展魅力。初始化的农业改革不仅使中国农民群体和乡镇基层干部积累了市场化发展非农产业的某些尝试经验，而且同时产生了运用市场化手段来发展非农经济的运作空间，尤其是自动诱发和持续强化了他们梦寐以求的致富欲望。由于土地承包责任制的政策认同和全面推广，乡镇政府对农民家庭的农业经济活动不再拥有直接的干预权和控制权，而需要用计划外的市场化手段来寻求其他非农发展路径。大力发展非农化并由乡镇政府直接掌管的乡镇企业经济，同时也鼓励先富起来的少数农民创办非农企业，可以大幅增强各乡镇政府机构的经济实力和领导政绩，更可以显著优化与县区政府以及与其他乡镇的政治博弈能力，中国乡镇一级的基层政府因此而内生了就地发展乡镇企业的基本动力。在当时极其严苛的城乡二元制度约束和“摸着石头过河”的知识约束这种双重约束条件下，发展乡镇企业既能满足乡镇政府干部需要又能满足农民致富需要，乡镇企业就这样不谋而合地在中国农村产生了。

政府主导型的公有经济即国有经济和国有企业基本上都集中在城市之内，在城市经济中流行的是国有经济制度，各种政府决策倾向、财力投入、稀缺资源和主要市场份额等发展变量，几乎全部被政府投资经营的国有企业所占有，中国农民群体和乡镇政府缺乏城市化的任何经济发展空间，他们没有别的经济发展出路，只能在农村性质的乡镇地面上及其可控范围内发展各种市场化的非农产业。另外，中国城乡之间的二元户籍制度使得城乡经济之间长期割裂发展，逐步形成了比较独特的二元经济世界，而且城乡二元经济结构的制度安排也产生了巨大的路径依赖性，城乡之间的发展差距也越来越“马太效应”化，乡镇政府不可能进城创办非农工商业。城市不对农村开放，政府不允许农民进城就业，农民无法市民化，农民享受不到与市民同等的社会福利待遇，农民群体就只能在城市之外的农村地面上寻求能使他们发家致富的非农化路径。概而言之，二元制度结构、路径依赖性、新知识匮乏、公有化程度低、政府干预少、地方政府竞争、因地制宜的适应性以及易于获取的廉价资源等，都可以有效解释中国所特有的乡镇企业现象。但说到底，中国乡镇企业的快速生长实质上是一种城乡二元割裂的特殊制度现象。

二 中国乡镇企业发展所面临的严峻挑战

由于中国城乡之间二元割裂的长期制度扭曲，使得中国农村隐藏着几乎具有无限供给特征的大量剩余劳动力，农村事实上已经成了中国庞大过剩人口的巨大蓄水池，剩余劳动力供给丰裕使得农村劳动力成本也异乎寻常的低廉，就地雇用劳动力发展乡镇企业的人工成本非常便宜。农民对于作为生产要素的土地不具有可供个人自主支配的经济产权及法律保障，农业土地制度安排具有非市场化的显著特征，极其稀缺的农用土地价格无法通过市场予以合理的稀缺程度显示，乡镇政府可以任意地使用其管辖范围内任何位置和任何面积的土地资源，乡镇政府在土地问题上几乎不需要任何固定投资，通常都是以安排劳动力到乡镇企业就业打工作为对其土地非农化征用的补偿条件。乡镇企业粗放型经济增长对劳动力素质和科技含量要求非常低下，也没有产品质量性能、稀缺资源保护、工作环境安全、合理薪酬条件和生态环境保护等方面的严格政府法规管制等，因而乡镇政府创办和发展乡镇企业也非常容易。同时由于乡镇政府财力匮乏和中国农民贫困，哪怕是发展乡镇企业的利润并不丰厚、工资收入非常微薄，也会对乡镇干部和贫困农民产生巨大诱惑，从而具有非常显著的激励效应。上述由中国国情所决定的各种特殊原因，导致了在20世纪后20余年的时间里，中国乡镇企业在作为乡镇驻地的农村获得了谁都不曾预料的快速发展，并形成了举世瞩目的人口就业和经济增长的独特历史景观。

由此而产生的一个巨大发展误区就是，中国很多拥有决策权和话语权的人群，对在这种严苛制度约束条件下产生的特殊历史现象做出判断，似乎中国未来实现经济可持续发展、劳动力充分就业和农民收入翻番的宏观发展目标，也在很大程度上依赖于乡镇企业的持续发展，并倡导和主张“乡镇化”内涵非常明显的“城镇化”（城市+乡镇），尤其是“小城镇化”，而且这种理论主张及政策导向也似乎长期主导了中国未来的转型发展取向。

值得注意的是，在全球化层面的国际贸易方面，中国于2001年12月11日加入WTO后，将必须严格按照WTO规则参与国际分工和国际贸易，由乡镇企业制造的各种产品也将受到来自国际市场和国际社会更加严格规范的检验。在国内产业升级转型方面，随着中国人口结构转变和“刘易斯拐点”的逐步来临，农业剩余劳动力的市场供给必定会由过剩而转为短缺，尤其是随着1994年《中华人民共和国劳动法》颁布实施和2004年3月1日起《中华人民共和国最低工资规定》施行，在劳动就业条件和工资薪酬待遇等方面工人维权意识大幅提升，人工成本也会持续上升，乡镇企业内含的诸多弊端也将日益凸显。

中国乡镇企业的发展方式长期沿袭粗放型增长模式，普遍存在着对土地和其他稀缺资源的严重浪费，其用工制度也普遍缺乏严格规范的有效劳动保护，造成的生态环境污染也日益恶化，其小型和分散化的基本特点必定缺乏产业聚集的规模效应，人力资本质量非常低下，“产品制造”的科技含量普遍较低，一般都是处于国际产业价值链的最低端，只能是“中国制造”而非“中国创造”，其原有的各种有限而脆弱的竞争优势也在逐步丧失，由此引发的国际贸易纠纷和争端呈持续增加态势。

尽管从短期来看，由于农村过剩劳动力“进厂不进城”和“离土不离乡”，从而似乎具有较低的就业和发展成本，但从长期分析，由于乡镇企业处在农村，过剩劳动力在农村的长期滞留，必定会阻抗农民市民化的城市化进程，并在持续延续城乡二元经济格局的同时，还极有可能演化为城市、乡镇和农村的三元经济格局。更为可怕的是，农业过剩劳动力在乡镇企业范围内既不可能实现数量型的充分就业，更不可能实现质量型的充分就业，或者说绝不能依靠乡镇企业而实现高质量充分就业。

在我们这个转轨发展和转型升级的时代，一些研究者一方面积极呼吁城市化发展的巨大价值并加速城市化进程，同时又在大力主张发展乡镇企业使之升级换代，其理论主张和政策取向自然也就隐含了一个无法克服的内在矛盾或逻辑悖论。产生这一矛盾的根本原因在于，他们认为大力发展乡镇企业可以吸纳大量农村剩余劳动力就地就业，从而可以有效缓解由农民市民化对城市就业造成的巨大外在压力。岂不知，规模庞大的农村剩余劳动力原本就已经是大量的隐性存在，农民市民化只是将其市场化、城市化和显性化，并没有增加这部分过剩人口的任何存量，仅仅是发生了一个由农村到城市的结构性变化而已；其人口城市化进程不仅没有增加宏观就业压力，而且还会有利于积极培育全国统一开放的劳动力市场，这将是一个改进性的重大发展变化。如果我们继续沿袭计划经济制度下城乡二元经济结构的发展思路，将这些巨大就业压力拦阻堵截在农村的乡镇企业中，将只能是“吃止痛剂”而绝不是“除病根”，只能是局部变动而绝不是战略性的调整，只能是继续延缓旧有路径而绝不是扭转发展方向，只能是继续累积矛盾而不是富有远见地寻求柳暗花明又一村的根本出路。

1949 年以来，通过进城就业实现农民市民化，一直是中国绝大多数农民的集体发展梦想，更是中青年农民的内心渴望。如果我们能够改变长期形成的计划经济和二元结构的发展理念，在废除城乡互相排斥的二元制度后，能够让他们自由选择，可能他们中的绝大多数会选择农民市民化的发展路径，而绝不会选择仍然处于农村落后地域的乡镇企业。在城市中就业不仅能够获得很多更加优质高效的个人发展机会，供他们依据个人发展偏好而自由选择，而且还可以通过就业环境改变在城市中获取更多更好的创新知识，来加速提升其人力资本质量和优化职业生涯，还可以在城市中深度参与发展过程和分享发展成果。如果说从长期考量，在农村化的乡镇企业就业会得不偿失，那么城市化就业则是一举多得，这才是有可能彻底改变农民个人发展命运和国家发展面貌的重大创新路径。

如果说在中国改革开放初期大力发展乡镇企业是一个迫不得已但行之有效的正确选择，因为那是一个计划制度依赖和制度瓶颈约束下的乡镇企业正面效应时代，那么在 21 世纪再将发展乡镇企业作为发展战略则不合时宜，因为这是一个乡镇企业原本大量隐含的较大负面效应逐步凸显和日益放大的时代。科斯（Ronald H. Coase）作为一个非常关注中国经济增长的外国经济学家，针对中国乡镇企业“遍地开花”的发展模式，就曾深刻指出，就整体而言，“乡镇企业技术设备落后，采用的是劳动密集型的生产模式，一份评估报告的数据显示，乡镇企业的劳动与固定资本的比率是国营企业的8倍”[①]。另一位非常关注中国经济增长的外国经济学家斯蒂格利茨（J. E. Stiglitz）在分析中国经济增长的前景问题时也曾深刻指出：“平均看来，中国的技术水平实际上仍落后于东亚中等收入水平的发展中国家……随着市场和企业的发展，乡镇企业的特定制度结构可能会面临一些压力。”[②] 更为显著的是，中国乡镇企业的长期粗放型发展，不仅已经成为空气、水质和土地的重大污染源，而且也已经成为城市化发展进程的重大阻抗力量。随着农民市民化性质的城市化进程日益加速，乡镇企业城市化也迫在眉睫，城市化聚集已经成为乡镇企业升级换代的唯一或首要发展空间。对于大量农业剩余劳动力的有效就业来说，能够改变他们真正发展命运的科学发展战略只能是“离土也离乡”和“进厂也进城”，彻底走出现有乡镇企业的认识误区，纠正大力发展乡镇企业的理论主张和政策取向。

三　中国城市化发展的就业转型路径

工业革命以来此起彼伏的现代化演进浪潮表明，人口城市化尤其是就业城市化的充分发展，已经成为任何国家实现现代化不可逾越的发展阶段，如果没有高水平的人口城市化和高质量的就业城市化，任何国家都不可能实现现代化，著名的“配第—克拉克定律”也为此提供了科学性和规律性的有效阐释。但人口城市化的前提是就业城市化，就业城市化为人口城市化提供生存和发展条件，而就业城市化的基本前提则是企业组织城市化。农村地

① ［美］罗纳德·哈里·科斯、王宁：《变革中国：市场经济的中国之路》，徐尧、李哲民译，中信出版社2013年版，第84页。

② ［美］斯蒂格利茨：《发展与发展政策》，纪沫等译，中国金融出版社2009年版，第544页。

域遍地开花的乡镇企业，只能在农村地域提供非城市化和低水平的就业机会。不可否认，中国城市化在其改革开放和经济增长过程中也获得了较快发展，而且中国城镇人口与乡村人口比例已经从1978年的17.9：82.1跃升至2017年初的57.3：42.7。[①] 但是，有下述三点值得注意：一是国际社会中通用的相关指标是“城市化率”，而中国使用的相关指标则是“城镇化率”，只有县驻地或县级市驻地及以上城市才具备城市所特有的基本设施和发展条件。而很显然的是，中国公布的57.3%的“城镇化率”指标涵括了农村地域中乡镇驻地的非农人口。二是在中国公布的57.3%的“城镇化率”指标中，包含了总量约为2.5亿左右的农民工阶层，而这部分人群之所以被称为农民工阶层。就是因为他们在城乡之间仍处于亦工亦农、亦农亦商或亦农亦城的流动状态，他们没有真正成为享有同质均等国民待遇的城市市民阶层。三是在中国公布的57.3%的“城镇化率”指标中，有地方政府为了突出政绩而人为制造的城镇化“数字泡沫”，还有近些年由“撤县改区”陡然增加的城镇人口等。在这个无法规避的全球化时代，如果按照国际社会通用的“城市化”指标，对中国当下57.3%的“城镇化”水平加以合理扣除和理性考量，中国真实并具有国际比较意义的“城市化”水平应该不会超过45%。中国的城市化发展水平不仅与同期的发达国家之间相差很大，而且也低于全球化时代同期的世界平均水平，甚至低于许多发展中国家同期的城市化水平，可以肯定，已经严重滞后于其世界第二大经济体和中等偏上收入国家的应有发展水平（见表1）。

① 中华人民共和国国家统计局：《中国统计摘要》（2017），中国统计出版社2017年版，第12页。

表 1　　2015 年世界主要国家和地区城市人口比重　　单位：%

国家或地区	城市人口比重	国家或地区	城市人口比重
世　　界	53.9	阿根廷	91.8
中国香港	100.0	巴　　西	85.7
中国澳门	100.0	委内瑞拉	89.0
文　　莱	77.2	捷　　克	73.0
伊　　朗	73.4	法　　国	79.5
以色列	92.1	德　　国	75.3
日　　本	93.5	意大利	69.0
韩　　国	82.5	荷　　兰	90.5
马来西亚	74.7	波　　兰	60.5
蒙　　古	72.0	俄罗斯	74.0
新加坡	100.0	西班牙	79.6
南　　非	64.8	土耳其	73.4
加拿大	81.8	乌克兰	69.7
墨西哥	79.2	英　　国	82.6
美　　国	81.6	新西兰	86.3
澳大利亚	89.4	中　　国	55.6（2016 年为 57.35）

资料来源：中华人民共和国国家统计局：《国际统计年鉴》（2016），中国统计出版社 2016 年版，第 99 页；世界银行 WDI 数据库。城市人口被定义为："向联合国报告的各国定义为城市区域内的年中人口。"但中国使用的概念是"城镇化"，有别于国际社会的"城市化"。

在与之相关的就业结构方面，第一产业主要是农业均处于农村地域，而第二产业和第三产业则是聚集于城市区域的制造业和服务业，因而第一产业与第二产业和第三次产业之间的就业结构也充分反映出一个国家的城市化就业水平。由于中国城乡二元就业结构显著且城市化发展水平严重滞后，作为第一产业的中国农业经济中的就业占比显著超高，中国经济三大产业的就业结构已经极度扭曲，从而构成了中国城市化高水平和高质量发展的重大约束瓶颈（见表 2）。

表 2　　世界主要国家和地区的三次产业就业结构　　单位：%

国家和地区	年份	就业结构			国家和地区	年份	就业结构		
以色列	2016	1.0	17.3	79.8	韩　国	2016	4.9	24.9	70.2
新加坡	2015	1.0	16.3	82.7	南　非	2015	5.6	23.9	70.5
英　国	2015	1.1	18.5	79.7	新西兰	2016	6.5	20.2	73.3
德　国	2015	1.4	27.7	70.9	俄罗斯	2015	6.7	27.2	66.1
美　国	2016	1.6	18.4	80.0	委内瑞拉	2013	7.4	21.3	71.1
加拿大	2016	1.6	19.6	78.8	巴　西	2015	10.3	22.2	77.3
阿根廷	2014	2.0	24.6	72.8	波　兰	2015	11.5	30.4	57.8
荷　兰	2015	2.1	15.2	74.9	马来西亚	2015	12.5	27.5	60.0
澳大利亚	2016	2.6	19.5	78.0	墨西哥	2016	13.0	25.3	61.2
法　国	2016	2.8	21.9	75.3	乌克兰	2015	15.3	24.7	60.7
捷　克	2015	2.9	38.0	59.0	哈萨克斯坦	2015	18.0	20.6	61.4
日　本	2016	3.5	24.3	70.7	土耳其	2015	20.4	27.2	52.4
意大利	2015	3.8	26.6	69.7	埃　及	2015	25.8	25.1	49.1
西班牙	2016	4.2	19.6	76.2	中　国	2016	27.7	28.8	43.5

资料来源：世界银行数据库、国际货币基金组织 IFS 数据库、中华人民共和国国家统计局：《中国统计摘要》（2017），中国统计出版社 2017 年版，第 196 页。

与农村化的乡镇企业就业不同，城市化就业一直备受社会各界尤其是经济学家的推崇，早在 240 年前，古典经济学创始人亚当·斯密（Adam Smith）在分析国家富裕的道路时曾明确指出：“无须进行任何精密的计算，我们只需通过一个简单而明显的观察就可以断言，在欧洲各地，城镇里经营的产业都要比农村里经营的产业利润高些，优越些……城镇的产业必然得到较好的回报，劳动的工资和资本的利润显然城镇也必然大于农村。但是资本和劳动自然要寻找最有利的用途。因此，他们自然会尽可能地流向城市，而抛弃农村。”斯密还明确主张：“与其说是通过土地改良及耕作来富国，还不如说通过商业及制造业来富国，与其说通过农业来富国，还不如说通过城市产业来富国。”[①] 作为1979年诺贝尔经济学奖得主的著名城乡二元结构理论家阿瑟·刘易斯（W. A. Lewis）就明确认为：“经济增长使农业在经济中的重要性下降了，经济增长就必然同城市化联系在一起……农村地区还存在着就业严重不足的现象，人们的倾向是逐渐拥入城市去当临时工。大城镇也特别具有吸引力，因为大城镇首先享受到经济增长的成果。”刘易斯还认为：“城市工人第一代和第二代之间生产率增长得特别快。如果允许并鼓励新来的人安居下来过城市生活，完全脱离农业，这个过程就会加快。”[②] 也就是说，一个国家的经济发展水平与农村劳动力城市化就业之间存在着显著的正向关系。

科斯在分析中国经济改革时曾深刻指出：“现在众多的农村人依旧渴望着进入城市，追寻更好的工作与生活，这给中国继续城市化与工业化创造了空间，也是未来中国经济持续发展的一个关键因素。”“如果劳动者不能自由地在全国范围内寻找商机、自行创业、参与自由竞争，即使他们受到了高等教育，也不能完全发挥出自己的潜力……但是现在的劳动力市场上依旧存在诸多障碍，尤其是户籍制度和农民工面临的各种体制性壁垒。只有深化改革才能逐步消除这些制度障碍，为劳动生产力的进一步增长提供源源不断的动力。”[③] 1993年诺贝尔经济学奖得主罗伯特·福格尔（R. W. Fogel）教授在北京论坛演讲时曾指出：“我们讲经济的改革或转型，主要是指从以农业为主的经济到以工业或者服

---

① ［英］亚当·斯密：《国富论——国民财富的性质和起因的研究》，谢祖钧等译，中南大学出版社2003年版，第93、404页。

② ［英］阿瑟·刘易斯：《经济增长理论》，周师铭等译，商务印书馆2002年版，第415页。

③ ［美］罗纳德·哈里·科斯、王宁：《变革中国：市场经济的中国之路》，徐尧、李哲民译，中信出版社2013年版，第238—239页。

务业为主的经济转变，而这绝不是件容易的事情。”[①] 斯蒂格利茨在分析中国经济发展问题时曾深刻指出：“就像一些二元经济增长模型所阐述的那样，在中国这样的发展中国家，经济增长的主要源泉之一就是劳动力从农业部门向非农业部门的转移……劳动力转移会对经济增长产生重要作用。”[②] 而实现城市化就业的基本前提条件，不是农村过剩劳动力的主观愿望和主体能力，而是城乡之间是否具备机会均等和公平竞争的制度安排。R. H. 科斯在分析中国经济改革时曾深刻指出：“当社会有了正义，机会面向所有人，即使社会中最不幸的阶层也尊重社会体制时，他们会努力工作来为下一代提供更好的生活条件，而不是通过革命来挑战或者推翻当前的社会体制。”[③] 在机会均等和公平竞争的制度基础上，任何人通过努力奋斗都能够获得向上流动的机会，无论是代内还是代际，都能有稳定可靠的未来发展预期，即使某些城市化就业的人们经历了惨痛的挫折和失败，他们也不会怨恨政府和仇视社会，制度变迁的社会成本及其经济发展的转型风险自然会趋于最小化。著名经济学家马克·图尔曾经深刻指出：“无论如何，如果一个社会用歧视的方式对待人民，以至于人民开始严重怀疑他们自身的价值，那么这个社会就正在制造它自身的毁灭。”[④] 著名经济学家阿兰·斯密德针对发展中国家依赖性和转轨型的制度结构曾明确指出，在“大多数情况下，我们并没有自问某项特定的制度是否值得支持的问题”[⑤]。对于中国这样的转型国家而言，

---

① 北京市政府外事办公室主编：《诺奖大师纵论中国经济》，经济日报出版社 2006 年版，第 8 页。

② ［美］斯蒂格利茨：《发展与发展政策》，纪沫等译，中国金融出版社 2009 年版，第 538—539 页。

③ ［美］罗纳德·哈里·科斯、王宁：《变革中国：市场经济的中国之路》，徐尧、李哲民译，中信出版社 2013 年版，第 246 页。

④ ［美］马克·图尔：《自由抉择的经济》，方敏译，华夏出版社 2012 年版，第 245 页。

⑤ ［美］阿兰·斯密德：《制度与行为经济学》，刘璨等译，中国人民大学出版社 2004 年版，第 80 页。

尽管其转型发展的内涵极其丰富多元，但转型的核心要件首先是制度变迁，公平性和市场化的竞争制度框架已经成为首要的发展要素，诸如增长方式和科技创新等其他转型，只能是制度转型的函数，制度现代化已被充分证明为所有现代化的发展引擎。

四　结语

大幅提升国民大众的生活质量和发展水平，以及大幅提升国家发展实力和国际竞争优势，有赖于更加多样化、更高性价比和更富竞争力的商品供给，但其商品供给又从根本上来自供给侧的劳动创造。工业革命以来急速演进的现代化浪潮一再表明，城市化的充分发展是每个国家实现现代化所不可逾越的发展阶段，而城市化就业则是所有国家发展的创造性引擎。中国乡镇企业生长于城乡二元割裂的特殊制度背景，其就业模式有悖于经济发展的演进规律和人口发展的根本诉求，既会阻抗和减缓中国城市化就业的升级转型，也会消解和降低中国人口发展质量，从而不利于解决需求侧国民大众对城市生活的发展诉求与供给侧城市化就业机会之间非充分均衡的社会主要矛盾。城市化的核心要义是农民市民化，人口城市化的水平提高和质量提升，以及产业结构的优化改进和升级转型，都首先有赖于就业城市化水平的加速推进及其质量提升。任何在农村地域大力发展乡镇企业的理论主张和路径依赖，以及任何试图通过乡镇企业而实现充分就业的政策建议和政策导向，事实上都会成为中国未来发展所必须跳出的“充分就业陷阱”。只有通过发展理念的有效提升和制度结构的优化改进，才有可能消除对乡镇企业就业的路径依赖性，并加速推进高水平和高质量的城市化就业升级，这才是中国未来高水平地解决社会主要矛盾和实现高质量升级转型的创造性支撑力量。

坚持改革开放才是坚持马克思主义

——纪念中共十一届三中全会召开四十周年

杨成钢*

【摘　要】在开放和实践中发展是马克思主义的根本特质，中国特色社会主义理论体系是马克思主义在开放和实践中取得的发展成果。只有坚持改革开放，才能实现马克思主义新的发展，使新时代中国特色社会主义建设事业取得新的伟大成就。对改革开放的质疑和动摇完全不符合马克思主义的精神特质，也将严重阻碍马克思主义的发展和新时代中国特色社会主义伟大事业的建设进程。

【关键词】改革开放；马克思主义；中国特色社会主义理论体系；新时代中国特色社会主义

2018年是中国实行改革开放40周年。40年前，中国共产党人通过认真总结过去数十年将马克思主义理论与中国社会主义建设实践相结合的艰难探索和曲折历程，深刻认识到，以因循守旧故步自封的态度理解马克思主义，以闭关自守的方式建设社会主

---

* 杨成钢，西南财经大学人口研究所、中国人民大学人口与社会发展学院教授，博士生导师。

义，不仅是对马克思主义的严重曲解，而且对社会主义建设具有极大危害。所以，以中共十一届三中全会的召开为标志，中国共产党重新选择了一条改革开放的新方向和新路径。今日回眸，40年的建设实践证明，改革开放才是真正符合马克思主义的正确方向，才是真正可以使国家繁荣富强、人民生活富裕的光辉道路。当然，中国的改革开放是一个全新的探索过程，实践中难免会出现这样那样的问题，理论上也会不断面对各种新的课题。但是这不仅不应使我们踌躇犹疑、裹足不前，相反，恰恰需要我们排除干扰，坚定一个信念：只有坚持改革开放，才是坚持马克思主义。

一 在开放和实践中发展是马克思主义的根本特质

马克思主义认为，世界上一切事物都不是孤立存在的，而是处于相互联系之中；一切事物都不是静止不变的，而是处于不断运动变化之中。唯其如此，事物才得以存在，得以发展。万物如此，马克思主义本身也毫不例外。所以，马克思主义遵循联系的观点，从不自我封闭，表现出充分的开放性；遵循变化的观点，从不故步自封，表现出积极的实践性。开放性和实践性成为马克思主义的基本特点，不断开放，不断实践，在开放实践中不断发展也成为马克思主义存在和发展的基本形式和根本特质。

（一）马克思主义的开放性

马克思主义的产生就是开放的结果。马克思主义的诞生既是马克思主义经典作家的天才创造，更是其门户开放、认真总结吸收各种人类文明进步和思想发展的理论精华而结出的科学硕果。

马克思主义的形成在思想上有三个来源，分别是黑格尔的唯心主义辩证法和费尔巴哈的机械唯物主义认识论；亚当·斯密和大卫·李嘉图的英国古典政治经济学；欧文和圣西门的空想社会主义。正是在博采众长、批判继承这些优秀的人类思想理论成果基础上，马克思主义创造了自己的哲学、政治经济学和科学社会主义。

马克思主义的开放具有三个鲜明的特点：

（1）马克思主义的开放是积极的、主动的开放，而不是被动、消极地等待对手打上门来。它不断积极地与各种新的思想观念进行接触、碰撞乃至挑战，在这一过程中汲取人类各种新的优秀思想养料，清除各种污浊的思想垃圾，以此完善自身、充实自身。

（2）马克思主义的开放是一种大无畏的开放。马克思主义对自身的科学性充满自信，因而不怕与任何时髦的新思潮进行较量。是天使，便携手踏上通往天堂的大道；是魔鬼，也敢于大胆地“放鬼子进庄”，而后于众目睽睽之下关门打狗，向公众显示出自身无穷的力量。

（3）马克思主义的开放当然不是开门投降，不是将自己的旗帜扯下去铺设迎接对手的红地毯，而是要在战斗的洪流中更高地扬起自己的旗帜，使之放射出更加耀眼的光芒。

马克思主义产生和发展的历史都充分表明了这些充满开放性的特点。所以，那种闭关自守、故步自封、拒绝接受其他人类思想文化优秀成果的做法是与马克思主义的根本特质完全相悖的。

（二）马克思主义的实践性

马克思主义的诞生既源于对当时各种思想理论成果的批判继承，也源于马克思主义经典作家在当时所处历史时代的丰富社会实践。马克思和恩格斯对当时欧洲，特别是英国资本主义社会中工人阶级的生存状况、资本家的盈利方式都做过深入调查研究，对当时资本主义社会的基本矛盾及其变化趋势做了认真的勘查分析，更作为革命导师亲身参与和指导了无产阶级革命运动的伟大实践。正是实践使马克思主义成为工人阶级的强大思想武器。

马克思主义的实践也有三个鲜明的特点：

（1）马克思主义的实践是持续的、无止境的。客观事物每时每刻都在发生变化，人类社会发展中也会不断地涌现出新的问题、新的矛盾。实践永远都走在理论前面，不断地向理论提出各种各样新的挑战。马克思主义尽管是一种对人类社会实践的科学总结，但不可能一劳永逸，仍然必须不断地跟踪人类社会发展的新变化，不断地总结人类社会实践中出现的新情况、新问题，在变化实践中获得发展。变化不止，实践不止，马克思主义发展也不止。马克思主义的发展没有止步于列宁主义，也没有止步于毛泽东思想，当然也不会止步于今天的中国特色社会主义理论体系。它将根据时代的发展和社会的实践不断地丰富其内容，永无止境地向前发展。

（2）马克思主义的实践是多样的，而不是单一的。客观事物本身是多样的，其存在的形式，即时间和空间也是多样的。多样性是客观事物存在的普遍特点，人类社会实践也不例外。不同的民族、国家和地区之间必然存在着经济社会发展水平和文化传统的差异，马克思主义在各个不同民族、国家和地区的实践应用绝不可能也绝不应该遵循一个标准、一种模式。马克思主义是联系实际的、活的理论，它的实践应用也将因应实践的差异而呈现出广泛的多样性。俄国十月革命的成功、中国新民主主义革命的最后胜利，以及后来的社会主义革命与建设的伟大成就，都采取了与马克思主义经典作家最初设想不尽相同的模式，却都是将马克思主义理论与本国的革命和建设实际相结合的光辉典范。

（3）马克思主义的实践是双向的，它既要从实践中来，又要回到实践中去。马克思主义的发展不仅需要高度重视并且认真总结人类的各种发展探索和社会实践，更加需要将其对人类社会发展实践的科学总结反过来应用于指导实践，使人类实践更好地顺应客观事物变化和人类社会发展的内在规律。马克思主义是一种科学理论，但并不是纯粹的理论抽象和人们茶余饭后高谈阔论的谈资，而是人们进行社会实践的、科学有力的思想工具。它必须应用于实践，指导实践，在实践中发展，这样才会有永久的生命力和真正的科学价值。

由上可见，马克思主义的实践性就是一种革命性，实践的过程就是改革的过程。通过不断实践，不断改革，马克思主义才保持了一种长久的生命力和永恒的科学价值。

二 中国特色社会主义理论体系是马克思主义在开放和实践中的发展成果

中国特色社会主义理论体系是包括邓小平理论、“三个代表”重要思想、科学发展观，特别是习近平新时代中国特色社会主义思想等重大战略思想在内的科学理论体系。它是中国共产党大胆解放思想，积极实行对外开放而产生的新的马克思主义理论成果，也是中国共产党坚定改革信念，积极开展社会主义现代化建设伟大实践而做出的科学总结。所以，中国特色社会主义理论体系就是马克思主义在中国的对外开放和改革实践中所取得的发展成果。

（一）中国特色社会主义理论体系坚持和体现了马克思主义的开放性

改革开放的历史也是思想解放的历史，党的十一届三中全会认真总结正反两方面经验，吸取“文化大革命”的教训，重新确立马克思主义的思想路线，毅然决然地做出把党和国家工作重心转移到经济建设上来、实行改革开放的历史性决策。党的十一届六中全会做出《关于建国以来党的若干历史问题的决议》，认真厘清重大历史是非，根本否定了“文化大革命”和“无产阶级专政下继续革命”的理论，同时坚持和继承了我们党在长期社会主义建设实践中所取得的一切积极成果，完成了党在思想路线、政治路线和组织路线上的拨乱反正。所以，正如邓小平同志所说，没有思想解放，没有对历史经验教训的深刻反省和拨乱反正，“就不可能制定十一届三中全会以来的思想、政治、组织路线和一系列政策”。可以说，中国特色社会主义道路的开辟和拓展，中国特色社会主义理论体系的形成和发展，都是与我们党解放思想、认真总结和深刻吸取正反两方面经验分不开的。

对外开放就是要打开国门看世界，积极融入世界发展潮流。当今世界，和平与发展成为时代主题，但与此同时，国与国之间综合国力，特别是经济实力的较量越来越激烈，全球市场、资金、资源的合作和竞争更加复杂。新科技革命及其带来的重大科技发明的广泛应用，推动世界范围内生产方式和生活方式发生了前所未有的变化，也引起全球经济格局、利益格局、安全格局发生了前所未有的重大变化。伴随着互联网和人工智能等现代信息技术的发展，经济全球化成为大势所趋，世界各国经济日益紧密联系在一起。与这些变化和潮流相适应，世界上也涌现出各种新的思想和理论。面对新的形势，我们党以积极开放的心态，将其理解为新的发展机遇，更加明确了对外开放、赶超世界潮流的必要性和紧迫性，党的十九大把继续坚持对外开放作为新时代中国特色社会主义建设的一个重要组成部分。

（二）中国特色社会主义理论体系坚持和体现了马克思主义的实践性

自中共十一届三中全会将改革开放和社会主义现代化建设确

立为党的中心任务以来，到2018年我们走过了整整40个年头。正是40年来我们党领导的改革开放和社会主义现代化建设的生动实践，成为中国特色社会主义理论体系形成和发展的实践依据。40年来，全面改革和对外开放的步伐一路高歌行进：从农村改革到城市改革，从经济领域改革到其他各个领域改革，从经济特区的兴办、沿海城市的开放到沿江沿边和省会城市的开放，从提出有计划的商品经济到建立社会主义市场经济体制，从物质文明和精神文明“两手抓”到按照中国特色社会主义事业四位一体总体布局全面推进现代化建设和党的建设新的伟大工程，再到党的十八大所提出的两个一百年目标，直至党的十九大提出决胜全面建成小康社会，实现人民对美好生活的向往，夺取新时代中国特色社会主义伟大胜利，实现中华民族伟大复兴的中国梦。正是这些伟大的改革实践为中国特色社会主义理论体系提供了并且还将不断提供生动丰富的现实素材，又反过来通过理论对实践的指导，验证了并且还将不断验证中国特色社会主义理论体系这个在新的历史背景下将马克思主义中国化的理论成果的科学意义。

三　坚持改革开放才能实现马克思主义新的发展

马克思主义在任何时候都需要保持活力，坚持创新，寻求新的发展。活力来源于开放，海纳百川，广泛吸收各种优秀的人类思想文明成果；创新得益于改革实践，改革是实践中的改革，改革的过程就是实践不断深化升级的过程。今天中国共产党所领导的中国特色社会主义建设是将马克思主义进行中国化实践的过程，这一过程必须是开放的，才能使马克思主义这个来自西方早期工业化国家的理论与中国的现代化建设实践相融合；中国特色社会主义建设也是对马克思主义进行现代化升级的过程，这一过程必须是变革的，才能使马克思主义这个产生于19世纪的社会革命理论能够与今日中国的社会主义建设实践相适应。所以，只有坚持改革开放，才能真正坚持马克思主义，才能实现马克思主义的新发展。以习近平同志为核心的党中央在党的十八大报告中明确提出继续坚持改革开放，不走闭关自守的老路；在党的十九大报告中又明确把继续坚持改革开放作为新时代中国特色社会主义建设的重要内容。这既是源于对马克思主义开放性和实践性的充分认知，也是源于马克思主义发展的客观需要。

坚持改革开放，也表明中国共产党对于高举马克思主义的旗帜、建设中国特色社会主义的理论自信和道路自信。中国特色社会主义理论体系有着完全充分的理论依据和足够丰富的实践依据，中国特色社会主义道路业已取得举世公认、全球瞩目的现代化建设成就，并且受到广大中国人民的衷心拥护。中共十九大以后，新时代的中国特色社会主义建设事业更让全中国人民对未来美好生活充满向往和期待。我们没有理由不自信，没有理由害怕与各种时髦思潮和各种异质文化进行接触交流乃至较量和碰撞。诚然，任何一种人类思想都有其适应的时域和场域。作为诞生于一百多年前的社会科学理论，马克思主义也可能会在某些方面存在一定的历史局限性，作为源自西方的社会思考和理论设计，马克思主义在应用于指导现代中国的经济社会发展实践时可能遇到与中国国情的某种不适应，并且因此可能使马克思主义受到一些观点的质疑。中国特色社会主义建设事业也不是一帆风顺的，而是充满了曲折，并且在新时代还将面对各种新的挑战。但是这不仅不能成为我们对改革开放产生动摇、重回闭关自守老路的理由，相反，恰恰提醒我们应当更彻底地坚持马克思主义的开放性和实践性，更充分地吸收各种新兴的、优秀的人类思想文明成果，加快马克思主义现代化的进程，更认真地研究马克思主义所揭示的普遍规律与中国特定历史文化环境和新时代中国特色社会主义建设事业所面对的具体问题相结合的机制，更好地实现马克思主义的中国化。从历史上看，可以说，马克思主义发展和传播的过程就是与各种思想进行碰撞较量的过程。在碰撞较量过程中，而不是在封堵或逃避的过程中，马克思主义实现了自身的发展，扩大了自己的影响。那种将不同文化、不同思想视为洪水猛兽，消极封堵的做法和怀疑改革开放的思想其实反映了一种理论的不自信和怯战心理，完全不符合马克思主义的精神特质，也将严重阻碍马克思主义的发展和新时代中国特色社会主义伟大事业的建设进程。

所以，建设新时代中国特色的社会主义就是要以一种大无畏的自信，坚持改革开放，以改革求发展，以开放促繁荣。只有通过坚持马克思主义的开放性和实践性，真正实现马克思主义的现代化和中国化，才能使马克思主义理论之树长青，使中国特色社会主义建设事业永远立于不败之地，使中国人民对新时代美好生活的向往和中华民族伟大复兴的中国梦早日变为现实。

中国人口老龄化社会初期家庭代际关系研究

王跃生*

【摘　要】本文从家庭、家户这一角度，观察、分析人口老龄化社会初期老年亲代与子代之间的赡养、照料等功能关系。这一时期老年人在家庭、家户中的构成比例不断提升，但老年人与已婚子女同居共爨生活比例呈现下降趋势。总体上，城市老年人同已婚子女同住与单独居住具有并存特征；农村老年人与已婚子女共同生活稍占多数，但独居也成为重要类型。城市社会养老保障相对比较完善，多数老年人的赡养费用来自退休金，中青年子代得以从刚性义务中解脱；而社会养老保障初步建立的农村，子代赡养仍是最大类别，老年人通过劳动自养比例相对较高。老年人健康状况以健康和比较健康为主，并没有给子女造成很大照料负担。而一旦老年人有照料需求，子女仍是主要提供者，雇人照料或入住养老机构养老在这一时期是少数亲子的选择。

【关键词】老龄化；代际关系；家户结构；居家养老

在人口学上，研究者将65岁及以上老年人在总人口中所占比例超过7%视为进入老龄化社会。中国迈入人口老龄化社会门

---

* 王跃生，中国社会科学院人口与劳动经济研究所研究员。

槛在 2000 年，此后人口老龄化水平不断提升，2010 年为 8.92%，2015 年达到 10.5%，发展速度呈现加快之势。老年人口构成在宏观上不断扩大，则意味着微观上有老年人的家庭、家户在增多，有更高比例的家庭成员是老年人，同时更多的家庭面临着老人赡养、照料、财产继承等代际关系问题，对此很值得进行专门研究。一般说来，人口老龄化是一个过程，它有阶段之不同。我们认为，中国目前尚处于人口老龄化社会的初期，探讨这一阶段的家庭代际关系不仅有实践意义，而且具有理论价值。

一 研究说明

（一）人口老龄化社会初期的界定及其特征

人口老龄化社会初期如何定义？有无时限或指标含义？比如老年人口构成在某一具体水平之前为初期，达到某一指标则视为进入另一时期。笔者力图避免对这一问题的认识过于机械，即不拘泥于人口老龄化指标及其变动为划分依据。基于此原则，我们将其这样定义：人口老龄化社会初期指与非老龄化阶段相衔接、具有过渡性质特征的时期。我国现在正处于这样一个阶段。

那么，中国人口老龄化社会初期有哪些特征？这里仅从代际关系视角进行梳理和提炼。

一是中国社会发展形态出现重要转型。其转折点初现于 2010 年，表现为劳动力就业结构由以农业为主转变为以工商业者占多数，人口常住地构成由以农村为主转变为城市为主，人口城乡分布由以乡土社会为主向以市镇为主转变。在这一过程中，城乡家庭人口迁移流动就业增多，家庭成员出现较高比例的城乡分割、地区分割，中青年子代和老年亲代世代同居一地的格局发生改变，农村尤其突出。这对家庭代际关系的功能履行产生影响。

二是老年人对养老所需生活费用的支配能力有较明显的城乡差异。其突出之处为，城市社会养老保障制度在进入老龄化社会之前即已比较普遍地建立，农村则多在进入老龄化社会之后才全面实施。两者在保障水平上存在高低之别。它直接影响城乡老年人对子代赡养的依赖程度，进而对其家庭地位产生制约作用。

三是家庭养老的人力资源明显萎缩。中国的人口老龄化时代是在计划生育政策实施30年、独生子女政策推行20年之后到来的。相较以往，家庭子女数量减少。老年亲代的照料提供者——子代成员规模缩减。老年亲代一旦生活自理能力降低，居家养老困难增大，独生子女家庭更加突出。

四是新旧养老观念和行为并存。中国传统社会家系以男系为基本传承方式，尽管这一制度在中华人民共和国成立后的法律上已得不到支持。但也应看到，已婚者以男方父母为主要赡养、照料做法的惯习在很大程度上保持着，当然，人们对男女平等、已婚者兼顾女方父母赡养、照料需求的接受度也在提高，但有城乡之别，而且还有地区差异。这两种做法实践中既有和谐之处，也有矛盾甚至冲突。

五是老年人入住机构养老的需求增大，但亲代和子代对其接受度不高。有鉴于家庭养老人力资源短缺、子女难以顾及的现实，一些老年人有在机构养老的意愿，但这一阶段养老机构管理不规范、信誉不高的现象具有普遍性，一定程度上抑制了老年人及其子女的需求。这又会将老年亲代依赖子代照料的方式维系下去。养老方式上“两难”问题逐渐突出。

以上五种特征是我们以人口老龄化初期社会为基础对家庭代际关系的观察和思考，可以说它们在这一时期具有一定普遍性。其中，有的隐含着需要关注和正视的问题，有的是笔者基于以往经验所做推断，有待论证。

（二）人口老龄化社会初期值得关注的代际关系问题

若没有人口老龄化社会初期这一限定，全面、跨时期的家庭代际关系有多种内容或功能。笔者曾撰文认为，中国家庭的代际关系内容可归纳为五种：义务关系、责任关系、权利关系、交换关系和亲情关系。[①] 客观而言，这五种代际关系类型也适用于认识老龄化社会初期的亲子关系。不过也应指出，本文的落脚点是老龄化社会初期的代际关系，无疑与养老有关的代际关系是研究重点，亦即着眼点放在青年、中年子代对老年亲代的义务和责任履行、亲子之间财产权利互动方面。

我们认为，在老龄化社会初期，能够体现这些关系的，一是老年人的居住方式，二是子女对老年父母的赡养方式，三是丧失生活自理能力的老年人由谁提供照料，四是目前生活尚能自理的老年人对不能自理后的养老问题如何安排或打算。重点分析老年亲代对子代在赡养、照料方面的依赖程度及所发生的变化，进而认识老龄化初期老年亲代与子代关系特征及问题。

无疑，本文论述的时间范围主要是2000年后至目前中国老年亲代与子代之间的互动关系。为对老龄化社会初期代际关系状态、特征、变动及趋向有所把握，我们也将从2000年向前适当追溯，更好地认识和理解这一时期代际关系的演变逻辑。

就目前来看，我国进入人口老龄化社会后，与老龄化有关的问题成为研究热点。探讨老龄化社会的代际关系的论著虽有一些，但力度不够。值得一提的是，王树新、马金较早认识到老龄化社会代际关系的新走向：与子女分而不离的居住方式，多代存

---

① 王跃生：《中国家庭代际关系内容及其时期差异——历史与现实相结合的考察》，《中国社会科学院研究生院学报》2011年第3期。

世时关注重心下移，代际经济安排理性化。[①] 钟涨宝、冯华超从宏观和微观两个方面分析老龄化对代际关系的影响，宏观上表现为家庭支持社会化，微观上则有家庭规模小型化、家庭结构简单化、代际同居模式弱化、代际倾斜或重心下移、反馈模式受到挑战。[②] 还有学者将家庭代际关系和社会代际关系进行混合分析，探讨代际矛盾及其治理方式[③]。应该承认，已有针对老龄化社会时期代际关系的论述多以定性分析为主，或基于小型调查数据，虽有问题意识，但论证不足，解释力受到限制。

（三）研究数据

为对老龄化初期这一特定阶段的代际关系有总体把握，本文使用的基本资料为1990年人口普查1%抽样数据库、2000年人口普查长表1%抽样数据库和2010年人口普查长表1%抽样Excel表格数据[④]及2015年全国1%人口抽样调查数据。

需要说明的是，若对这一时期的家庭代际关系进行分析，人口普查数据指标显然不够。为弥补普查数据的不足，本文还将利用笔者主持的2010年吉林、河北、陕西、安徽、浙江、广东和广西7省区家庭结构和代际关系调查数据（有效问卷4425份）和2015年本人组织的重庆、湖北、山东、甘肃和黑龙江5省市第一代独生子女家庭状况调查数据（有效问卷3093份）。此外，为进行时期比较，还将使用一些历史数据。

---

① 王树新、马金：《人口老龄化过程中的代际关系新走向》，《人口与经济》2002年第4期。

② 钟涨宝、冯华超：《论人口老龄化与代际关系变动》，《北京社会科学》2014年第1期。

③ 吕晓莉、李志宏：《人口老龄化与社会代际矛盾及其治理》，《中国青年研究》2014年第1期。

④ 国务院人口普查办未提供2010年人口普查长表1%抽样原始数据库，仅提供根据课题承担人所设计程序运行出的Excel表格数据。

二　老年人在家户、家庭内的构成变化

在我们看来，社会层级的人口老龄化必然在家庭人口的代际分布和家户构成上体现出来。笔者将从两个方面说明这一问题，一是本文的分析对象是居家养老的老年人，因而应对老年人在家庭、家户等生活单位中的构成有所认识；二是不同年龄组子代与老年亲代的构成（存世和去世构成）之间的关系，借以认识家庭中可能发生的与子代赡养、照料老年亲代有关的代际关系。

（一）老年人在总家户中的构成

我们依据2000年、2010年人口普查数据和2015年全国人口1%抽样调查数据观察65岁及以上老年人在家户中的构成（见表1）。

表1　城乡老龄化水平和包含65岁及以上老年人的家庭户　单位：%

年份	老龄化水平		包含65岁及以上老年人的家户	
	市	县	市	县
2000	6.67	7.50	17.33	22.02
2010	7.68	10.07	17.21	25.95
2015	9.16	12.03	21.10	29.73

资料来源：2000年和2010年数据根据国家统计局网站提供的资料计算得到，2015年数据来自国家统计局人口和就业统计司编《2015年全国人口抽样调查资料》，中国统计出版社2016年版。

自2000年进入老龄化社会以来，中国农村人口的老龄化水平一直高于城市。这并非农村人口生育水平低、预期寿命高所导致，而是与人口迁移流动趋向有关。伴随着中国社会转型，农村

人口中中青年劳动力进城务工增多，而多数老年人则固守乡村，常住人口的年龄结构因此发生较大变化。可以说，这些指标是对社会转型时期人口迁移流动影响老龄化水平的具体反映。

总体上，不断提升的老龄化水平使包含老年人的家户数量比例扩大，农村尤其明显。根据表1，农村65岁及以上老年人所生活的家户比例2000年即超过1/5，2010年超过1/4，2015年则接近30%；城市2000年、2010年比较稳定，2015年首次超过20%。

那么，老龄化社会的老年人更有可能生活在成员规模大的家庭，还是规模小的家庭？我们可将1990年和2000年数据进行比较。

根据图1，1990年各年龄组人口所生活家户的最大规模，城市为15岁组（4.48人），其次为20岁组（4.3人）；最低为35岁组（3.52人），其次为70岁组（3.57人）。从分布上看，各年龄组之间比较平稳，差异较小。1990年农村0—15岁组人口所生活的家户规模均处于高位，其中10岁最高（5.27人），其次为15岁组（5.26人）；最低为65岁组（4.14人），其次为60岁组（4.17人），农村总的分布格局为老年组人口所生活家户的规模低于其他年龄组。

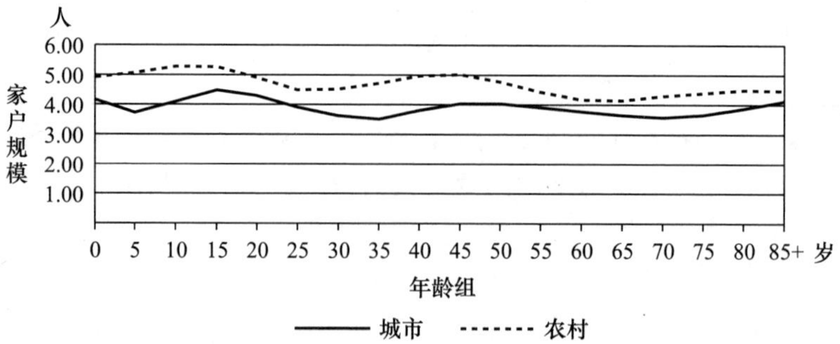

图1　1990年城乡不同年龄组人口所生活的家户规模

资料来源：据1990年人口普查1%抽样数据库计算得到。

图2显示，2000年，除80岁、85岁及以上组外，城乡各年龄组人口所生活的家户规模分布基本表现为60岁及以下组高于老龄组。这表明，随着人口老龄化水平提高，老年人所生活的家户人口规模并未提高，表明其在小型家户中生活的比例较高。

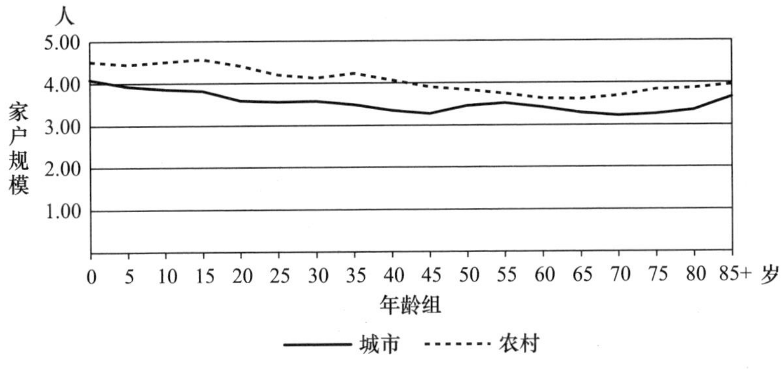

图2　2000年城乡不同年龄组人口所生活的家户规模

资料来源：据2000年人口普查长表1%抽样数据库计算得到。

当然，包含老年人的家户，既有可能是直系家庭，也有可能是夫妇家户和单人户，我们只有通过家庭结构分析才能弄清楚（详见下面分析）。

（二）子代与老年亲代同存一世的比例增大

子代对老年亲代的赡养、照料等代际关系发生须以亲代存世为前提。在老龄化时代，有更多的家庭有65岁及以上老年人，子代对老年亲代之间的代际功能关系发生的可能性提高。

为了对此有所认识，我们将19世纪初为代表的传统社会数据与2010年七省区“城乡家庭结构和代际关系调查”数据进行比较。

表 2　　19 世纪初不同年龄组子代与父母存故构成关系　　单位:%

年龄组（岁）	父母均故	父母均健在	父母一方健在	父母或父母一方健在小计	样本量（个）
15—19	8.7	47.83	43.47	91.3	23
20—24	14.29	35.29	50.42	85.71	119
25—29	23.04	29.03	47.92	76.95	217
30—34	27.39	26.09	46.52	72.61	230
35—39	35.17	17.37	47.46	64.83	236
40—44	44.94	12.66	42.40	55.06	158
45—49	59.81	8.41	31.78	40.19	107
50—54	73.91	2.9	23.19	26.09	69
55—59	79.25	1.89	18.86	20.75	53
60 +	95	0	5.00	5	40
总体	38.42	19.89	41.69	61.58	1252

资料来源：据《清嘉庆朝刑科题本社会史料辑刊》（杜家骥主编，天津古籍出版社 2008 年版）中所收集的个案进行汇总、整理获得。

就总体来看，尽管近代之前中国民众存在高比例的 20 岁之前婚育现象，但由于死亡率高，亲代和成年子代的年龄代差多在 25 岁左右①。根据表 2，35—39 岁组的当事人，其父母均亡故的比例超过 1/3，40—44 岁组达到近 45%，45—49 岁组则达到近 60%。若以 40—44 岁组为界，则可知有高比例的儿子至中年时，父母已去世，不必履行赡养和照料老年人的义务。

现代社会不同年龄组子代和亲代之间的存世关系有什么变化？请看表 3。

① 王跃生：《中国家庭代际功能关系及其新变动》，《人口研究》2016 年第 5 期。

表 3　2010 年七省区不同年龄组受访者与亲代存故构成关系　单位:%

年龄组（岁）	父母均故	父母均健在	父母一方健在	父母或父母一方健在小计	样本量（个）
15—19	0.00	96.00	4.00	100.00	25
20—24	0.71	93.62	5.68	99.30	141
25—29	2.23	86.62	11.15	97.77	269
30—34	2.22	71.52	26.27	97.79	316
35—39	9.82	63.47	26.71	90.18	438
40—44	15.65	44.19	40.17	84.36	620
45—49	31.84	28.80	39.36	68.16	625
50—54	45.42	16.42	38.17	54.59	469
55—59	62.74	7.53	29.73	37.26	518
60—64	76.07	1.90	22.04	23.94	422
65—69	89.17	0.72	10.11	10.83	277
70—74	97.63	0.00	2.37	2.37	169
75—79	100.00	0.00	0.00	0.00	92
80—84	100.00	0.00	0.00	0.00	37
85+	100.00	0.00	0.00	0.00	7
总体	39.77	33.29	26.94	60.23	4425

资料来源：2010 年“七省区城乡家庭结构和代际关系调查”数据。

2010 年，35—39 岁组的受访者，其父母均健在的比例超过 60%，40—44 岁组受访者的父母或父母一方健在的比例约占 85%，45—49 岁组接近 69%，50—54 岁组约为 55%。这表明，老龄化社会初期，多数中年阶段者存在与亲代的代际关系。

根据笔者对 1982 年、1990 年和 2000 年人口普查数据的研究，亲子平均代差分别为 27.12 岁、27.10 岁和 26.70 岁[①]，与近代之前（19 世纪初）的数据统计结果相似。可见，子代处于

① 王跃生：《中国当代家庭结构变动分析》，中国社会科学出版社 2009 年版，第 283 页。

35—39 岁组和 40—44 岁组这两个中年组时，也是亲代进入老年状态较密集的时期。但中年子代面临的老年亲代实际构成，当代要明确高于近代之前。我们看到，2010 年调查数据中 35—39 岁、40—44 岁、45—49 岁和 50—54 岁组受访者父母和父母一方健在比例分别为 90.18%、84.36%、68.16% 和 54.59%。可见，在老龄化社会初期，理论上多数中年子代与父母间存在养老、照料等代际功能关系。

综上所述，中国进入老龄化社会后，家庭成员中包含更高比例的老年人，理论上更多的中青年子代有需要赡养、照料的老年亲代或发生与此相关的代际功能关系。这些关系的实际表现如何，有待具体分析来揭示。

三　从老年人居住方式看代际关系

我们在前面看到，至 2015 年城市超过 20% 的家户有至少一个 65 岁及以上老年成员，农村则接近 30%。那么这些老年人究竟与子女同住还是分爨生活？这是体现老年亲代与成年子代代际关系的重要内容之一。当然，我们不能仅以老年人与子女同居和分居来判断代际关系质量高低，即并非与子女分爨的老年人与子代的关系质量差，合住则意味着亲子关系和谐。在同地生活的亲子中，那些与亲代分开生活的子女往往也承担着必要的赡养、照料责任。但也应承认，老年亲代与子代同住，有助于代际合作，便于子代照料。历史上，亲子合爨被官方和民间鼓励，亲子分居往往是家庭矛盾激化的结果，被人诟病。不过，当代亲子分住成为亲子都能接受的一种偏好，即只要住房、身体状况等客观条件允许，无论子代还是亲代倾向于单独生活。这就需要更客观地看待这一问题。

（一）总体状况

在老龄化社会初期，老年人究竟与子女同住为主，还是独住为主？对老年父母来说，考察其与已婚子女是否同住最有意义。因为未婚子女即使已经成年且已就业，若与父母在同村、同城居住，独立组成生活单位者较少，他们更多地需要老年父母为其料理日常生活，而其为父母提供的生活帮助则比较有限。已婚子女具备了独立生活能力，若其仍选择与老年父母同住，生活互助的意义较大。

表4　1990年以来全国城乡65岁及以上老年人居住方式　单位：%

家庭类型	1990年		2000年		2010年	
	市	县	市	县	市	县
核心家庭	26.79	29.15	37.33	31.62	41.43	33.39
其中：夫妇家庭	17.47	16.41	28.51	21.73	34.27	26.63
直系家庭	59.81	59.41	51.07	58.18	44.84	52.20
其中：三代以上直系家庭	42.61	52.38	38.35	46.76	31.07	37.11
二代直系家庭	5.00	3.43	4.40	5.52	6.37	6.88
隔代家庭	8.60	2.88	5.71	5.11	4.01	6.46
复合家庭	3.95	1.29	1.2	0.67	0.74	0.80
单人户	8.76	9.88	9.91	9.28	12.14	12.45
缺损家庭	0.47	0.23	0.08	0.12	0.07	0.21
其他	0.23	0.05	0.41	0.13	0.78	0.95
其中：与已婚子女同住	55.16	57.83	46.57	53.74	41.57	46.33
与未婚子女同住	9.32	12.74	8.82	9.89	7.16	6.76
与子女同住	64.48	70.57	55.39	63.63	48.73	53.09
夫妇家庭和单人户	26.23	26.29	38.42	31.01	46.41	39.08

资料来源：据1990年人口普查1%抽样数据库、2000年人口普查长表1%抽样数据库和2010年人口普查长表1%抽样Excel表格数据计算得到。

需要指出的是，在中国人口老龄化初期，特别是2010年这一时点，65岁及以上老年人多在独生子女政策推行之前完成了生育，其中终身未婚或虽婚却无子女的比例较低。我们可以将这一时期65岁及以上老年人近似地作为有子女者来看待。

在表4统计数据中，从代际关系上看，最有意义的是观察老年人与子女同住还是独立居住的变化。无论城乡，老年人与已婚子女同住比例一直处于下降状态，由1990年超过55%，至2010年降至50%以下。而夫妇和单人独居者则由1/4强提高至（城市）超过或（农村）接近40%。从居住类型构成上看，亲子同居方式的主导地位降低，形成老年亲代与已婚子代同居和老年人单独居住并存的格局。

那么不同年龄组老年人居住方式差异何在？这里我们着重看一下2010年数据（见表5）。

表5　　2010年不同年龄组老年人居住方式比较　　单位：%

市县别	年龄组（岁）	与已婚子女同住	与子女同住	夫妇和单人户	其中：单人独居
市	65—69	41.90	54.4	44.98	7.67
	70—79	39.89	49.7	49.40	12.97
	80+	47.81	56.65	40.48	18.52
县	65—69	43.06	53.05	40.75	9.08
	70—79	46.13	53.87	40.78	13.29
	80+	56.53	62.97	31.34	16.81

注：表中数据为多类家庭类型合并的结果，其中占比例低的“残缺家庭”和“其他”数据被省略。

资料来源：据2010年人口普查长表1%抽样Excel表格数据计算得到。

表5数据显示，城乡2010年80岁及以上高龄组老年人与已婚子女同居比例最高，而单独居住比例最低。不过即使到了80岁组，城市老年人单独居住也超过40%，农村则在30%以上。

由上可见，在老龄化社会初期，虽然包含老年人的家庭户数量和比例增大，但与子女同住的比例呈现降低趋势，独立生活比例则在上升。在高龄组，农村老年人与子女同住仍占多数，其中与已婚子女同住超过50%，而城市与已婚子女同住或独住均未超过50%，相比而言，与已婚子女同住比例要高一些。应该说，通过共同生活来实现亲子代生活互助的传统做法虽然保持着，但在总体上却不占主导地位。即使在高龄组，城市有40%以上、农村有30%以上者单独生活。高龄老年人居家养老却在居住方式上有较大比例与子女分开生活，这应该是现代居家养老方式的重要特征之一。

（二）两类老年人群体——有配偶和丧偶者的居住方式

对老年人来说，从有配偶到丧偶不仅是婚姻状态发生转折，而且是身体状况、独立生活能力的重要转折。从非老龄化阶段到老龄化社会初期，这类老年人居住方式又是如何演变的？这里我们主要看一下其独立居住状况。

表6　　城乡有配偶老年人独居比例　　单位:%

	市			县		
年龄组（岁）	1990年	2000年	2010年	1990年	2000年	2010年
65—69	28.18	40.83	45.05	30.40	37.85	41.34
70—74	32.79	45.59	50.55	35.59	39.27	45.23
75—79	32.73	43.36	56.55	37.36	37.18	46.54
80—84	35.36	39.34	52.36	38.53	33.33	46.69
85+	29.43	30.21	47.62	38.28	29.16	39.33

资料来源：同表4。

1. 不同年龄组有配偶老年人独居状况

1990年城市有配偶老年人独居比例多数年龄组不足1/3，而至2010年则多超过50%，甚至85岁及以上组也接近50%，城市有配偶老年人独居已成为老龄化社会初期的重要生活方式。农村有配偶老年人独居比例在2000年和2010年之间也有较大变动，总体上呈增长趋向，2010年其独居比例基本上超过40%（见表6）。

2. 丧偶老年人居住方式

就总体而言，丧偶老年人平均年龄要高于有偶老年人，生活自理能力降低，居家养老时更需借助子女之力，理论上与子女同居者要多。然而在上面的分析中我们已经看到，进入老龄化社会，其独居比例也在提高。需要说明的是，以丧偶老年人为分析对象，实际将终身未娶老年人从老年人总样本中剔除，更能显示有婚姻行为且有子女的老年人丧偶后对子代照料的依赖状况。

表7　　城市丧偶老年人同居成员类型　　单位：%

年份	年龄组（岁）	市					县				
		同居成员类型					同居成员类型				
		已婚子女	未婚子女	孙子女	其他亲属非亲属	独居	已婚子女	未婚子女	孙子女	其他亲非亲属	独居
1990	75—79	64.41	3.35	9.5	4.51	18.25	69.78	6.10	4.04	1.86	18.23
	80—84	67.41	2.68	11.12	3.57	15.24	69.24	5.74	5.13	1.73	18.16
	85+	71.19	4.05	11.7	3.08	9.99	67.17	6.11	7.60	1.50	17.62
2000	75—79	59.97	4.72	6.3	4.35	24.66	70.70	6.92	4.18	0.82	17.38
	80—84	59.48	5.81	8.06	4.74	21.92	70.77	6.87	5.24	0.93	16.19
	85+	68.11	4.15	9.41	2.88	15.47	71.36	6.64	7.50	0.86	13.63
2010	75—79	48.97	5.32	3.89	4.25	37.58	58.48	5.7	5.11	1.86	28.88
	80—84	53.59	5.28	4.74	5.16	31.24	61.58	5.26	5.47	2.64	25.05
	85+	59.03	2.97	5.33	4.29	28.38	64.76	4.92	6.57	2.95	20.8

资料来源：同表4。

我们看到，即使进入人口老龄化社会，城乡丧偶者与子女，特别是已婚子女同住仍占主导。但也应注意，亲子同居比例是逐渐降低的。至2010年，城市丧偶老年人独居比例超过30%或接近30%，农村超过20%（见表7）。这是值得关注的现象。

综合以上，进入老龄化社会之前中国城乡老年人与已婚子女同居共爨现象即呈降低状态，之后这一趋向继续保持，至2010年城市老年人独居和与已婚子女同居成为两种并存现象，农村老年人与已婚同居稍占多数。相比而言，有配偶老年人独居趋向更为突出，丧偶老年人与已婚子女同居为主的格局依然存在，不过独居也成为一个重要选项。因而，我们对老龄化社会初期老年人居住方式的基本认识是，通过同居共爨使老年亲代和中青年子代形成密切日常互助的做法虽然得到一定程度的保留，但其存在基础受到削弱，居家独居养老逐渐增多，在有配偶老年人中更显突出。

四　赡养和照料中的代际关系

老年亲代与子代共同组成生活单位，从形式上看具有日常互助的代际功能关系。然而，它不足以揭示子代对老年亲代的实际赡养、照料行为及其变化。一般而言，当亲代进入老龄阶段，赡养和照料是代际关系的最主要体现方式。当然，这一关系由于社会发展阶段不同、制度环境不同也会有差异。那么，在中国老龄化社会初期，其状况如何？在此我们分城乡进行考察。

（一）从老年生活费用来源看子代赡养义务及变化

2000年和2010年人口普查长表提供了65岁及以上老年人生活费用来源信息。但这两次普查所设定问项的前提条件不一，2000年主要针对“不再工作”的老年人，2010年没有这一限定。我们尽可能按照相对一致的口径进行分析。

我们对2010年数据进行适当处理，将其分成两类：一是包含有“劳动收入”者，二是将有“劳动收入”者从中去除（见表8）。

表8　2000年和2010年65岁及以上老年人生活费用来源　单位：%

	2000年			2010年（全体）		2010年（不再工作）	
不再工作老年人生活费用来源	市	县	老年人主要生活来源	市	县	市	县
退休金	60.65	6.45	劳动收入	3.35	28.26		
领取基本生活费	3.14	2.02	离退休金、养老金	66.88	4.93	69.20	6.87
家庭其他成员提供	34.51	87.62	最低生活保障金	2.75	5.35	2.84	7.45
财产性收入	0.31	0.18	财产性收入	0.64	0.18	0.66	0.25
保险	0.06	0.05	家庭其他成员供养	24.67	59.31	25.52	82.67
其他	1.33	3.67	其他	1.72	1.98	1.78	2.76

资料来源：同表4。

2000年和2010年两个调查时点，城市不再工作老年人以退休金为生活来源者比例最大，超过60%，其中2010年增至接近70%（69.20%）；农村80%以上为家庭其他成员提供，其提供者应主要是子代。它表现出城乡二元社会福利制度对代际功能关系的影响。城市相对完善的社会养老保障制度使多数老年人得以从社会福利体系中获得赡养自己生活的费用，其从家庭成员获得生活费用的比例由2000年超过1/3降至2010年仅占1/4，形成了社会赡养为主、家庭赡养为辅的格局。而农村不工作的老年人靠退休金养老的比例不足7%，子代为主的家庭成员是其赡养费用的主要提供者。

值得注意的是，农村不再工作的老年人虽然对子代赡养有所依赖，但也应注意，农村还有较高比例的老年人，特别是低龄、男性老人仍在从事耕作等力所能及的劳动，以此作为生活费用来源，2010 年将有工作的老年人包含在内的数据即可反映这一点。28.26% 的老年人靠自己的劳动维持生活所需。

需要指出的是，2010 年“七省区城乡家庭结构和代际关系调查”有分类更为细致的老年人生活费用来源数据（见表 9），可弥补普查数据的不足。

表 9　2010 年 4 省区城乡 65 岁以上老年人生活费用来源　单位：%

城乡别	儿子	女儿	子女	配偶	孙子女	自己工作	退休金	其他亲属	政府低保	其他
城镇	9.91	0.90	4.20	4.20		5.11	67.57		6.31	1.80
农村	41.21	4.15	9.90	2.88	0.32	24.60	9.27	0.32	5.11	2.24

资料来源：2010 年“七省区城乡家庭结构和代际关系调查”数据。

根据表 9，城镇中约 68% 的老年人靠退休金生活，靠子女的比例为 15.01%，还有 4.2% 和 5.11% 为靠配偶和自己工作所获收入，另有 6.31% 为靠政府提供低保费用生活。可见，城市老年群体中，子女赡养老年父母的比例不高。农村 65 岁及以上老年父母靠儿子提供生活费用所占比例最大，若将“女儿”和“子女”两类包括在内，子女供养占 55.26%；子女以外亲属供养占 3.52%；自养接近 1/4，退休金不足 10%，非亲属供养超过 40%（含自养）。若将农村老年人通过劳动自养考虑进来，依赖子女供养者虽占多数，但并非绝大多数。目前享受社会养老保障者为少数。正因为如此，为降低对子女的依赖，才会有较高比例的农村老年人继续劳作，以减轻子代的养老负担。

（二）老年亲代照料的提供者

老年亲代照料是代际关系的又一体现方式。就老龄化社会初期而言，无论城乡，丧失生活自理能力后的照料较赡养更为重要。在城市，子代对亲代的赡养功能因社会养老保障制度相对普遍建立而有了替代方式。而丧失自理能力亲代的照料则基本上仍由子女等家庭成员承担，当然有经济能力者可以购买服务，即出钱雇人照料，但这种做法并不普遍。为了对此有所认识，我们从老年人健康状况和照料实际履行两个方面分析。

1. 老年人健康状况

通过健康状况，我们可对老年人对他人照料需求和依赖程度有所把握。2010 年人口普查长表数据中有老年人健康状况这一问项，分为四个等级（见表 10）。

表 10　　2010 年 65 岁及以上老年人健康状况　　单位:%

健康状况	市	县
健康	42.85	31.95
基本健康	43.46	42.13
不健康但生活能自理	10.65	21.51
生活不能自理	3.04	4.40
合计	100.00	100.00

资料来源：同表 5。

一般来说，老年人处于健康和基本健康状态便意味着有较强的生活自理能力，不需要子女照顾，2010 年城乡老年人中这两类之和分别占 86.31% 和 74.08%。还有一部分为不健康但生活能自理，有慢性病如高血压、糖尿病者往往属于这类状况，没有对子女等亲属照料形成依赖，其占比排在第三位。而生活不能自理者往往与瘫痪、不同程度老年痴呆等病症有关，不能离开亲属照料，不过其所占比例很低，不到 5%。

然而，也应看到，表 10 数据是基于 65 岁及以上老年人所做的混合统计，其中低龄老人又是主体，而老年人生活不能自理者往往集中在高龄阶段。为对这种差异有所把握，我们看看不同年龄组老年人中无生活自理能力者所占比例（见表11）。

表11　　2010年不同年龄组老年人身体健康状况　　单位：%

年龄组（岁）	健康状况	城市	农村
65—69	健康	55.67	45.31
	基本健康	37.62	40.26
	不健康但生活能自理	5.62	12.77
	生活不能自理	1.10	1.67
	合计	100.00	100.00
70—74	健康	43.30	30.77
	基本健康	44.87	45.08
	不健康但生活能自理	9.68	21.16
	生活不能自理	2.14	2.98
	合计	100.00	100.00
75—79	健康	35.40	24.48
	基本健康	49.48	44.07
	不健康但生活能自理	12.09	26.71
	生活不能自理	3.03	4.74
	合计	100.00	100.00
80—84	健康	28.22	17.18
	基本健康	46.20	41.10
	不健康但生活能自理	19.39	32.69
	生活不能自理	6.18	9.03
	合计	100.00	100.00
85+	健康	20.96	13.87
	基本健康	43.19	35.60
	不健康但生活能自理	22.77	34.53
	生活不能自理	13.08	16.00
	合计	100.00	100.00

资料来源：同表5。

表 11 数据表明，2010 年低龄老年人中绝大多数生活可以自理，具体来说，79 岁以下组老年人中生活不能自理的比例均不超过 5%。80 岁组中生活不能自理的比例也低于 10%，85 岁组则超过 10%，但这没有改变大多数高龄老年人生活能自理和基本自理的状况。它提示我们，老年人对子女的照料依赖并不高，或者说对父母承担较多照料责任的子女所占比例并不大。

2. 老年人照料提供者——谁来承担照料

现在我们通过 2010 年“五省市第一代独生子女家庭调查”数据，具体看一下有子女的 70 岁及以上老年人由谁或以哪种方式给予日常照料（见表 12）。

表 12　2015 年五省市 70 岁及以上老年父母照料方式　单位：%

父母健在类型	父亲	母亲	父母相互	儿子	女儿	子女共同	子女轮流	雇人	养老院	样本量（个）
健在父亲	21.48	0	0	30.2	12.75	18.79	9.4	4.03	3.36	149
健在母亲	0	13.41	0	27.72	19.38	22.28	12.68	1.27	3.26	552
健在父母	1.9	1.9	46.19	8.57	8.1	17.62	10.48	4.76	0.48	210

资料来源：“五省市第一代独生子女家庭调查”数据。

在这三类中，“健在父亲”“健在母亲”为丧偶父亲和母亲，“健在父母”为父母均健在。

这是对城市 70 岁及以上均有已婚子女老年人日常生活照料方式的反映。当然，这种照料形式并非亲子均同居共爨，也并非父母完全失去生活自理能力，而是父母有所需求时由谁提供。

我们看到，丧偶父亲中，自己照料自己、不需他人帮助者超过 20%；由子女提供照料所占比例为 71.14%；居家雇人照料、在机构养老均不足 5%。丧偶母亲自我照料比例较低，不足 15%，靠子女照料占 82.06%，雇人照料低于丧偶父亲，在机构养老也不及5%。父母双方健在时，相互照料比例最大，超过45%；靠子女照料占44.77%；雇人照料比例较丧偶父亲有所提升，但仍不到5%；住养老院则明显低于丧偶父亲。在这项调查中，总体上儿子对父母的照料比例高于女儿，但女儿也有较高的参与率。其中的差异则与目前有子有女的老年人与儿子同住比例相对高有关。

由以上分析可知，在中国人口老龄化社会初期，特别是2010年的数据显示，老年人在赡养费用来源上有明显城乡差异，城市老年人依靠退休金者为主、子女等家庭成员提供为辅，农村老年人依赖子女等家庭成员提供为主，其次为靠自己继续工作自养，靠退休金者比例较低。但值得注意的是，农村老年人靠子女赡养尽管比例最大，但并非占绝大多数，自养比例高是社会保障水平较低阶段的重要现象。在照料方面，由于多数老年人处于健康、基本健康和不健康但生活能自理阶段，有老年人的家庭，亲代并未给子代带来很重的照料负担。当然，对老年人，特别是高龄老年人来说，即使生活能自理，也需要子女从旁协助，这是子代提供照料的重要内容。城市调查数据显示，子女是丧偶老年人照料的主要提供者，老年父母夫妇健在时相互照料和子女照料均为主要方式。而雇人和入住养老机构的比例均不足5%。我们相信，这种以子女、夫妇相互照料的做法在农村将更为普遍。

五　养老意愿——基于第一代独生子女父母

正如前面所言，中国人口老龄化社会初期的一个重要特征是，由于之前计划生育政策，特别是独生子女政策的推行，自20世纪90年代开始，我国低生育水平形成并较长时期维系，育龄夫妇的子女数量锐减，直接导致家庭养老的人力资源萎缩。那么，这些少子女或独生子女父母有什么样的养老意愿和忧虑？就目前来看，第一代独生子女父母已经进入或接近老年阶段，养老即将成为其面临的现实问题。我们认为，观察他们的养老意愿有助于对老龄化社会初期家庭代际关系的了解。

（一）生活能自理时养老意愿

从上面的分析中已经看到，老年人在65岁及以上各个年龄组均以健康和基本健康为主，即使到了85岁及以上高龄组，健康状况在生活基本自理以上者也占多数。按照目前的人口预期寿命，多数年龄达到65岁的老年人预期生存时间在20年左右。那么，第一代独生子女父母在生活能自理时，究竟希望与唯一的子或女同居共爨，还是单独生活，抑或选择其他方式，请看表13数据。

表13　第一代独生子女父母年老后生活能自理时的居住意愿　单位：%

居住方式	有子父母	有女父母	总体	样本量（个）
独住	71.8	80.59	75.6	2321
独住，雇人照料	2.24	1.58	1.95	60
与子女同住	23.43	16.1	20.26	622
住养老院	2.53	1.73	2.18	67
合计	100.00	100.00	100.00	3070

资料来源：同表12。

我们看到，独住、单独组成生活单位是大多数独生子女父母所期望的养老方式，其中有女父母选择独住比例超过80%、有子父母在70%以上；而选择与子女同住这一方式在有子父母中超过20%、有女父母中稍高于15%。这种差异表明子女婚后从夫居的惯习还在一定程度上影响独生子女父母的居住意愿，但其影响程度并不强，因为两者的独住选择比例均在70%以上。值得注意的是，生活能自理时，选择独住、雇人照料和住养老院者所占比例在3%以下，可见能自理时居家自我照料的意愿是主流。

（二）生活不能自理时的养老意愿

从前面的统计中可以发现，生活不能自理的老年人在65岁及以上各个年龄组都是少数，即使到了85岁及以上组生活不能自理者所占比例只有15%左右。不过，对多数老年人来说或多或少都有生活不能自理时如何养老、靠谁照料的隐忧，因而会对居住和照料方式有所考虑。

第一代独生子女父母养老问题已经或即将成为现实的问题。在本项调查中，46.55%的亲代对未来养老有担心。他们担心最多的是生活不能自理或生病时的照料，所占比例为50.08%；还有12.28%为担心独生子女养老负担重，这实际也与家庭照料人力短缺有关。

这些独生子女父母在生活不能自理时具体的养老选择见表14。

表14　第一代独生子女父母年老后生活不能自理后的居住意愿 单位:%

居住方式	有子父母	有女父母	总体	样本量
独住	8.83	9.44	9.09	258
独住，雇人照料	10.3	10.18	10.25	291
与子女同住	40.47	35.02	38.15	1083
住养老院	40.4	45.36	42.51	1207
合计	100	100	100	2839

资料来源：同表12。

以往的养老意愿调查多显示，人们入住机构养老的意愿不高。然而，本项针对第一代独生子女家庭的调查显示，这些独生子女父母生活不能自理后，希望独住者占9.09%，独住、雇人照料占10.25%，与子女同住占38.15%，住养老院占42.51%。入住机构养老虽不占多数，却成为最大选项。当然独女和独子父母之间有差异。独女父母中，生活不能自理后希望入住养老院的比例占45.36%，35.02%希望与女儿同住，居家独住和独住雇人照料占19.62%。独子父母希望与子女同住与入住养老院两项比例基本持平，均超过40%，居家独住和独住雇人照料占19.13%。

第一代独生子女父母生活不能自理之后，对入住机构养老有较大需求，这或许是他们意识到自己只有一个子女，他（她）主观和客观上都难以履行对其长期照料的义务，故他们对机构养老的接受度提高。未来实际状况如何，有待进一步观察。我们认为，政府应关注这一缺少家庭养老人力资源群体的期望，及早谋划，加大对公共养老机构的建设和相关人员培训力度，使其老有所养。当然，对不能自理日常生活老年人的社会养老服务有多种，既可完全进入机构，又有居家由社区相关组织提供服务，还有政府及社区主导、专业养老机构的上门服务。

六　结语

中国自2000年进入老龄化社会，与老年人赡养、照料有关，影响老年人生存质量的问题日益成为研究者关注的焦点。本文从家庭、家户这一角度着眼，观察、分析老年亲代与子代之间所形成赡养、照料关系，得出以下认识。

中国在老龄化社会初期，老龄人口在家庭、家户中的构成大大提升，但老年人与已婚子女同居共爨的格局并未因此上升，反而呈现下降趋势。总体上，城市出现老年人同已婚子女同住与单独居住并存的局面，农村与已婚子女共同生活稍占多数，但独居也是重要类型。城乡70岁以上丧偶老年人仍多与子女同居共爨。

在老龄化社会初期，更多的中青年子代面临需要赡养、照料的老年亲代。城市社会养老保障相对比较完善，多数老年人的赡养费用依赖退休金，中青年子代得以从这项义务中解脱出来，即其义务由刚性变为弹性。而社会养老保障初步建立的农村，赡养费用主要来自子女，但老年父母通过劳动自养占较大比例。令人欣慰的是，人口普查数据显示老年人健康状况以健康和比较健康为主，多数老年父母并没有给子女造成很大照料负担。当然，一旦老年父母有照料需求，子女仍是主要提供者，雇人或入住养老机构比例很低。不过第一代独生子女父母有鉴于家庭养老人力资源不足，年老阶段生活不能自理时，对机构养老有较高需求，这是一个值得关注的问题。政府相关部门及社会组织应高度重视这一现象，采取政策性措施推动不同形式的养老机构和居家养老社区配套服务建设，以确保家庭养老人力资源短缺时代老年人晚年基本生存质量获得基本保障。

基于建设现代农业大基地视角的“乡村振兴”实证研究

——以黑龙江省响水地区“两化”为例

张幸福　林盛中*

【摘　要】黑龙江省宁安市响水地区水稻产业化和区域城镇化的“两化”项目建设，契合习近平总书记关于“建设现代农业大基地”的要求，完全符合党的十九大报告关于实施乡村振兴战略的部署。项目依托响水地区特有的石板田，通过异地搬迁、土地置换的方法，整理出优质耕地，构建农业“三大体系”，促进小城镇建设和旅游业发展。项目的关键节点在于“地从哪里来、钱从哪里出、人往哪里去”。目前，“钱从哪里出”的问题基本解决，“地从哪里来”的问题已部分得到解决，“人往哪里去”的问题正在逐步解决，项目建设已取得初步成效。目前的问题主要是人民日益增长的美好生活需要和不平衡不充分的发展之间的矛盾，即劳动就业岗位不足，农民家庭对土地高度依赖，对田园生活高度眷恋，对异地搬迁有抵触情绪，对拆迁补偿有不同诉求，部分农民对未来发展存在忧虑，搬迁的积极性不高。针对存在的问题，文章提出了相应的对策建议。

* 张幸福，黑龙江省卫生发展研究中心副主任；林盛中，北京华夏人口与社会发展研究所研究员，吉林大学中国人口老龄化与经济社会发展研究中心兼职教授。

【关键词】现代农业大基地；乡村振兴；产业化；黑龙江；响水

党的十九大报告指出：要坚持农业农村优先发展，按照产业兴旺、生态宜居、乡风文明、治理有效、生活富裕的总体要求，建立健全城乡融合发展体制机制和政策体系，加快推进农业农村现代化。“建设现代农业大基地”是习近平总书记在2016年5月25日考察黑龙江工作时提出的。[①] 笔者认为，建设现代农业大基地是实施乡村振兴最有效载体和最佳路径，愿与同人共议。

一 问题的提出

乡村振兴必须依托现代农业的快速发展。现代农业是指以现代产业的理念为指导、以产业关联关系为基础、以现代科技为支撑、以现代产业组织为纽带的可持续发展的，包括农业产前、产中和产后环节的有机系统。[②] 现代农业具有以下特征：①发达的科学技术及相应的制度安排。拖拉机代替耕牛引领农业跨入现代化之门。如今，生物育种、农机装备、智能农业、生态环保技术、“互联网+”、农业科技推广体系和职业教育、农业知识产权保护等是农业现代化的重要推动力量。②适度规模经营是现代农业的基础。农业产业实现专业化与机械化的前提条件是农业生产达到一定规模[③]，因此，现代农业要求土地规模适度。[④] 世界上中

① 王丰：《习近平心中的中国农业未来发展蓝图》，http：//country. cnr. cn/focus/20160526/t20160526_ 522248460. shtml，2016年5月26日。

② 周应恒、耿献辉：《“现代农业”再认识》，《农业现代化研究》2007年第7期。

③ 孙芳、李云贤：《现代农业经营模式国际发展趋势》，《农村经济》2009年第10期。

④ 邓秀新：《现代农业与农业发展》，《华中农业大学学报》（社会科学版）2014年第1期。

等收入以上的国家平均每个生产单位的土地面积76.5公顷，而我国农村居民家庭人均经营耕地面积0.13公顷，农业生产远未达到合理的经营规模。[①] 实践证明，土地流转和适度规模经营是发展现代农业的必由之路，有利于优化土地资源配置和提高劳动生产率，有利于保障粮食安全和主要农产品供给，有利于促进农业技术推广应用和农业增效、农民增收。[②] ③农业生产经营主体和产业组织化程度高。各种生产性、服务性、经营性合作组织，把农业生产经营主体联合起来，把产前、产中、产后紧密结合起来，实行规模化、标准化生产经营，降低成本，共同应对市场风险。④完整的产业体系是现代农业的特征。现代农业的产业体系、生产体系和经营体系充分发育，高度发达，链条完整，市场在资源配置中的基础性作用在更大程度、更广范围得到发挥。农业产业化源头是农户，终端是市场，完整的产业链条能及时传导市场信息，带动农户规模化生产适销对路的农产品。[③] 产前、产中、产后生产、服务配套，如良种、化肥、农药、农产品储藏、运输、初加工、精深加工、包装、物流、销售，信息技术、科技服务，农业金融、农业保险等形成高度发达的涉农产业，拉长加粗农业链条，提高农业生产经营的附加值。美国的传统农业已经下降到GDP的1.6%，但其涉农产业却占到GDP的8.10%，加拿大涉农产业占GDP的比重更是高达15.3%。我国涉农产业不仅量小，且链短而纤细，这恰恰为我国传统农业比重继续下降与现代涉农产业的发展提供了广阔空间。[④] ⑤生态、文化、休闲农业是现代农业发展的方向。英国现代农业从发端到全面推进，经

---

① 李洪山：《东北地区现代农业发展模式探析》，《中国林业企业》2005年第7期。

② 中共中央办公厅、国务院办公厅：《关于引导农村土地经营权有序流转发展农业适度规模经营的意见》，《人民日报》2014年11月21日。

③ 中华人民共和国财政部：《关于印发〈农业综合开发推进农业适度规模经营的指导意见〉的通知》（财发［2015］12号）。

④ 周应恒、耿献辉：《"现代农业"再认识》，《农业现代化研究》2007年第7期。

历了机械化农业、化学农业、生物农业和生态农业等演变过程。[①]自《寂静的春天》发表以来，农业污染问题一直受到极大的关注，并促成了可持续发展理念的产生。如今，食品安全备受重视，推动了农业向绿色、有机、生态的方向转型。另外，生态调节和生态屏障也是农业的重要功能。东京郊区的稻田能使东京的气温下降几度[②]。农耕文明是人类文化传承的重要组成部分，在工业化、城镇化、信息化社会，其休闲、观赏、参与、体验功能拓展了农业的内涵。⑥现代农业是“三农”的现代化。现代农业需要农村的基础设施，如道路、桥梁、灌溉系统等，都是公共品，都应该由政府组织各方面力量提供。农村环境直接或间接影响着农业生态系统。发展现代农业要求农村建立健全公共卫生制度和相关设施，有效处理垃圾、污水等，减少生活和生产污染。现代农业的发展、农村环境的改善，要求有专业化的高素质的农民。舒尔茨指出，改造传统农业的路径之一是增加农民的人力资本[③]，提高专业技能，促进思想观念的现代化。⑦地域特色是现代农业的显著标签。结合当地的资源禀赋，通过规模化、专业化生产，发展具有比较优势的农产品是现代农业的重要特点。美国的小麦、玉米、大豆、棉花，荷兰的蔬菜、花卉，以色列的蔬菜，都是国际上具有较强竞争力的农产品。我国连续实施了两个《优势农产品区域布局规划》（2003—2007 年，2008—2015 年）。

现代农业大基地是构建农业产业体系、生产体系和经营体系以及与之配套的基础设施、信贷、保险、研发推广等综合体系的载体。结合现代农业的特征和我国农业发展不平衡不充分的国

---

① 柏振忠：《我国现代农业发展模式建设与完善的路径分析》，《科学管理研究》，2010 年第 5 期。

② 黄祖辉：《现代农业能否支持城镇化》，《西北农林科技大学学报》2014 年第 1 期。

③ 西奥多·W. 舒尔茨：《改造传统农业》，梁小民译，商务印书馆 2006 年版，第 150—175 页。

情，在土地平整连片、水土条件较好的区域建设现代农业大基地，有利于加快农业现代化进程，提高农业的经济社会和生态效益，有利于农村振兴战略落地生根。

现代农业发展，即农业现代化，是乡村振兴战略的动力之一。现代农业通过机械和技术替代减少生产环节劳动力的使用，一方面，部分农业剩余劳动力会流动到城市就业生活，即城市化过程。另一方面，由于一些涉农产业会就近依托小城镇或农村社区发展，又会吸纳一部分农业剩余劳动力。有些学者称这种现象为“农村城镇化”，即二、三产业和人口在小城镇或农村社区聚集与发展的过程。其基本特征是：龙头企业经营具有城镇化五要素的统筹规划运作、多元化产业合力推动、诸利益共同体主体和谐互动、产乡城融合发展联动、市民化进程进一步到位的特征①。从人口迁移流动的视角看，也称为“就近/就地城镇化”，即农村地区在原行政区域范围内，以相关现代产业体系为推力、以基础设施建设和公共服务供给为重点，逐步实现农民就地就近就业，并享受与城镇均等的公共服务的市民化过程。就地城镇化有利于围绕产业、农村、农民发挥利益联动效应，但实践中存在农村就地城镇化理念超前与农民身份转变滞后、农村产业可持续发展能力相对较弱、农业比较利益低等问题②。

积极稳妥推进农业现代化和新型城镇化，促进四化同步，是乡村振兴的必由之路。李克强总理在 2014 年《政府工作报告》中指出，今后一个时期，着重解决好现有“三个 1 亿人”问题，促进约 1 亿农业转移人口落户城镇，改造约 1 亿人居住的城镇棚户区和城中村，引导约 1 亿人在中西部地区就近城镇化。在这 3

---

① 辜胜阻：《新型城镇化与经济转型》，科学出版社 2014 年版，第 xiii 页。

② 胡银根、廖成泉、刘彦随：《新型城镇化背景下农村就地城镇化的实践与思考——基于湖北省襄阳市 4 个典型村的调查》，《华中农业大学学报》（社会科学版）2014 年第 6 期。

亿人中，有2亿人需要从农村转移到城市和城镇。

2016年5月26日，中共中央总书记习近平在黑龙江省考察调研时，对黑龙江省现代农业发展做出重要指示，要“以构建三个体系为抓手加快推进农业现代化”，要求“推动资源资产整合，产业优化升级，建设现代农业大基地”。通过建设现代农业大基地，改造传统农业，优化农业产业结构和区域布局，推动粮经饲统筹、农林牧渔结合、种养加一体、一二三产业融合发展，提高农业良种化、机械化、科技化、信息化、标准化水平，构建职业农民队伍，形成新型农业经营体系，推动新型城镇化发展。由于农业现代化对劳动力的挤出效应，现代农业大基地的建设过程，也是农村城镇化、农民市民化和乡村振兴的过程。黑龙江省宁安市响水地区水稻产业化和城镇化的“两化”工程，完全符合习近平总书记对黑龙江农业发展的战略构想，也是贯彻落实习近平总书记关于“建设现代农业大基地”的重要指示和乡村振兴战略的社会实践。

二　现代农业大基地的构建

——响水地区“两化”的背景与框架设计

响水地区位于黑龙江省宁安市中部，南临镜泊湖，牡丹江从中间穿过，属温带大陆性季风气候，年平均气温4.5℃，最高气温36.5℃，最低气温-40.1℃，积温在2600—2700℃，无霜期130—135天，年降水量在500—600毫米，素有“塞北小江南”的美誉。

响水大米生产的核心区，主要分布在宁安市的东京城、渤海镇和三陵乡的18个行政村，位于镜泊湖、唐渤海国遗址和火山口森林公园旅游黄金三角区的核心地带。这里土地资源特点突出，即火山熔岩台地上由火山灰堆积而成的石板田，昼夜温差大，有机质厚积，吸收镜泊湖纯净天然水，所以稻米品质优良，含有丰富的钙、镁、铁、锂和硒等多种矿物质，以及维生素和氨基酸，为我国自唐代以来的历朝贡米，也是世界上石板稻米的唯一产区。新中国成立后，响水大米曾三次荣获“中国农业博览会金奖”和1999年国际农业博览会“名牌产品”，享有“中华第一米”的美誉，并被指定为“人民大会堂国宴米”。

目前，产区内共有5498户居民，17733人。经测算，如果通过整村迁移和部分迁移的模式把其中4830户、共15376位居民迁出来，通过整理集体非生产用地及居民生活用地，可形成8万亩集中连片的石板田，估算年生产水稻9600万斤至1亿斤，出石板大米7000万斤，销售收入可达50亿—60亿元，相当于宁安市全口径财政收入（2008年水平）的16—20倍。牡丹江市和宁安市计划将石板地上的居民通过异地安置到响水小镇，置换出优质石板田，推动响水大米产业化和农村就地城镇化，并依托渤海古镇发展旅游业，促进产业结构转型升级和社会事业发展进步。

2012年4月，时任省长的王宪魁到宁安市调研，在详细了解发展规划并进行实地考察后指出，城乡一体化是我国现代化和城市化发展的一个新阶段，对于改变长期形成的城乡二元经济结构，实现城乡在政策上的平等、产业发展上的互补、公共服务上的均等，让农民享受到与城镇居民同样的文明和实惠具有重大意义。他要求当地党委政府要充分调研论证，科学制定规划，稳步推进实施，在充分尊重农民意愿的基础上，调动市场、企业和农民的积极性，真正将响水小镇建设成全省特色小镇和农村社区化的典型。要通过小镇建设，腾出更多优质的“石板地”发展响水稻米生产，让农民既可通过旅游产业又能通过粮食产业实现多元增收，从而促进整个城乡经济社会全面、协调、可持续发展[①]。

---

① 贾辉、王宪魁：《调研时强调加快做大做强特色产业基地》，《黑龙江日报》2012年4月15日。

牡丹江市和宁安市政府按照“有规划、有方案、有示范”的总体要求，迅速启动响水大米产业化发展和响水区域城镇化建设前期准备工作，聘请北京泛华集团，合作开展战略规划及各专项规划深层次编制工作。

响水地区“两化”模式设计的总体思路是，依托石板田独特的资源优势和唐渤海国厚重的历史人文优势，按照“稻米公园 + 旅游名城 + 高端米产业”模式，实施城乡统筹，通过政府主导、企业主体、市场化运作，利用3—5年时间，实现响水米产区土地集约化、生产现代化、品牌高端化、全域公园化、农村城镇化，把石板田建设成全国现代农业示范区、公园式休闲农业观光区、餐桌上奢侈米集中生产区，把响水地区建设成镜泊湖畔特色旅游区。

响水地区“两化”模式推进的具体路径是，通过“整村（或部分）迁移”实现人口与产业布局的空间调整，优化资源配置，放大经济和社会效益。具体规划搬迁12个行政村，共3957户，12719人，部分搬迁6个行政村（主要是坐落在石板田上的农户），共873户，2657人（见表1、表2）。

表1　　响水地区“两化”模式规划整村迁移情况

村名	户数（户）	人数（人）
牛场	252	779
红星	619	1951
渔场	44	114
莲花一村	332	1075
莲花二村	302	963
莲花三村	299	1000
拐弯子村	411	1509
上京村	156	501
南阳村	377	1222

续表

村名	户数（户）	人数（人）
双庙子村	420	1273
拐角村	325	1059
白庙子村	420	1273
合计	3957	12719

资料来源：宁安市政府办公室提供，2012 年 8 月。

表 2　　响水地区“两化”模式规划部分迁移村情况

村名	户数（户）	人数（人）
江西村	270	809
响水村	190	613
小朱家村	42	154
东珠湾	51	163
上官村	62	210
哈达村	258	708
合计	873	2657

资料来源：宁安市政府办公室提供，2012 年 8 月。

宁安市政府对响水地区水稻产业化和新型城镇化同步推进的设计，得到了上级政府、有关领导和专家学者的大力支持和肯定。2013 年 6 月，省委主要领导视察响水“两化”项目建设工作时指出，响水“两化”项目由若干个子项目构成，又涉及千家万户，项目摆布安排引进要集约、环保、科学合理利用土地，要向群众讲清楚项目建设的重大意义，争得群众的理解和支持，每一个细节都要认真研究，周密考虑，满足当地群众的需要。他叮嘱随行的省发改委、交通厅等单位领导用足国家政策，争取项目资金要向响水“两化”项目倾斜①。

① 宁安市政府：《王宪魁视察响水“两化”项目建设工作》，2013 年 6 月 13 日。http://www.ningan.gov.cn/view.pp? id =5346#vIewtrop，2017 年 1 月 6 日。

2013 年 8 月，全国政协社会和法制委员会，在视察响水“两化”项目时强调，“两化”建设中要坚持有利于增加农民根本利益的原则，坚持“不能损害农民的利益”为前提；坚持有利于产业化发展，提高农民收入的有效途径；要以不断提高地方财政收入为原则，建设好、管理好小镇，使响水区域农民成为文明富裕的新型城镇居民，享受与城市居民一样的公共产品均等化服务；坚持把好事办好[①]。

吉林大学东北研究院人口资源环境与区域经济研究方面的专家受宁安市政府聘请进行实地考察调研，对响水地区“两化”同步推进的设计做出评价：响水地区“两化”设计，符合现代化大生产的规律，契合响水地区实际，是农村就地城镇化的有效途径，是农村继联产承包责任制改革后的又一次革命性的尝试。但是，应该注意到，来自传统农耕文化和农民习惯势力的障碍会很大，成本会很高。

宁安市政府在各方面的鼓励和支持下，启动了响水地区“两化”工程。

三　现代农业大基地建设取得成效
——响水地区“两化”项目给出答案

《宁安市响水“两化”建设总体规划》（以下简称《规划》）获得黑龙江省发改委的批复，响水地区被纳入省现代农业综合配套改革试验区，渤海镇被纳入全国“三农优化实验区”，响水稻作文化系统被农业部确定为中国重要农业文化遗产。2015 年，黑

① 中华人民共和国农业部：《全国政协社会和法制委员会副主任王巨禄到宁安市视察》，2013 年 8 月 23 日。http：//jiuban. moa. gov. cn/fwllm/qgxxlb/hlj/201308/t20130823_3584679. htm，2017 年 1 月 6 日。

土地集团进驻，注册成立宁安北纬四十四农业有限公司，流转土地6万亩，实现标准化生产，并建设粮食仓储项目。《规划》被细化为186个项目，分别落实，全面推进。省市县三级经过三年不懈探索，总体规划及专项规划已全部完成，体制机制设计日趋成熟，土地整治、农民安置区、考古遗址公园等示范工程全面推开。先后启动“八个一”“一镇五区”等项目。围绕响水大米产业化，开展了国家级土地综合整治项目，建设了现代化的响水米业产业园、良种繁育基地、可溯源系统平台，组建了响水大米质量监督检验中心，实施了玄武湖生产、生活环境综合整治项目，进行了土地确权颁证，制定了有利于吸引投资者的土地流转制度等。响水米业、宁安北纬四十四农业有限公司等大型企业的进入、农机与农业合作社的兴起，促进了土地利用的规模化、生产加工的现代化、产品供给结构的优化、营销的线上+线下，提高了农业的良种化、机械化、科技化、信息化、标准化水平，初步建成了现代化的产业、生产和经营体系。围绕响水区域城镇化，开展了响水小镇安置工程建设、渤海镇新型农民社区建设、小镇新区社区服务中心建设、小镇商业街建设等。围绕文化旅游产业，建设了渤海上京考古遗址公园旅游示范工程和响水江西朝鲜民俗体验区、上官渤海古文化集合区、哈达水乡特色旅游区、小朱家田园风光旅游区、东珠湾国际旅游度假区等。项目区道路交通项目的建设，优化了区域道路网络布局，畅通了项目区内外联系，有力地推动了生产、生活和旅游业的发展。

截至2014年10月，完成7600亩土地整治典型区工程，并力争通过土地整治，使石板田面积扩大到14万亩，全部实现集约化经营，把响水米打造成“餐桌上的高端米”。农民增收的长效机制基本建立，在土地、搬迁、响水米品牌升值和税收分享等环节上，有针对性地设计利益分配机制，农民利益得到多重制度保障。随着2016年上半年项目区试点村搬迁安置2000户5000人，形成了“一业牵动、多业支撑”的产业发展格局，走出一条以产业化带动城镇化、城镇化促进产业化的新型乡村振兴发展道路。

四　构建现代农业大基地的关节点
——响水“两化”的启示

响水“两化”项目的目的是实现“产城融合，两化互动，一体化发展”，是新型工业化、城镇化、信息化和农业现代化“四化同步”的微观样本。通过响水“两化”项目，把各种要素配置到农业、农村领域，改变农业生产小、散、弱的特征，改变农民居住散、乱、脏的状况；引导农民向城镇迁移，释放聚集效应，解决收入低、来源单一、抗风险能力弱等问题。通过“两化”，把现代化生产、组织、经营、互联网引入到农业领域，把解决“三农”问题和小城镇发展问题有机结合起来，加快乡村振兴的脚步，确保决胜全面建成小康社会的目标实现。

推动“两化”项目，其关节点在于突破“地从哪里来、钱从哪里出、人往哪里去”。

“钱从哪里出”的问题已得到初步解决。通过向上争取、市场融资、土地增值、招商引资，计划5年投资百亿元，实施百个项目，打造百亿产值。

“地从哪里来”包括两个方面：一是规模经营所需要的土地从哪里来？依托现代农业综合改革试验区项目，进行土地确权颁证，通过政策鼓励农民转让土地经营权30—50年，吸引了黑土地农业有限公司流转石板田6万亩。此前，响水米业、农机合作社、种田大户等流转了一部分。二是新增优质石板田生产用地从哪里来？通过农户异地搬迁腾出集体非生产用地和农民生活用地，经过综合整理后用于农业生产。

“人往哪里去”有两个方面的含义：一是搬迁到哪里居住。牡丹江和宁安市委市政府在镜泊湖畔专门打造了“响水小镇”，集中建设了三期安置房，用于居民的异地搬迁。二是农民从土地上出来之后，如何就业、生活，即“去了干什么”，其实质是农民市民化的问题。市民化 = 就业 + 基本公共服务 + 安居 + 生活方式城镇化①。

“人往哪里去”的第二个方面直接关系到“地从哪里来”的第二个方面，是整个“两化”关节点中的核心问题。前一个解决不好，后一个就无法实现。目前，“人往哪里去”的两个方面问题还没有得到完全解决。

宁安市响水地区“两化”模式，从启动到运行至今已经5年时间，对照当初设计的时间表，搬迁的效果不够理想，非生产性占用的石板田尚未置换出来。渤海小镇新建的别墅式居住区入住率较低。根据实地调研和深度访谈，原因主要有以下几个方面：

一是劳动就业岗位不足。解决剩余劳动力转岗再就业是以人为核心的新型城镇化的必然要求，也是保证民生的根本大计。据调查，响水地区规划搬迁的4830户农民家庭，共有劳动力人口（15—64岁）12148人，扣除未从事农业生产的劳动力，需要就业安置的劳动力估算为8000人左右。根据调查，其中91.79%的劳动力为初中及以下文化程度，这意味着需要安置的劳动就业人口难以胜任技术密集型岗位，大多需要进入劳动密集型企业中，或会集在劳动力蓄水池中接受定向岗前培训。目前，政府开发出了2000个公益岗位，占需要帮助劳动力的25.0%左右，还有75.0%左右的人需要安置。而涉农龙头企业、公司以及农机合作社等合作组织都是技术和资本密集型，排斥简单劳动力，加上大

① 杨海全、杨玉花、马杰：《龙江大地上隆起响水“两化”模式》，人民网—黑龙江频道，2014年10月17日。

米产业链中的二、三产业工作岗位要求与农民的能力之间会产生部分结构性错位，吸纳就业能力有限。而响水地区商业、旅游业正在建设之中，还不能马上形成营利性岗位，无法解决搬迁即需就业的矛盾。即使从整个宁安市来看，由于缺少较大规模的企业，且第三产业发展滞后，加之城市规模小，消费市场容量有限，创造出足够的就业岗位也有较大困难，面对众多文化程度低、技术缺乏的农业转移劳动力，政府在就业安置方面也是心有余而力不足。所以，在组织实施“两化”项目的过程中办事腰板不硬，说话底气不足，影响推进速度。

二是农民家庭对土地高度依赖、对田园生活高度眷恋、对异地搬迁有抵触情绪。在深入访谈中了解到，农民虽然把土地流转出去，坐在床上（炕上）数钱，过上了轻松的日子，但依然不愿意离开故土，尤其是50岁以上的中老年人群更不愿意到镇上或城里住楼房。他们说：到城里一点好处都没有，住在半空上，空气也不好，人不接地气就爱得病。没有认识的人，在小区里即便见面打声招呼，也吃不到一起，喝不到一起，唠不到一起。熟人社会、乡土文化、地缘与亲缘关系，是影响人们异地搬迁的重要心理成本。另外，农村老人即便年事已高，只要身体允许，即使不再直接从事农业生产，也会种种菜，养养家禽、牲畜。而响水小镇地面为石板，没有土层，无法进行种植，也不方便养殖。搬迁将会导致生活习惯被打破，这也是老年农民最大的顾虑之一。就像一些地区扶贫搬迁，山上搬到山下，尽管居住条件改善了，但没多久，一部分人又搬了回去。原因是，在山下没活可干，生活上不习惯。在山上每天爬爬山，砍点柴、拣点山货，觉得舒坦、充实。否则，即使搬迁了，也会回流。对于响水“两化”来说，通过搬迁来置换土地，也要优先解决搬迁农民的可持续发展问题。

三是农民家庭情况复杂，诉求多样。响水地区“两化”中的城镇化工程涉及 4830 户农民家庭异地搬迁的补偿问题。房屋及庭院经济的多样性决定了农民家庭诉求的多样性。以住房为例，情况相当复杂，住房有砖混结构的，有轻体材料的，有土木结构的，房屋建筑年限有长有短，建筑成本有高有低，庭院面积有大有小，房屋的附属设施（侧房、仓房、工具房、猪舍、鸡舍等）千差万别，庭院经济更是百花齐放。错综复杂的家庭状况决定了农民需求的多样化、个性化和膨胀化，所以很难使用统一的尺度。因此，不合理的诉求、相互攀比，加大了政府推进整村（或部分）迁移工作的难度。

四是部分农民家庭对未来发展存在疑虑，搬迁的积极性不高。据调查，在响水地区“两化”工程涉及的 4830 户搬迁农户中，有一技之长的农户约有 1500 户，占总搬迁户数的 31.1%。他们在农闲时从事米、面、豆腐加工、建筑、渔具修理、划船摆渡、规模养殖、经济作物栽培等，另外近 70% 的农户均为简单劳动力，不能独立创业经营。这部分人中，不少人对未来发展心存焦虑，由于政府在及时、有针对性地回应他们的关切方面做得不够，因此，他们制造多种借口阻止搬迁计划的实施，甚至传播虚假信息，蛊惑人心，增加整村（或部分）迁移的阻力。

五　加快响水地区现代农业大基地建设的对策建议

研究认为，响水地区“两化”模式，完全符合习近平总书记关于“建设现代农业大基地”的战略设计，符合党的十九大乡村振兴战略部署，因此全力推进响水地区“两化”工程，对于确保国家粮食安全和食品安全，引导黑龙江省新型城镇化发展以及老工业基地振兴都意义重大。为此，提出以下建议：

一是以习近平社会主义新时代新思想为统领，深入推进响水地区“两化”工程，做好转移劳动力的分流安置工作。推进响水地区“两化”建设，应抓住新时代社会发展的主要矛盾，把劳动力的分流安置作为一项核心内容。通过现代农业大基地建设，实现一二三产业融合发展，在转型升级的过程中，通过培训，实现在农业大基地内部消化一部分劳动力。通过小城镇建设和旅游产业发展，创造公益岗位，发展商业、服务业，消化一部分劳动力，实现农民的就地城镇化。另外一部分需要在市内、省内、国内转移就业，特别是朝鲜族农民，往往会出国务工经商。这就需要结合农民工的实际需求，由政府主导的培训机构，或通过政府购买服务的形式，进行有针对性的培训，为他们创业、就业提供支持。

二是把广大人民利益放在至高无上的位置，做好异地安置和市内就业人口的社会融合与市民化工作。对于异地安置的人口，首先，要通过社区基本公共服务，使其感受到现代城市文明对于生活和生命质量的提升作用。其次，通过社区文化建设，促进人们之间的交流、沟通和理解，形成新的守望相助的地缘关系。最后，通过社区生活服务体系建设，如郊区农业，为有需求的中老年人提供一些适当的就业岗位，既满足其精神需求，又能提高其收入水平。对于市内就业的，宁安市还应做好流动人口的社会融合工作，促使流动人口市民化，逐步实现稳定的就业、生活，完成由流动到城镇化的过程。

三是以建设美丽中国为目标，依托优美的自然景观和厚重的历史文化支撑，对宁安市主体功能区重新定位。考虑到宁安市建城区面积狭小、发展空间受限的现状，要依托牡丹江堤防工程项目，推动宁安主城区江南岸发展。通过城区建设重心南移、土地置换、总量平衡等办法，可将牡丹江南岸的部分村屯划入城区建制，扩大城区规模，提高容积量。同时，要把城区的主体功能定位在牡丹江市“后花园”，为牡丹江市提供高端服务业，如候鸟式养老服务、旅游和休闲度假服务等，为农民进城创造劳动岗位。

四是以解决“为什么人”的问题为导向，做好异地安置农户的拆迁补偿工作。首先，加强调查研究，制定科学、合理的补偿标准和公开透明的程序。消除人们的疑虑和相互攀比的思想。其次，通过优先用工等形式，提高农户异地搬迁的积极性。最后，通过股权设计，鼓励农民将财产入股，年终分红。既减轻前期非生产性资金投入压力，又能提高农民的收入。

五是以人的全面发展为核心，强化响水地区“两化”工程的舆论宣传，深入做好农民思想政治工作。要利用各种媒体广泛宣传响水地区发展蓝图和良好的发展环境，建立响水地区“两化”项目网络专区和手机客户端，广泛招商引资、引智，扩大合作渠道。要强化响水地区农民思想教育，充分发挥基层党组织的坚强战斗堡垒作用和党员先锋模范作用，建立党员责任区，利用干部包片，党员包户等成功经验，说服、教育、动员群众，在确保群众利益不受损害的同时，提高组织化程度，使“两化”建设得到广大群众的理解和支持，通过强大的思想政治工作，推动实现经济效益和社会效益双赢。

六是以统筹全局整合资源为路径，举地方、森工、农垦三家之力，打造东京城新区。东京城镇位于宁安市西南30公里，距吉林省敦化市150公里，是联结宁安市和响水地区的纽带，也是黑龙江省通往吉林省东部地区陆路的重要驿站。镇周边有森工林业局和农垦农场，应加大统筹力度，调动三方积极性，运用“场镇共建模式”，建设东京城镇新区，促进响水地区更多农民就地、就近转移就业、安家，发挥人口和产业的聚集效应，促进土地的集约利用。

六　结语

响水“两化”项目是在政府主导、市场参与和社会支持的情况下运作起来的，通过现代农业大基地建设，促进了农业“三大体系”的构建、小城镇发展和乡村振兴；农业资本投入、技术进步、规模经营、专业化生产，有力地推动了一二三产业融合发展。农业文化传承、农民增收、新型农业生产经营主体等问题都在农业大基地建设中得到解决。农民的转移就业、文化需求和权益保障是“两化”工程推进过程中的核心问题和主要矛盾，能否妥善解决，决定了“两化”工程是否能够顺利推进。需要指出的是，“两化”项目的目的要以农民的全面发展为中心，满足对美好生活的需要，而不是把农民当作问题来对待。这既是“两化”项目建设的需要，也是决胜全面建成小康社会的必然要求。

附录1　田雪原学部委员主要学术论著

一　专著

[1]《新时期人口论》(独著)，黑龙江人民出版社 1981 年版。

[2]《人口预测和人口控制》(宋健、田雪原等著)，人民出版社 1982 年版。

[3]《中国老年人口》(主撰、主编)，中国经济出版社 1991 年版。

[4]《中国老年人口经济》(主撰、主编)，中国经济出版社 1991 年版。

[5]《中国老年人口社会》(主撰、主编)，中国经济出版社 1991 年版。

[6]《人口与社区综合发展研究》(主撰、主编)，兵器工业出版社 1993 年版。

[7]《中国沿海人口与经济可持续发展》(主撰、主编)，人民出版社 1996 年版。

[8]《中国家庭经济与生育研究》(主撰、主编)，中国经济出版社 1997 年版。

[9]《大国之难——当代中国的人口问题》(独著)，今日中国出版社 1997 年初版、1999 年再版。

[10]《市场经济与人口控制》(合著，第一作者)，中国经济出版社 1997 年版。

[11]《人口城市化之路》（第一主编），中国人口出版社 1998 年版。

[12]《中国各省区少数民族人口》（主编），中国人口出版社 1998 年版。

[13]《中国民族人口》（一至五）（主编），中国人口出版社 2002—2006 年版。

[14]《人口、资源、环境可持续发展》（第二主编），浙江人民出版社 2004 年版。

[15]《人口、经济、社会可持续发展》（主撰、主编），中国经济出版社 2003 年版。

[16]《全面建设小康社会中的人口与发展》（第一主编），中国人口出版社 2004 年版。

[17]《人口文化通论》（主撰、主编），中国人口出版社 2004 年版。

[18]《人口学》（主编），浙江人民出版社 2004 年版。

[19]《中国人口》（第一作者，合著）（中、英、法、俄、日、西、阿、希 8 种文字同时出版），五洲传播出版社 2004 年版。

[20]《嵊州市全面建设小康社会人口与经济可持续发展报告》（主笔、主编），浙江古籍出版社 2006 年版。

[21]《老龄化：从“人口盈利”到“人口亏损”》（第一作者，合著），中国经济出版社 2006 年版。

[22]《全面建设小康社会人口与可持续发展报告》（主笔、主编），中国财政经济出版社 2006 年版。

[23]《21 世纪中国人口发展战略研究》（合著），社会科学文献出版社 2007 年版。

[24]《中国人口政策 60 年》（独著）（入选《辉煌历程——新中国成立 60 周年重点书系》），社会科学文献出版社 2009

年版。
[25]《人口大国的希望——中国人口转变的理论与实践》（独著），社会科学文献出版社 2010 年版。
[26]《人口老龄化与“中等收入陷阱”》（主撰、主编），社会科学文献出版社 2013 年版。
[27]《人口学研究与学科建设》（独著），中国社会科学出版社 2013 年版。
[28]《大国之路——21 世纪中国人口与发展宏观》（独著），中国社会科学出版社 2016 年版。
[29] *Household Economy and Fertility Studies* (Editor in Chief), China Machine Press, 1994.
[30]《大国の难——21 世纪中国は人口问题克服できるか》（日文），新曜社，2000。
[31] *China's Population and Development*, China Intercontinental Press, 2004.
[32] *The Hope of the Country with a Large Population, Theories and Practices of China's Population Transformation*, Spriger Press, 2013.
[33] China's Population Aging and the Risk of "Middle - income Trap" (Editor in Chief), Spriger Press, 2015.

二 中文论文

[1]《调整是目前国民经济全局的关键》，《光明日报》1979 年 7 月 7 日。
[2]《为马寅初先生的新人口论翻案》，《光明日报》1979 年 8 月 5 日。
[3]《控制人口是一项战略任务》，《北京大学学报》1979 年第 5 期。

[4]《关于人口老龄化问题》,《人民日报》1980年3月18日。
[5]《为社会主义的“托拉斯”恢复名誉》,《光明日报》1980年3月22日。
[6]《人口和国民经济综合平衡》,载《国民经济综合平衡的若干问题》,中国社会科学出版社1981年版。
[7]《从十亿人口出发建立发展国民经济的基本战略思想》,《中国人口科学论集》,1981年。
[8]《利用人口年龄结构变动促进现代化建设》,《人民日报》1983年6月15日。
[9]《我国人口发展史上的伟大转变》,《人口学刊》1984年第6期。
[10]《论人口年龄构成变动和人口规划方案的选择》,《中国社会科学》1984年第2期。
[11]《经济生产年龄人口变动和就业战略重点的转移》,《经济研究》1984年第11期。
[12]《二〇〇〇年中国的人口和就业》,《经济日报》1985年11月4日。
[13]《我国的人口问题》,载《国民经济综合平衡的若干理论问题》,江苏人民出版社1986年版。
[14]《人口年龄结构变动和宏观经济发展问题研究》,《中国人口科学》1987年创刊号。
[15]《改革和开放给人口城市化带来新的生机和活力》,《中国人口科学》1988年第3期。
[16]《沿海经济发展战略人口观》,《经济研究》1988年第8期。
[17]《中国1987年60岁以上老年人口抽样调查报告》,《中国人口科学》(1)1988年专刊。
[18]《中国老年人口宏观》,《中国人口科学》1988年第5期。
[19]《中国城市人口划分标准研究》,《人口与经济》1989年第

1 期。
[20]《人口和经济发展战略》,《经济研究》1989 年第 12 期。
[21]《人口控制的经济利益原则和人口与经济的协调发展》,《人口动态》1989 年第 3 期。
[22]《80 年代中国人口回顾与展望》,载中国社会科学院人口研究中心编《中国人口年鉴》(1990),中国社会科学出版社 1990 年版。
[23]《发展经济,促进转变,寻求人口与经济发展的良性循环》,《中国人口科学》1991 年第 1 期。
[24]《削减生育波峰　谋求良性循环》,《人民日报》1991 年 7 月 24 日。
[25]《驾驭 90 年代人口变动趋势》,《人民日报》1992 年 7 月 17 日。
[26]《市场经济体制下的人口控制》,《中国社会科学》1993 年第 6 期。
[27]《市场经济条件下的人口问题和人口科学研究》,《中国人口科学》1994 年第 1 期。
[28]《流动人口激增的理论思考及其政策选择》,《人民日报》1995 年 1 月 26 日。
[29]《论人口与国民经济的可持续发展》,《中国人口科学》1995 年第 1 期。
[30]《我国劳动用工制度的重大改革》,《中国改革报》1995 年 6 月 23 日。
[31]《人口与可持续发展》,《人民日报》1996 年 4 月 11 日。
[32]《人口与资源的可持续发展》,《中国人口科学》1996 年第 1 期。
[33]《20 世纪人口科学发展一瞥》,《人口与经济》1996 年第 5 期。

［34］《迈向21世纪的中国人口城市化》，“中印城市化与挑战双边研讨会”论文，1997年。
［35］《孩子社会附加成本——效益理论》，载《市场经济与人口控制》，中国经济出版社1997年版。
［36］《人口与社会的可持续发展》，《东岳论丛》1997年第5期。
［37］《21世纪中国人口发展趋势与决策选择问题研究》，《中国人口科学》1998年第1期。
［38］《谋求21世纪人口与环境的可持续发展》，1999年在日本“人口、资源、环境国际研讨会”上的演讲，参见该会日文论文集。
［39］《应高度重视潜在的“性别危机”》，中国社会科学院《信息专报》2001年4月13日。
［40］《西部开发重在人力资本积聚》，《中国社会科学文摘》2001年第5期。
［41］《中国民族人口》绪论，中国人口出版社2001年版。
［42］《解放思想，应对转变，谋求人口科学新发展》，中国人口学会《通讯》2001年第4期。
［43］《中国人口科学发展的昨天、今天与明天》，《人口研究》2002年第4期。
［44］《现代化的可持续发展立场》，《市长参考》2003年第2期。
［45］《发展观的转变与人口发展战略》，《学习论坛》2004年第6期。
［46］《“未富先老”：机遇与挑战》，《人民日报》2004年11月16日。
［47］《人口素质与人口投资》，《瞭望》新闻周刊2005年第2期。
［48］《警惕人口城市化进程中的“拉美陷阱”》，《宏观经济研究》2006年第2期。
［49］《老龄化影响21世纪中国发展一瞥》，《群言》2006年第

12 期。
[50]《促进人与自然和谐的几个问题》,《人民日报》2006 年 12 月 26 日。
[51]《“人口盈利”与“人口亏损”》,《市场与人口分析》2007 年第 4 期。
[52]《中国人口城市化三次历史性的重大转折》,载《中国社会科学院学部委员与荣誉学部委员文集——纪念改革开放 30 周年》,经济管理出版社 2009 年版。
[53]《新中国人口政策 60 年一瞥》,载《36 位著名学者纵论新中国发展 60 年》,中国社会科学出版社 2009 年版。
[54]《中国人口政策回顾与展望》,《人民日报》2009 年 12 月 4 日。
[55]《“一对夫妇生育一个孩子”政策的由来与展望》,《百年潮》2010 年第 10 期;《新华文摘》2010 年第 11 期。
[56]《21 世纪中国少子高龄化趋势与人口发展战略》,载《东亚少子高龄化与可持续发展研究》,[日]新评论株式会社 2010 年版。
[57]《论“三步走”中国人口发展战略》,《东岳论丛》2010 年第 10 期。
[58]《“中等收入陷阱”的人口城市化视角》,《人民日报》2011 年 5 月 5 日。
[59]《通货膨胀、劳动力市场与工资率走势》,《财贸经济》2011 年第 11 期。
[60]《我国人口生育政策亟待调整》,中宣部社科规划办《成果要报》2012 年第 48 期。
[61]《消费主导型经济与人口结构调整》,《人民日报》2012 年 8 月 30 日。
[62]《在转型升级中提高城镇化质量》,《经济日报》2013 年 4

月12日。
[63]《警惕城市化虚张风险》，《中国延安干部学院学报》2014年第7期。
[64]《新常态经济发展速度之我见》，《社会科学论坛》2015年第8期。
[65]《把握人口"后黄金时代"机遇期，提速经济转型升级》，《全球化》2016年第11期。
[66]《深化改革：目前中等收入群体形成的关键》，《全球化》2017年第6期。

三　英文论文

[1] "A Survey of Population Growth Since 1949", *China's Population Problems and Prospects*, New World Press, 1981.
[2] "Changes in the Age Composition of the Population and Policy Option for Population Planning", *Social Scinces in China*, 3, September 1984.
[3] "China's Elderly Surveyed", *Beijng Review*, 1988.
[4] "A Study of Standard for the Differentiation of the Urban Population in China", *Population Research*, 1989 (2).
[5] A Comparative Research of the Employment of Elderly in China and Japan, International Symposium on Aging: Policy Issues and Future Chslinges, Beijing, China, 1989.
[6] "Research on Change in Population Age Structure and Macro - Economic Development Issues", *Chinese Journal of Population Science*, Volume 1, Number 1, 1989.
[7] "Costs of Children - Benefit Theory and Population Control", *Chinese Journal of Population Science*, Volume 4, Number 4, 1989.
[8] "Reform and More Flexible Policies Promote Urbanization", *Chi-*

nese Journal of Population Science, Volume1, Number 3, 1989.

[9] "A Macro – View of China's Elderly Population", *Chinese Journal of Population Science*, Volume 1, Number 2, 1989.

[10] "Integrating Theory with Practice to Promote Population Science", *Chinese Journal of Population Science*, Volume 1, Number 4, 1989.

[11] "The Third Population Boom and Corresponding Macro – Policies", *Chinese Journal of Population Science*, Volume 1, Number 2, 1990.

[12] "The Virtuous Cycle of The Population and Economic Development", The Article for International Semner on Population and Development 1991, Xi'an, China.

[13] "Develop the Economy, Initiate Changes and Promote the Cycle of Population and Economic Development", *Chinese Journal of Population Science*, Volume 1, Number 1, 1992.

[14] "Technological Advances and the Transformation of the Cost of Children", *Chinese Journal of Population Science*, Volume 1, Number 1, 1993.

[15] " 'Intermediary' Population Control and Comprehensive Community Development", *Chinese Journal of Population Science*, Volume 1, Number 2, 1993.

[16] "Report on the Sample Survey on Household Economy and Municipalities in China", International Symposium on Household Economy and Firtility in China, Oct. 25 – 30, 1993, Beijing, China.

[17] "China's Population Polices and Population Studies", Social Sciences: Chinese Academy of Social Sciences Forum, China Financial & Economic Publishing House 2001.

附录2　田雪原学部委员主要获奖成果、荣誉称号

［1］首届国家“中青年有突出贡献专家”称号（1984年）。

［2］国家科技进步成果奖一等奖（报告《2000年的中国》获奖人之一，1988年）。

［3］第二届中华人口奖（人口最高奖，1996年）

［4］精神文明建设“五个一”工程奖（论文《论人口与国民经济的可持续发展》，1996年）

［5］第五届国家图书奖（《马寅初全集》主编，2001年）。

［6］第六届国家图书奖提名奖（《中国民族人口》（一）主编，2003年）。

［7］英国剑桥国际名人传记中心（ABI）授予“国际知识分子名人”（1991年）

［8］入选美国传记协会（ABI）《世界五千名人录》（1995年）

［9］国务院政府特殊津贴（1992年）

［10］《中国老年人口（人口、经济、社会）》（主编）获首届中国社会科学院优秀成果奖（单一奖项，1993年）。

［11］《中国1987年60岁以上老年人口抽样调查资料》（主持）获首届中国社会科学院优秀成果奖（单一奖项，1993年）。

［12］论文《为马寅初先生的新人口论翻案》（独著）获首届中国人口科学优秀成果特别荣誉奖（1994年）。

［13］论文《发展经济，促进转变，谋求人口与经济发展的良性循环》（独著）获首届中国人口科学优秀成果一等奖（1994 年）。

［14］专著《中国老年人口》（主编）获首届中国人口科学优秀成果一等奖（1994 年）。

［15］论文《“中观”人口控制与社区综合发展》（独著）获第二届中国社会科学院优秀成果奖（单一奖项，1996 年）。

［16］论文《人口与可持续发展》（独著）获第二届中国人口科学优秀成果一等奖（1998 年）。

［17］专著《中国家庭经济与生育研究》（主编）获第二届中国人口科学优秀成果一等奖（1998 年）。

［18］研究报告《先进地区计划生育上新水平、新台阶的两种思路选择》（独著）被评为 1998 年度中国社会科学院优秀对策研究成果（1999 年）。

［19］研究报告《人口控制牵动全局发展》（合著，第一作者）获第七届中国人口新闻奖报刊类作品一等奖（2001 年）。

［20］研究报告《应高度重视潜在的性别危机》（独著）获中国社会科学院优秀信息一等奖（2001 年）。

［21］论文《人口、资源、环境可持续发展宏观与决策选择》（独著）获全国人口科学优秀成果一等奖（2002 年）。

［22］专著《人口、资源、环境可持续发展》（第二作者）获全国人口科学优秀成果一等奖（2002 年）。

［23］专著《中国人口政策 60 年》（独著）入选《辉煌历程——新中国成立 60 年重点书系》（2009 年）。

［24］专著/论文《人口大国的希望——中国人口转变的理论与实践》（独著）入选首届“国家哲学社会科学成果文库”（2011 年）。

后　记

中国社会科学院学部委员、著名人口学家田雪原研究员出生于1938年8月1日。自1977年以来，先生在人口研究领域辛勤耕耘，不断求索，特别是对人口政策、人口老龄化和人口可持续发展诸问题长期关注，贡献甚多，在我国新时期人口学恢复和重建过程中起到了重要推动作用。值此先生八秩华诞来临之际，我们拟编辑出版《社会变革与转型中的人口问题研究——田雪原学部委员八秩华诞纪念文集》，通过这种方式表达对先生的敬意，展现我国人口学者薪火相传的学术风貌。

文集征稿函发出之后，得到多位学者的响应。这部文集就是大家贡献、支持的结果。

在本文集篇首，先生自己撰写的小传为我们提供了认识其成长历程、思想轨迹、学术活动的途径；附录中所收先生论著目录既是其潜心著书立说、勤奋治学笔耕的过程呈现，也将成为我们认识其研究领域和方向的线索。

收入文集的文章涉及人口数量和人口政策问题、人口老龄化问题、人口城市化问题、少数民族人口问题、生育文化问题等，这些亦为先生着力较多的研究课题。不仅如此，他还通过其学术影响力给予积极推动，对同行和后辈的相关研究多有提携。对先生关注、推动的研究领域及相关问题再思考、再研究，可谓同行、后学对先生表达学术敬意的最好方式。

编委会在编辑稿件过程中，尊重大家的独立思考，尽可能保持文章的原有写作风格。

在此，编委会感谢各位专家在百忙之中拨冗撰写文章。文集出版得到中国社会科学出版社的大力支持，李庆红女士费心颇多，谨致谢忱。

田雪原学部委员八秩华诞纪念文集编委会

2018 年 5 月 1 日